KB095747

동네 철공소,
벤츠에
납품하다

동네 철공소, 벤츠에 납품하다

자동차 부품 기업 센트랄의
70년 성장 스토리

김태훈 지음

청아출판사

경남 지역 대표 중견 기업인 센트랄의 70년 역사를 담은 책 《동네 철공소, 벤츠에 납품하다》가 나왔습니다. 센트랄이 걸어온 70년 세월 속에 우리 경남과 부산의 자동차 산업 역사가 고스란히 녹아 있습니다. 뜻깊은 책 발간을 진심으로 축하드립니다.

이 책이 더 반가운 것은 단순히 센트랄의 역사만이 아니라 자동차 산업을 중심으로 펼쳐진 한국의 현대사, 특히 우리 경남의 지역사를 발굴하고 정리했다는 점입니다. 과거와 현재는 미래를 비추는 거울입니다. 지역학, 경남학에 대한 관심과 중요성이 높아져 가고 있는 요즘, 이 책이 또 하나의 이정표가 될 것으로 확신합니다.

센트랄은 뛰어난 기술력과 품질로 자동차 부품 업계에 한 획을 그은 글로벌 기업입니다. 기업 경영의 위대한 성취뿐만 아니라, 시대를 앞서간 기업 문화와 직원들의 행복을 우선시하는 경영 마인드를 갖춰 취업 준비생들이 가장 가고 싶어 하는 기업으로도 손꼽히고 있습니다. 그 위대한 역사를 써 내려오신 센트랄 전·현직 임직원 여러분께 진심 어린 경의와 존경의 마음을 보냅니다.

센트랄의 역사는 곧 우리 대한민국과 경남의 역사입니다. 식민 통치와 전쟁으로 인해 아무것도 없는 빈손으로 시작했지만, 산업화를 통해 대한민국은 세계 10위의 경제 강국으로 성장할 수 있었고, 경남은 제조업의 심장 역할을 맡았습니다. 또한 경남은 민주화운동과 노동운동의 중심지로서 더 나은 세상을 위한 여러 생각들이 부딪히는 현장이었습니다. 센트랄 또한 그 격동의 역사를 온몸으로 겪어야 했습니다.

센트랄은 글로벌 기업을 지향하면서도 로컬을 잊지 않는 기업으로 유명합니다. 제가 도지사로 취임한 이래 스마트 제조 혁신, 일본 수출 규제 대응, 코로나 위기 등 적지 않은 현안이 있었습니다. 경남 경총 회장을 함께 맡고 있는 센트랄의 강태룡 회장님은 경남의 현실에 맞는 해법을 찾기 위해 도지사 못지않게 뛰어다녔습니다. 기업의 사회적 책임을 다하기 위한 일에도 늘 앞장서고 있습니다. 제조업 경쟁력을 높이기 위해서는 스마트 공장이 필수인 시대지만, 어려운 중소기업들은 선뜻 나서기가 쉽지 않습니다. 오래전부터 스마트화를 추진해 온 센트랄의 앞선 기술을 표준 모델로 만들어 중소 협력 업체에 보급하는 사업을 경남도와 함께하고 있습니다. 창업 생태계가 취약해 어려움을 겪고 있던 청년들을 위해 경남도에서 청년 펀드를 만들 때도 기꺼이 참여해 주었고, 놀이 공간이 부족한 아이들을 위해 '아동 놀 권리 보장을 위한 안전놀이터 만들기'에도 함께해 주었습니다.

개인적으로도 강태룡 회장님은 고마운 인연이 있는 분입니다. 고 노무현 대통령님과 가장 친한 고교 동기로, 봉하마을의 대통령님 생가를 매입할 수 없어 복원 사업이 어려움에 처했을 때도 발 벗고 나서서 해결해 주셨던 분이기도 합니다. 지금까지도 봉하마을의 각종 사업을 자기 일처럼 챙기고 있는 분입니다.

이제 글로벌 모빌리티 산업은 전환점에 있습니다. 내연기관이 사라지고 IT와 결합한 완전히 새로운 시대가 열리고 있습니다. 센트랄은 늘 그래왔듯이 도전, 협력, 책임감, 존중이라는 모토를 바탕으로 또 한 번의 큰 도약을 이뤄낼 것으로 기대합니다. 그리하여 '모든 이동에 안전함을 더하는' 글로벌 모빌리티 산업의 핵심 기업으로 자리 잡을 것이라 믿어 의심치 않습니다.

센트랄을 늘 응원하며, 다시 한번 뜻깊은 책을 만들어 주신 모든 분께 축하와 감사 인사를 드립니다.

2021년 6월

경남도지사 김경수

차례

3부 진통

4부 글로벌

동네 철공소,
벤츠에
납품하다
CTR

프롤로그

태평양 전쟁이 막 시작된 1942년 초 어느 그믐날 밤, 부산 영도 태종대 인근 숲에 청년 여러 명이 모였다. 한 치 앞도 구분하기 어려운 칠흑 같은 어둠이 깔리자 홀연히 브로커가 나타나 그들을 으슥한 바닷가로 인도했다. 뱃삯을 치른 청년들이 갑판 위에 오르자, 자그마한 고기잡이배는 미끄러지듯 현해탄을 향해 나아가기 시작했다.

배는 밤을 꼬박 새우고 이튿날 종일 일본 해안을 향해 달렸다. 바다 위에서도 긴장의 끈을 놓을 수 없었다. 연안을 감시하는 일본 경비선이 자주 출몰하면서 밀항자를 단속하고 있었기 때문이다. 그래서 일행은 바다를 건너는 내내 배 밑바닥 창고에 몸을 숨겨야 했다. 혹시라도 갑판에 올랐다가 경비선에 발각되면 그 자리에서 구금되거나 추방당했다.

일본 시모노세키 해안에 다 왔다 해도 안심할 수 없었다. 일단 무인도에 배를 숨기고 있다가 출발할 때처럼 충분히 어두워졌을 때야 비로소 바닷가에 사람들을 내려놓을 수 있었다. 밀항 과정에서 가장 위험한 구간은 해안에서 내륙으로 이동할 때였다. 해안에 내린 청년들은 다시 숲속 아지트로 이동한 뒤 일본 측 브로커나 지인이 올 때까지 기다려야 했다. 한꺼번에 이동하면 대번에 눈에 띄기 때문에 두세 명씩 나누어 인솔자를 따라 이동하는 방

식을 취했다.

청년들은 조선인처럼 보이지 않으려고 각별히 신경을 썼다. 신발은 흙이 묻어 있지 않게 깨끗이 닦았고, 옷도 일본인처럼 보이도록 유행에 맞춰 입었다. 강점기에 태어난 세대라 일본어는 문제가 없었다. 정작 중요한 것은 임기응변 능력이었다. 때론 공사판 인부처럼 섞여 들어가기도 하고, 신분이 발각됐을 땐 가져간 쌀을 뇌물로 주고 힘겹게 무마하기도 했다. 미국과 전쟁을 벌이던 당시 일본도 먹고살기 힘들기는 마찬가지였다.

청년들의 목적지는 시모노세키 해안에서 200㎞나 떨어져 있는 히로시마였다. 당시 히로시마는 일본의 대표적인 군수공업 도시였다. 그곳에는 도요코교(동양공업)주식회사, 미쓰비시중공업 조선소, 히로시마 기계제작소 등 군수물자를 만드는 대형 공장들이 즐비했다. 전쟁이 격화되면서 일손이 많이 모자랐기에 이 청년들은 특별한 신분 조회 절차를 거치지 않고 취업할 수 있었다. 그중 한 명이 1923년생 강이준이었다.*

* 가족의 증언과 식민지 시대 말기 '밀항'을 다룬 연구서 《주권의 야만》(성공회대학교 동아시아연구소 기획, 한울아카데미, 2017)을 참고해 구성한 내용이다.

히로시마

청년들이 밀항하면서까지 일본에 가려고 한 것은 전쟁 때문이었다. 일제는 1937년 중국과의 전쟁(중일 전쟁)에서 너무 쉽게 승리를 거두자 태평양 건너 미국까지 사정권에 두고 싸움을 걸었다. 1941년 12월 9일 하와이 진주만을 성공적으로 타격한 일본은 불패 신화에 스스로 도취하여 중국과 동남아 그리고 태평양 전역으로 전선을 확대하면서 대대적으로 지원병 모집에 나섰다. 원래 조선인 청년은 징병 대상이 아니었지만, 전선이 확대되면서 질보다는 양으로 승부를 내는 쪽으로 방향을 선회했다.

처음에는 육군과 해군에 지원병 제도를 도입했다. 1938년 2월에 공포한 '육군특별지원병령'이 그것인데, 조선 청년들에게 감히 일본 육군에 지원할 수 있는 '기회'를 주겠다는 내용이었다. 이때 춘원 이광수, 육당 최남선, 우월 김활란 등이 민족의 지성에서 친일파로 커밍아웃했다. 특히 이광수는 1942년 6월 《신시대》라는 잡지에 〈징병과 여성〉이란 제목으로 글 한 편을 기고했는데, "그동안 조선 사람 남자들은 병정이 못 되었으니 반편 국민 노릇을 한 셈"이었다며 제대로 된 국민이 되려면 태평양 전쟁에 나가야 한다고 징병을 독려했다.

이광수의 글이 게재된 바로 그달, 일본 해군이 미드웨이 해전에서 미 해군에 대패하면서 전쟁의 양상이 완전히 바뀌었다. 제해권을 장악한 미군은 항공모함을 띄워 일본 본토를 공습하기 시작했다. 패전의 그림자가 짙게 드리우자 다급해진 일본은 지원병제를 폐지하고 닥치는 대로 청년들을 붙잡아 전쟁터로 보낼 수 있는 징병제 카드를 꺼내 들었다. 조선의 청년들은 전선에 끌려가지 않으려면 어디에든 숨어야 했다. 오늘은 누구네 집 아들이 잡혀갔는지가 동네에서 가장 뜨거운 뉴스였다.

밀항도 징병을 피하는 효과적인 방법 중 하나였다. 강이준과 그 친구들이 히로시마를 목적지로 선택한 것은 어떤 면에서 신의 한 수였다. 태풍의 눈이 가장 고요하듯 전쟁 중에는 군수공업의 중심 도시가 징병의 손길로부터 가장 안전한 곳이었기 때문이다. 이즈음 일본에서는 값싼 노동력을 담당했던 조선인의 숫자가 급증했다. 1930년 7천여 명이던 히로시마의 조선인 인구는 1945년 8만 4,886명으로 열한 배 넘게 증가했다.* 이 틈바구니에 부산 청년들도 포함돼 있었다.

* 대일항쟁기 강제동원 피해조사 및 국외 강제동원 희생자 등 지원위원회, 〈히로시마·나가사키 조선인 원폭피해에 대한 진상조사〉, 2010, pp.7~9.

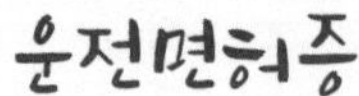

밀항은 여러 차례 이뤄졌다. 1943년 부산에서 결혼식을 올린 강이준은 또 일본으로 떠났다. 총동원령이 발효된 한반도에선 생계를 이어 갈 수 없었기 때문이다. 그는 여러 차례 일본을 오가며 인생의 경로를 결정 짓는 중요한 이력 하나를 만들었다. '운전면허증'을 취득한 것이다. 오늘날과 마찬가지로 그 시대에도 운전면허증은 신분증이나 마찬가지였다. 특히 밀항자로 발각되면 곧바로 추방되던 시대였기에 면허증이 갖는 의미는 매우 컸다.

강이준은 운전면허증을 받고 천하를 얻은 것 같았다. 더는 밀항자라고 눈치 보지 않아도 됐기 때문이다. 면허증은 일종의 취업비자 같은 것이었다. 1944년 일본 본토의 인구는 약 7,500만 명이었고, 그해 전국에서 운전면허증을 보유한 사람은 21만 7,413명이었다. 전체 인구의 약 0.3%에 불과했다.* 면허증은 새로운 기술과 시대를 상징했다. 미래가 보장된 자격증이었다. 덕분에 징병으로 끌려갈 걱정에서도 해방될 수 있었다.

* 運転免許証の歴史, http://web.kyoto-inet.or.jp/people/george/newpage024.htm

조선인 밀항자로서 일본 본토에서 운전면허증을 따기는 결코 쉽지 않았을 것이다. 하지만 정세 변화가 기회를 제공했을 것으로 보인다. 태평양 전쟁이 최고조에 달했던 1944년 징병이 전국적으로 이뤄지면서 일본 본토의 성인 남성 숫자가 급격히 줄어들었다. 차들은 넘쳐나는데 운전할 남자는 일시에 사라진 것이다. 일본 정부는 이 공백을 메우기 위해 운전면허 취득 연령을 일시적으로 낮췄다. 보통과 특수 면허는 기존 만 18세에서 만 15세로, 소형 면허는 만 14세로 낮췄다. 우리나라 나이로 중3이면 보통과 특수 면허를 취득할 수 있었고, 소형 면허는 중2도 딸 수 있게 된 것이다. 강이준은 이런 혼란 속에서 기회를 포착하지 않았을까?

1945년 8월 6일 히로시마에 원자폭탄이 떨어졌을 때 강이준은 다행히 부산에 나와 있었다. 고향에서 해방까지 맞이했지만, 먹고살기가 녹록하진 않았다. 다행히 그의 형 강대술이 일제 강점기 막바지에 일본인 사장에게서 인수한 식품공장을 운영하고 있어서 거기 기대어 생계를 이어 갈 수 있었다. 그 식품공장의 주력 상품은 다꽝, 요즘 말로 단무지였다. 강이준에게는 당일 생산된 단무지를 국제시장 여기저기로 배달하는 일이 주어졌다.

1946년 늦가을 아들 태룡이 태어났다. 가족이 불어나면

서 강이준의 어깨도 무거워졌다. 형님 덕에 당장 입에 풀칠은 할 수 있겠지만, 식품공장 배달 일에 만족해야 하는지 회의감이 들었다. 밀항으로 넓은 세상이 어떻게 돌아가는지 두 눈으로 확인한 그였다. 형님 눈에 들어 훗날 식품공장 대리점 하나 받으면 되지 싶다가도, 그렇게 기대어 살아가기에는 현해탄을 오가며 쌓은 경험이 아까운 건 어쩔 수 없었다. 무엇으로, 어떻게 가족을 먹여 살려야 할까?

그는 늘 노란 단무지 국물에 절은 쉰내 나는 작업복을 입고 다녔다. 어느 날 가게 유리창에 비친 자기 행색이 더없이 초라해 보였다. 답답한 마음에 주변을 둘러보니 철학관 간판이 눈에 들어왔다. 복채를 내고 선사 앞에 앉았다.

"저는 어떻게 살아야 합니까?"

"당신은 종이와 쇠를 만지시오."

당장 복채가 아까웠다. 귀에 걸면 귀걸이 코에 걸면 코걸이 같은 막연한 내용이었다. 하긴 뾰족한 답을 들을 거라고 기대한 건 아니었다. 누군가에게 답답한 마음을 토로하고 질문이라도 던져 볼 수 있었다는 데 만족해야 했다.

아내는 어느새 둘째를 임신해 배가 불러 오고 있었다. 상황은 바뀔 것 같지 않은데 둘째까지 태어나면 여간 부담스러운 게 아니었다. 이대로 가다간 평생 생계를 위해 허덕이는 인생을 살아야 할지도 모른다는 위기감이 엄습했다. 더 늦기 전에, 아이들이 더 크기 전에, 어떻게 해서든 승부를 걸어야 한다고 결심하고 갓 세 살 된 태룡을 경주 용강에 있는 처형 집에 맡기기로 했다. 1948년 여름 경주행 기차에 오른 태룡은 창밖에서 울고 있는 엄마를 향해 울부짖었다.

전쟁

2년 넘게 용강 마을에서 지낸 태룡은 아버지 얼굴을 까맣게 잊고 있었다. 1950년 추석을 앞둔 초가을 어느 날, 토굴에서 흙 놀이에 몰두하고 있던 태룡을 이모 집 머슴이 데리러 왔다. 널찍한 머슴 등에 업혀 집에 도착해 보니 웬 젊은 아저씨가 기다리고 있었다. 막 도착한 태룡에게 이모가 말했다.

"인사드려라. 니 아버지다."

갓 다섯 살이 된 태룡에게 아버지는 낯선 아저씨나 마찬가지였다. 데면데면한 부자는 그 길로 부산을 향해 길을 나섰다. 지나가는 차를 세워 가며 걸어야 할 길을 줄여 나갔다. 차가 오르막을 만나 버거워하면 이준이 내려 차를 밀었다. 장작을 실은 트럭을 얻어 탔을 때는 꼬마 태룡을 스페어타이어 휠에 엉덩이를 끼워 앉혔다. 이 차에서 저 차로 옮겨 타며 당도한 곳은 부산 범어사가 있는 팔송이었다. 집이 있던 대신동까지는 22㎞나 떨어져 있었지만, 태룡은 아버지 손을 잡고 걷다 쉬다를 반복하며 이동했다.

집에 도착했을 땐 이미 컴컴한 밤이었다. 한기를 막으려고 걸어 둔 담요를 젖히고 집 안으로 들어서자 희미한 호롱불 아래 세 살 된 꼬마와 갓난아기 하나가 태룡의 눈에 들어왔다. 떨어져 지내는 동안 여동생이 둘이나 태어난 것이다.

"아(아이) 데려왔다."

이준의 말에 어머니는 달려와 태룡을 와락 끌어안았다. 2년 넘게 못 본 장남을 쓰다듬으며 어머니는 미안하고 안쓰러운 마음을 달랬다.

아들을 다시 집으로 데려온 것은 전쟁 때문이었다. 태룡이 부산에 도착하고 한 달이 채 되지 않아 경주 용강 마을은 인민군 수중에 떨어졌다. 태룡이 한때 기거했던 이모 집은 인민군이 점령 기간 동안 작전 본부로 사용했다. 전쟁이 터졌을 때 강이준의 나이는 28세였고, 자녀도 이미 셋이나 두고 있었다. 평시라면 군대에 갈 상황이 아니었지만, 중국 참전으로 다시 수세에 몰린 남한 정부는 닥치는 대로 청년들을 징집해 전쟁터로 보내고 있었다.

강이준은 먼저 움직였다. 일본에서 취득한 운전면허증을 보여 주고 소방학교에 입소한 것이다. 교육 과정을 마친 그는 부민동 소방서에 배치돼 1년 가까이 차량 관련 업무를 담당했다. 전쟁이 일어나기 전 우리나라에는 소방 장비라고 해 봐야 수동식 완용 펌프를 포함해 100대 남짓밖에 없었다. 소방차라는 것도 미군이 쓰다 남긴 스리쿼터(4분의 3톤 차량)를 개조한 것이었다. 그러나 이때의 경험은 이준에게 중요한 자산이 됐다. 장비와 차량을 직접 관리하며 비즈니스 가능성을 탐색할 수 있었기 때문이다.

1951년 9월 하순 국방부가 개정된 병역법에 따라 만 19세 이상 25세 이하의 청년을 징집하기로 하면서 이준은 비로소 병역의 부담으로부터 자유로워졌다. 이때 그는 형

이 운영하는 단무지 공장으로 돌아가는 대신 자기만의 사업을 꾸리기로 결심했다.

부산은 전쟁을 거치며 격변하고 있었다. 유엔군 사령부가 자리 잡으면서 온갖 물자와 장비가 부산으로 모여들었다. 특히 자동차 수가 크게 늘었다. 국제시장을 중심으로 차량 정비소가 속속 생겨났고, 이들을 뒷받침하는 부품상도 연이어 문을 열었다. 이준은 히로시마에서 딴 운전면허증과 소방서에서의 경험을 바탕으로 1인 부품 중개상 일을 시작했다. 정비소에서 필요로 하는 부품을 수배해 제때 공급하면서 안목을 키워 나갔다. 그리고 1952년 어느 날 국제시장 한편에 작은 점포 하나를 얻었다. 본격적으로 부품 사업에 뛰어든 그는 가게 이름을 '신라상회'라고 지었다.

1950년대의 부산 국제시장 모습

신라상회
000-0000
000-0000

1부

창업

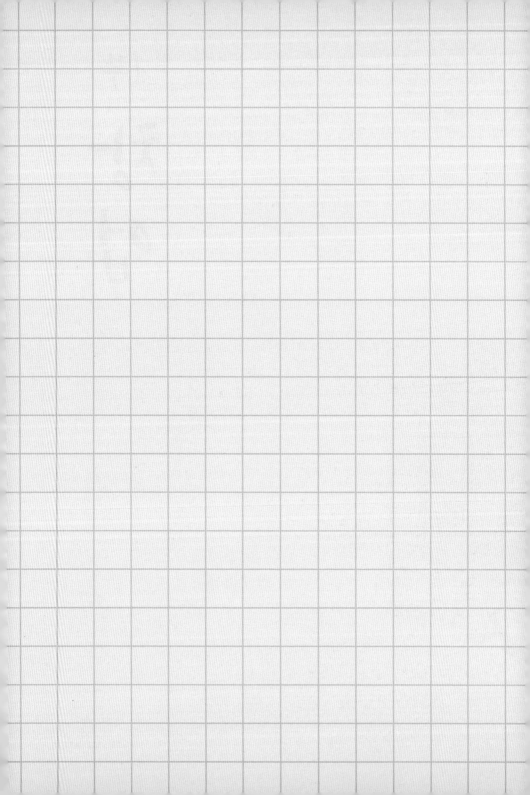

01

신라상회

우리나라 사람들은 출신지로 한 사람의 정체성을 표현하는 경향이 있다. 시집온 여성들을 '목포댁'이니 '함안댁'이니 하며 출신지로 부르는 경우도 그렇고, 가게를 차린 사장들이 '마산상회'니 '진영상회'니 하며 소재지가 아닌 출신지를 상호로 삼는 경우도 그렇다. 1952년 강이준이 국제시장에 내건 간판 '신라상회'도 마찬가지였다. 가게가 자리한 곳은 부산 국제시장이었지만, 본인의 출신지를 경주라 여겼기에 상호를 그렇게 지은 것이다.

이주민

강이준의 집안은 오랫동안 영남에서 가장 넓고 비옥한 경주 안강평야를 배경으로 살아오고 있었다. 그가 1923년 부산에서 태어난 것은 그의 아버지 강필수가 1921년에 고향을 떠나 부산에 정착했기 때문인데, 여기에는 피치 못할 사정이 있었다.

안강평야는 곡창으로 유명했기에 일제는 강점 초기부터 이곳에 대표적인 식민 수탈기관인 동양척식주식회사를 세웠다. 선진 농법으로 무장한 일본인들이 안강평야에 진출하면서 토지 소유 구조가 순식간에 뒤바뀌었다. 일본인 농가 하나가 이주하면 조선에서는 2~10가구가 땅을 잃거나 고향을 떠나야 하는 상황이 벌어졌는데, 안강평야는 그 정도가 더 심했다.

특히 안강평야에선 히우라 코지日浦廣治라는 지주가 악명 높았다. 1912년 4월 경주 안강에 도착한 히우라는 토사코노土佐興農라는 영농 기업을 설립하고 비즈니스에 뛰어들었다. 당시 히우라는 '안강의 히우라, 경주의 히우라'라 불릴 정도로 압도적인 유명 인사였다. 그는 조선인 소작 경영만으로도 10% 이상의 수익률을 올렸는데, 그 비결은 바로 '수탈'이었다. 소작료로 수확량의 7할씩이나 요구해 원성이 자자했던 것이다.*

3·1운동 직후인 1920년, 일제에 대한 조선 민중의 반감은 극에 달했다. 일본인 지주와 조선인 소작농 사이에 마찰이 자주

* 손경희, 《일제시기 이주일본인의 농업경영과 지역사회 변동 – 경북지역을 중심으로》, 선인, 2018.

일어났고, 경찰이 개입하는 횟수도 늘어났다. 이때 안강평야에서 일본 순사 하나가 살해당한 사건이 벌어졌다. 여기에 강필수의 부친 강영진도 연루돼 있었다. 강영진은 곧바로 만주로 떠났고, 남은 가족은 수시로 경찰 감시에 시달리는 처지가 됐다.

안 그래도 강필수 가족은 남의 집 머슴을 살며 궁핍한 삶을 이어 가고 있었다. 여기에 순사 살해 사건까지 덮쳤으니 안강평야에서 생계를 잇기가 더 어려워졌다. 1년쯤 버텼을까? 만주로 갔던 아버지가 부산에 나타났다는 소문이 바람결에 들려왔다. 대대로 뿌리를 내리며 살아온 안강평야였지만 이제는 결단을 내릴 수밖에 없었다. 강필수는 아내와 여덟 살 난 아들을 이끌고 100㎞나 떨어진 부산으로 향했다.

그때 부산은 그야말로 '급성장하는 신도시'였다. 원래 부산은 동래부에 속한 자그마한 포구의 이름이었다. 1887년 조일수호조규에 따라 부산포가 개항되면서 부산의 역사가 시작됐다. 특히 을사늑약 이후 일제가 부산항을 식민지 경영의 전초기지로 키우면서 빠르게 도시의 면모를 갖춰 나갔다. 강필수가 부산에 도착한 1921년은 부산이 폭발적으로 성장하기 시작하던 변곡점이었다. 원주민은 드문 대신 이주민과 뜨내기들이 수없이 모여들던 부산은 일본 순사 살해 사건에 가담한 한 남자와 그의 아들 가족이 신분을 감추고 정착하기에 안성맞춤이었다.

부산은 안강과는 완전히 다른 공간이었다. 바다로부터 새로운 물류와 문화가 쏟아져 들어오는 신천지였다. 비옥한 땅에 기대어 살기보다는 물자의 이동에서 기회를 포착해야 하는 공간이었다. 농사 말고 다른 일은 해 본 적 없는 강필수에게는 여간 심각한 도전이 아니었다. 그나마 다행이라면 그의 몸이 상대적으로 건장했다는 사실이다. '기골이 장대하다'라는 말까지 들었던 강필수는 부산역 앞에서 지게꾼으로 일하기 시작했다. 가족이 함께 지낼 공간이 없었기에 아내는 아들을 데리고 부산 북쪽 변두리에 있는 비구니 암자를 찾아가 스님들을 위해 허드렛일을 거들며 하루하루를 연명했다. 강이준이 태어난 곳이 바로 그 암자, 금천암이었다.

이런 배경 탓일까? 서른을 앞두고 사업을 시작한 강이준에게 부산은 아직 고향이 아니었다. 새로운 인생길을 앞둔 두려움과 가족에 대한 무한한 책임감 앞에서 그가 기댈 고향은 경주였고, 그래서 '신라'라는 이름을 상호에 새겨 넣었다. 천년을 지속한 신라의 기운이 새로운 사업, 앞으로 닥칠 운명을 감싸주기를 간절히 기원했는지도 모른다.

자동차 산업 창세기*

역사적으로 한반도 사람 중에 최초로 자동차를 소유한 사람은 고종이었다. 1903년이었으니 조선이 아닌 대한제국 시대다. 이 땅에 자동차가 본격적으로 늘어난 것은 1910년 경술년 일제 강점기가 시작되면서부터였다. 이와 함께 정비 사업도 뒤따라 생겨났다. 1915년 서울 정동에 있었던 미국산 자동차를 취급하는 '모리스 상회'가 최초의 정비 공장이다. 1930년대 후반까지 한반도에 돌아다니던 차량은 일부 유럽산도 있었지만 대부분 포드와 지엠GM 등 미국산 자동차들이었다. 물론 이 미제 차들은 모두 일본에서 조립돼 현해탄을 건너온 것들이었다.

일본산 자동차는 1939년에야 한반도에 상륙했다. 일본 자동차 브랜드는 도요타와 닛산, 이스즈 정도였다. 1939년은 중일전쟁이 한창일 때였다. 전쟁에 필요한 자동차 수요가 급증하면서 일제는 한반도에 처음으로 군용차 조립 공장을 세웠다. 조립이라는 한계가 있었지만, 어쨌든 한반도에서 자동차가 생산된 최초의 시점이라고 평가할 만하다. 이 조립 공장은 자동

* 고문수, 《한국자동차 부품산업사(I)》, 한국자동차산업협동조합, 2019 참고.

차 부품 생산과 유통에 관한 모든 권한까지 독점했다.

버스와 트럭의 수요가 늘면서 정비 공장과 함께 차체를 제작하는 업체도 다수 등장했다. 그중에 '경성보디body', '소화보디' 그리고 부산의 '출구보디' 등은 조선인이 운영하는 차체 제작 기업이었다. 이 시기 우리나라의 자동차 산업은 물론 제조업 전체에서 빼놓을 수 없는 인물 두 사람이 그 이름을 세상에 알렸다. 서울 아현동 고개에 '아도 서비스'라는 정비 공장이 있었고, 동대문에는 보링을 전문으로 하는 '이연공업사'가 있었는데, 전자는 훗날 현대그룹을 이끌 정주영이, 후자는 한진그룹을 탄생시킨 조중훈이 세운 것이었다.

전쟁(중일 전쟁) 때문에 한반도에 조선인이 주도하는 자동차 산업이 싹을 틔웠지만, 곧이어 터진 다른 전쟁(태평양 전쟁)은 그 싹을 뽑아 버리고 말았다. 세계 최강 전력의 미국과 맞붙기 위해 한반도는 물론 일본 본토에도 총동원령을 내린 일본은 1943년 '기업정비령'을 선포하면서 모든 민간 기업을 국고로 몰수했다. 쉽게 말해 징발한 것이다. 역사 교과서에 나온 것처럼 일제가 전쟁 물자를 조달하기 위해 일반 가정의 '솥뚜껑'까지 징발한 것이 바로 이때였다.

다행히 일제의 몸부림은 오래가지 못했고 1945년 8월 한반도는 해방을 맞이했다. 정주영은 해방 직후 서울 중구 초동에 '현대자동차공업사'라는 수리 공장을 설립해 미군 병기창 소속의 자동차를 수리하거나, 일제가 버리고 간 트럭을 버스나 승합차로 개조하는 사업을 다시 시작했다. 같은 해 11월 조중훈은 정비 대신 운수업을 시작했고, 이듬해 1월에는 박인천이 전남 광주에서 택시 일곱 대와 버스 넉 대로 여객 운송 사업을 시작했다. 이 두 사람의 사업은 훗날 한진그룹과 금호그룹으로 발전한다.

일제에서 해방됐을 때 한반도에는 모두 7,386대의 자동차가 등록돼 있었다. 일본인들이 두고 간 것들인데, 대부분 전쟁에 징발된 것들이라 거의 쓸모가 없었다. 기껏해야 군용 트럭을 개조해서 쓰던 목탄차나 카바이드차 정도가 도로 위를 오가는 수준이었다. 그로부터 2년여가 지난 1947년 말이 되면 자동차 대수가 크게 늘어 1만 3,451대에 이른다. 그 직접적인 원인은 위도 38도선을 기준으로 남쪽과 북쪽에 미국과 소련의 군정이 들어섰기 때문이었다. 미군은 성능이 제법 우수한 자동차들을 많이 가지고 들어왔다. 이 시기에 자동차 관련 배후 시장도 서서히 형성된다. 남한 지역에는 미국의 상용차 브랜드인 GMC와 지프, 스리쿼터 등이 많이 돌아다녔고, 미군이 쓰다 버린 것들이 불하 차량으로 시장에 나왔다.

6·25 전쟁이 터지기 1년 전인 1949년 5월 남한의 인구수는 2,016만여 명이었다. 그해 말 자동차는 트럭을 중심으로 크게 늘어 남한에서만 1만 6,431대를 기록했다. 우리나라 최초의 자

동차 산업 정책은 1950년 3월 말에 수립됐다. 일명 '자동차 부품공업 육성 시책'으로 자동차 부품 중 13개를 상공부와 교통부 그리고 국방부의 '합동 장려품'으로 지정해 미군과 국군에 납품토록 했다. 13개의 합동 장려품은 피스톤, 피스톤링, 피스톤핀, 피스톤링의 이너링, 슬리브, 브레이크 라이닝, 개스킷, 스프링, 라이트 렌즈, 코르크판, 허브, 팬 벨트, 라이트 소켓 및 반사경이었다.

전쟁 전에 부산에는 자동차가 그리 많지 않았다. 자동차 산업 기반도 허약하기 짝이 없었다. 미군이 물자를 들여오는 데 사용한 항구가 부산항이 아니라 인천항이었기 때문이다. 그래서 부산의 제조업은 섬유[33.8%]와 식품[29.2%]이 대부분을 차지했다. 섬유업의 대표 기업으로 '조선방직[조방]'이 있었고, 식품업에서는 쌀 도정업과 술 제조업이 다수를 차지했다.

부산에서 자동차 관련 사업이 기지개를 켜게 된 것은 100% 전쟁 때문이었다. 38선이 무너진 뒤 여름이 채 끝나기도 전에 북한의 인민군이 낙동강 전선까지 치고 내려왔다. 부산은 남한 정부의 임시 수도가 됐고, 모든 물자와 사람이 몰려드는 핵심 도시로 부상했다. 자동차들이 몰려들었고, 군수 물자들이 넘쳐났다. 전쟁 직전인 1949년과 강이준이 신라상회를 창업한 1952년을 비교해 보면 부산의 사업체 수는 369개에서 549개로 약 1.5배 늘어났고, 노동자 수는 거의 두 배인 1.9배 증가했다. 기업 규모도 커져서 평균 고용 인원이 45.7명에서 58.7명으로 늘어났다.

기계공업 분야에서 종업원을 100명 이상 보유한 곳도 세 군데나 있었다. 자전거 제조로 사업을 일으킨 기아산업은 141명을 고용하면서 완성차의 부품과 볼트, 너트 등을 생산했다. 122명을 고용한 대한금속은 탈곡기를 주력으로 생산하는 기업이었고, 163명으로 가장 많은 노동자를 보유한 대선조선철공소는 주로 선박 수리와 정비를 맡았다. 훗날 대한제강을 설립한 오우영도 국제시장 한편에서 철물상으로 사업을 시작했고, 거기서 번 돈으로 1954년 대한상사를 설립해 오늘날 우리가 아는 대한제강의 기틀을 마련했다.*

자동차 수리와 정비가 중심이 된 자동차 산업은 부산에서 '신산업'이었다. 전쟁으로 자동차 자체는 물론이고 부품 공급이 원활해지면서 다양한 사업체가 등장해 각축을 벌였다. 처음에는 대부분 열 명이 채 안 되는 소규모 공장들이었지만, 해가 갈수록 눈부신 성장을 거듭했다. 단순 수리업이 간단한 자동차 부품을 제조하는 수준으로 발전했고, 곧이어 복잡한 부품까지도 생산하는 실력을 쌓았다.

---

* 김대래, 〈한국전쟁 전후 부산 제조업의 입지 및 업종변화〉, 《항도부산》 제30권, 2014.

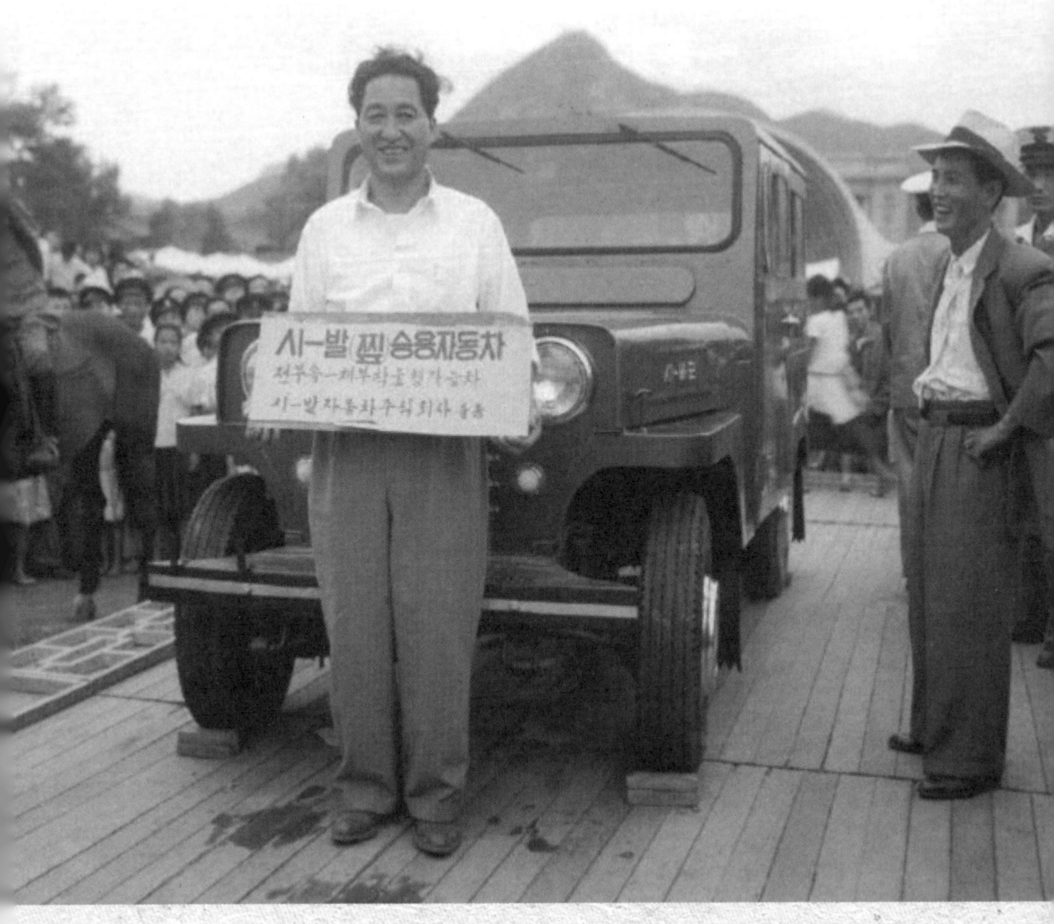

1958년 시발자동차 행운추첨대회(출처: 국가기록원)

대표적인 기업이 1952년 부산 서대신동에 공장을 차린 시발자동차주식회사였다. 시발자동차는 독자 기술로 차체 제작에 성공한 뒤 1955년 8월 드디어 엔진 제작에 성공했다. 그리고 한 달 뒤에는 한국 최초의 국산 자동차인 '시발始發자동차'를 선보였다. 이 자동차는 첫해에 일곱 대를 판매한 것을 시작으로 1956년에는 74대, 1957년에는 372대로 폭발적인 인기를 얻었다. 부산의 자동차 산업에서 1950년대는 '춘추전국 시대'에 비유할 수 있다. 전쟁으로 뜻하지 않게 열린 자동차 산업 시장에서 다양한 영웅들이 강호에 등장해 영토와 세력 싸움을 치열하게 벌였다. 그중에서도 시발자동차는 발군이었다.

강이준의 신라상회는 1952년 다수의 정비 공장이 모여 있던 국제시장에서 자그마한 부품상으로 문을 열었다. 종업원을 따로 둘 만큼의 여유는 없었다. 처음에는 정비소에서 필요로 하는 부품들을 적시에 구해 주는 일종의 브로커 역할을 했다. 어디선가 차를 잡는다(폐차 처리한다)는 소식이 들려오면 쓸만한 부품을 챙겨 오기 위해 아내에게 가게를 맡기고 출장길에 올랐다. 강이준은 부품을 전혀 모르는 아내를 위해 부품 그림을 그려 가격표를 따로 만들었다. 그러나 그림 실력이 신통치 않았는지 어떤 부품은 턱없이 싸게 팔기도 하고, 또 다른 부품은 너무 많이 받아 결국에는 비슷하게 이문을 남겼다.

대화재

1953년 1월, 강이준이 신라상회를 설립하고 맞이하는 첫 번째 새해였다. 부산에서 자동차 사업이 불길이 일듯 일어나고 있었기 때문에 신라상회의 전망도 더없이 밝았다. 설날을 보름 앞둔 1953년 1월 30일 금요일 국제시장은 오가는 사람들로 발 디딜 틈이 없었다. 전쟁 중이라지만 소강상태로 지낸 지 2년이 넘어가면서 생명의 위협을 느끼는 사람들은 많지 않았다. 조만간 휴전한다는 소식이 기정사실이 되면서 사람들의 마음에 여유가 생기고 호주머니도 슬슬 열리고 있었다. 대목을 앞두고 시장 전체에 돈이 돌면서 활기찬 기운이 무르익던 참이었다.

국제시장 2구 특6호, 행정구역으로는 신창동 4가 1번지, 시장 북쪽 끄트머리에 '춘향원'이라는 음식점이 있었다. 1층은 홀, 2층은 룸으로 구성해 제법 꼴을 갖춘 식당이었다. 그날도 2층에서는 화장품 장사를 마친 윤 씨와 동료 세 사람이 방을 차지하고 술 한잔을 기울이고 있었고, 주인장 박 씨와 동업자 김 씨가 그들의 비위를 맞추며 술 시중을 들고 있었다.

어둠이 짙게 깔린 오후 7시 40분께 취기가 오른 윤 씨가 주인 박 씨의 손목을 붙잡고 춤을 추자며 다짜고짜 엉겨 붙었다.

박 씨가 윤 씨의 손길을 뿌리치는 과정에서 가벼운 몸싸움이 일어났고, 그때 벽에 걸린 석유등 하나가 바닥으로 떨어지면서 벽지에 불이 옮겨붙었다. 화들짝 놀란 여섯 명은 급하게 불을 꺼 보려 애썼지만, 이미 취기가 오른 탓에 역부족이었고 오히려 불은 더 크게 번지고 말았다.

국제시장은 온통 판자 구조물로 이어져 있었다. 판자들을 조잡하게 얼기설기 세워둔 사이에 점포들이 자리 잡고 있는 형태였다. 소방 도로라는 개념 자체가 없었고, 그나마 사람이 다니는 길도 대목을 노리고 쌓아 놓은 물건들로 가득 차 있었다. 춘향원 2층에서 시작된 불은 순식간에 옆집으로 옮겨붙었다. 가게마다 피우던 석유 난로가 번져 가는 불길과 함께 연달아 폭발했다.*

시장에는 아직 사람들이 많았다. 화염에 휩싸이며 무너지는 구조물의 굉음과 사람들의 비명이 뒤섞이면서 국제시장은 순식간에 아수라장이 됐다. 부산 시내의 소방차가 전부 출동하고 심지어 미군의 소방차까지 동원됐지만 속수무책이었다. 화마는 때마침 불어온 서풍을 타고 신창동 전체는 물론 창선동과 대청동, 부평동 일대를 모조리 집어삼켰다.

---

* 〈醉客이 燈火顚覆〉, 《경향신문》, 1953년 2월 3일 자, 2면.

불길은 일곱 시간이 지난 이튿날 새벽 2시가 돼서야 잦아들었다. 국제시장을 채웠던 4,260여 채의 판자 가게가 전소됐고, 시장과 근처에서 생계를 꾸리던 6,803세대 3만여 명이 이재민으로 길바닥에 나앉았다. 급하게 보따리를 끌어낸 이재민들은 넋을 놓고 주저앉았고, 사라진 가족을 찾는 상인들은 오열하는 것 말고는 할 수 있는 행동이 없었다.

전소된 판자 가게 중에 신라상회도 있었다. 불이 한창 번지던 와중에 강이준은 연기 자욱한 가게에서 부품을 하나라도 더 끄집어내려고 애썼다. 이웃 부품상 중 하나가 열심히 물건을 꺼내던 이준을 보고 자기네 부품을 훔쳐 가는 도둑이라고 소리치는 바람에 곤욕을 치르기도 했다. 소동이 소동을 부르는 가운데 이준이 살려낸 부품은 그리 많지 않았다.

이준은 부품 꺼내기를 멈추고 성난 불길에 속절없이 쓰러지는 신라상회를 바라볼 수밖에 없었다. 어떻게 시작한 사업이고 어떻게 장만한 가게인데, 그게 눈앞에서 잿더미로 사라져 갔다. 새벽녘에 집으로 돌아온 이준은 방바닥에 털썩 주저앉아 흐느꼈다. 아내와 아내 품에 안겨 있던 여덟 살 장남 태룡도 덩달아 울었다. 너무 큰불이었고, 너무 철저히 파괴됐기에 그 어떤 가능성도 보이지 않았다. 이준의 입에서 한탄하는 소리가 새어 나왔다.

"우리 이제 망했다. 쫄딱 망했다."

부상하는 서면

불이 난 그해 여름1953년 7월 27일, 만 3년 넘게 계속되던 한국 전쟁이 드디어 멈췄다. 당시 여론은 환영보다는 분노 쪽이 더 강했다. 3년 넘게 수많은 사람이 죽고 국토 전역이 결딴났는데, 통일되기는커녕 다시 분단 상태로 돌아갔기 때문이다. 도대체 누구를 위해, 무엇을 위해 그 막대한 희생을 치른 걸까?

그러나 속으로, 아래로 들어가면 상황이 달랐다. 전문가와 정치인들에겐 종전終戰인지 정전停戰인지 휴전休戰인지가 중요한 문제였지만, 대다수의 보통 사람들은 "그 지긋지긋한 전쟁이 드디어 끝났다"라고 느꼈다. 사회 전체에 활기찬 기운이 돌았다. 더 이상 나빠지지 않을뿐더러 앞으로는 더 나은 세상이 열리리라는 희망이 솟아났다. 정전 협정이 체결된 지 한 달이 채 지나지 않아 서울의 집값은 두세 배로 껑충 뛰었고, 부산에서는 요정에 드나드는 공무원을 비판하는 기사도 실렸다. 곧바로 이어진 미국의 원조도 우리 경제에 활력을 불어넣는 데 크게 한몫했다.

전쟁이 멈추면서 부산에도 크고 작은 변화가 일어났다. 공간적으로는 서면이 격변을 예고했다. 1930년대에 일제가 건설한 경마장이 한국 전쟁 동안 고스란히 미군의 주둔지로 전환됐기 때문이다. 경마장 부지인 걸 알아차린 미군 사령부는 그곳을 경마장으로 유명한 마이애미의 한 도시 이름을 따서 '캠프 하야리아Camp Hialeah'라고 불렀다.

미군은 전쟁 중에 사령부를 정점으로 다양한 군사 시설들을 배치했다. 군 형무소와 스웨덴군의 야전 병원, 차량 보급창과 정비창 등이 잇따라 만들어졌다. 압권은 포로수용소였다. 전포동 쪽에 세워진 포로수용소는 전쟁이 길어지면서 빠르게 규모를 확장해 나갔다. 제2 포로수용소가 생기나 싶더니 이내 제3, 제4, 제5를 거쳐 제6 포로수용소까지 늘어났다. 서면 가지고는 감당이 안 돼 수영과 가야에도 수용소를 증축했다. 북한 인민군과 중공군 포로가 부산에 가득 찼을 때는 무려 14만 명에 이르렀다는 기록이 있다.

정전 협정의 핵심 조항 중 하나는 억류하고 있는 포로를 송환하는 것이었다. 협정 조인 직후인 8월 5일부터 송환이 시작돼 한 달이 채 지나기 전에 부산과 거제의 포로들 중에 희망자 모두를 북으로 돌려보냈다. 수용소가 폐쇄되면서 부산 거제리부터 서면 일대를 아우르는 넓은 면적이 빈 땅이 됐다. 포로가 떠난 그 자리에 미군은 코카콜라 공장을 세우고, 헌병대도 이전하는 등 후속 조치를 취했지만, 땅 전체를 돌려받으려는 부산 시민의 압력 또한 거셌다.

부분적으로 땅이 나오기 시작하면서 서면은 부산의 새로운 도심으로 성장했다. 다만 그 과정은 일반적인 도시 발달 과정과는 사뭇 달랐다. 바로 하야리아 미군 부대가 중심을 잡고 있었기 때문이다. 하야리아는 그냥 군부대가 아니었다. 막강한 자본과 구매력을 갖춘 거대한 경제 엔진이었다. 그곳이 원활하게 돌아가려면 배후지도 튼튼해야 했다. 서면 일대의 포로수용소 터는 철저하게 하야리아 시스템에 맞춰 구성되고 조직돼야 했다.

전쟁이 끝나고 하야리아 부대에서 공식, 비공식적으로 흘러나오는 물자들이 서면 경제를 살찌웠다. 군복 한 벌에 쌀 한 되 값을 받는 세탁업이 성행했고, 미군 잔심부름으로 푼돈을 버는 '하우스보이'들이 거리에 넘쳐났다. 눈치 빠르고 손재주가 있는 이들에게 서면은 기회의 땅이었다. 미군 군속 타이피스트에 전화 교환원, 카투사 병사, 각종 경비원 등 부대 운영에 필요한 다양한 직업들이 속속 생겨났다.*

국제시장이 초토화된 후 자동차 관련 정비 공장과 부품상들

* 부산광역시 부산진구, 《100가지 서면 이야기》, 2016.

지미(Jimmy)라는 애칭으로 불린 GMC CCKW 트럭(출처: 위키미디어 공용)

이 서면 일대로 모여든 것 또한 우연이 아니었다. 전쟁이 끝나고 폐차들과 고장 차량, 북에서 압수한 차들이 넘쳐났다. 하야리아 부대의 공작창과 정비창을 통해서 쓸 만한 부품뿐만 아니라 숙달된 기술자들도 흘러나왔다. 서면로터리를 중심으로 정비 공장과 부품상, 철물점들이 포진하면서 자연스럽게 '부속 골목'이 형성됐다. 이 골목은 2010년대 초까지도 '공구 골목'이라 불리며 그 형태를 거의 유지했다.

자동차 분야의 새로운 스타도 등장했다. 1955년 전포동에 자리 잡은 '신진공업사'가 바로 그 주인공이다. 김제원, 창원 형제가 창업한 신진공업사는 미군이 쓰다가 폐차한 GMC일명 '제무시'의 CCKW 트럭을 불하받아 새시를 재생해 버스를 만들어 내면서 자동차와 운수 사업을 시작했다. 1952년 서대신동에 시발자동차가 있었다면 1955년 서면에는 신진공업사가 있었다. 신진공업사는 훗날 중형 세단 코로나로 대히트를 친 '신진자동차공업사'로, 나아가 대우자동차로 한 획을 긋고 오늘날 한국GM으로 그 명맥을 이어 가고 있다.

국제시장 대화재로 강이준은 빈털터리가 됐지만 애써 준비한 사업을 포기할 수는 없었다. 화재 당시엔 절망밖에 보이지 않았지만, 그동안 쌓은 노하우와 인맥이 재기의 바탕이 되었다. 물론 수월한 과정은 아니었다. 다시 점포를 열기까지 2년이라는 짧지 않은 시간이 소요됐다. 이준은 처음 사업을 준비할 때처럼 부품 중개업부터 다시 시작했다. 동시에 서면에서 일어나고 있는 천지개벽에 가까운 공간 혁신도 면밀하게 관찰했다. 다시 시작할 신라상회는 의심의 여지 없이 서면에 자리 잡아야 한다고 확신했다.

강이준은 신진공업사가 전포동에 자리 잡은 바로 그해1955년 서면로터리에 인접한 일곱 평 남짓의 점포를 마련하는 데 성공했다. 7평이면 화장실 하나 딸린 작은 원룸 정도의 크기다. 규모는 작았지만 서면 부속 골목과 바로 연결되어 입지는 꽤 훌륭했다. 점포는 폭이 좁고 속이 깊은 구조였다. 양쪽에 부품을 진열하면 두 사람이 동시에 지나가기 어려울 정도로 좁았다. 그러나 2년간의 와신상담 끝에 어렵사리 재기한 강이준에게 이 공간은 진정한 기업가로 성장할 수 있는 인큐베이터가 되어 줬다. 강이준은 서면을 알아봤고, 서면은 강이준을 크게 품었다. 그렇게 신라상회 시즌2가 시작됐다.

신용

사업할 때 가장 중요한 요소 중 하나는 금융, 즉 '돈'이다. 사업 기반을 만들기 위한 초기 투자부터 상품을 개발, 판매한 뒤 다시 재투자하는 과정까지 돈이 원활하게 흘러야 사업이 굴러간다. 돈이 흐르기 위해서는 전체 시장이 유동성, 즉 현금을 적당한 규모 이상으로 보유하고 있어야 한다.

나라 전체의 통화량을 관리하고 정책을 수립하는 중앙은행, 즉 한국은행은 정부가 수립되고 2년 뒤인 1950년 6월 12일에 설립됐다. 열사흘 뒤에 전쟁이 터졌으니 당연히 제 기능을 할 수 없었다. 오로지 전쟁에 모든 재정을 쏟아부어야 했던 3년이 지나자 우리나라 금융 시장은 극심한 재정 적자가 빚어낸 초인플레이션 상태에 빠졌다. 전쟁 전 사과 한 상자를 살 수 있었던 돈은 전후 사과 한 알밖에 사지 못하는 수준으로 가치가 떨어졌다. 신라상회가 서면에 문을 연 1955년의 상황도 크게 다르지 않았다. 1954년 산업은행이 만들어지면서 시중 통화를 이끌어 갈 금융 시스템이 추가로 마련되지만, 시장의 신뢰를 얻기에는 태부족이었다.

게다가 당시 은행은 권력과 특혜로 점철됐다. 절대다수의 시민들은 은행을 신뢰하는 대신 서로를 의지하는 쪽을 택했다. 전쟁이 끝난 뒤 우리나라 전역에서 '계'가 성행했는데, 이는 제도 금융을 신뢰하지 못하는 사람들이 부득이하게 고안한 일종의 '대안 금융'이었다.

1955년 초 시중에 유통되던 총통화 발행고가 약 400억 환圜이었고, 그중 은행 예금과 대출 총액이 각각 170억 환과 225억 환이었다. 비슷한 시기 민간에서 곗돈으로 유통되던 돈은 모두 100억 환 정도로 은행 예금의 60%에 육박했다.* 은행 여신 대부분이 기업 대출이었음을 감안하면 계가 일반 금융을 주도했다고 말할 수 있다. 모르긴 해도 강이준이 서면에서 두 번째 신라상회를 열 때 곗돈에 기반을 둔 사채가 상당 부분 투입됐을 것이다. 일곱 평 점포를 보고 기업 대출을 해 줄 은행이 당시엔 존재하지 않았기 때문이다.

---

* 박원암, 〈1950년대의 금융환경〉, 《The Banker》, Vol. 712, 전국은행연합회, 2013, pp.38~41.

신용이 희박한 사회

'신용Credit'은 도덕적인 용어이면서 동시에 경제적인 개념이다. 특히 금융 분야에서 신용은 결정적인 자원이다. 그러나 우리 사회에서 신용이 경제 개념으로 자리 잡은 건 비교적 최근의 일이다. 결정적인 전환점이 1997년의 IMF 사태였다. 그 위기를 겪고서야 우리 사회는 스탠더드앤드푸어스나 무디스 같은 국제적인 신용평가기관을 정부나 국제기구가 아니라 순수 민간이 운영한다는 사실을 깨달았다.

자본주의가 태어나고 성장한 유럽에선 이미 중세 시대부터 민간 중심의 금융 시스템이 자리 잡았다. 은행의 원형은 이탈리아 북부에서 생겨났다고 한다. 베네치아, 제노바, 피사 등의 북이탈리아 항구 도시들이 지중해 무역에 앞다퉈 뛰어든 것이 배경이 되었다. 너도나도 지중해로 달려가던 어느 날 누군가 "동네 사람 모두가 똑같은 일을 할 필요가 있을까?"라고 질문했고, 그중 일부가 무역에서 손을 떼고 동료 상인들의 돈을 관리하는 일을 담당했는데, 그것이 은행의 기원이라는 것이다.

초기엔 돈을 떼먹는 일도 적지 않았지만, 시간이 흐르면서 신용을 지키는 것이 유리하다는 사실이 입증됐다. 무역상만큼 큰돈은 못 벌어도 안정적인 수익을 보장받을 수 있고, 게다가 가업으로 자손에게 물려줄 수 있었기 때문이다. 이렇게 탄생한 새로운 금융 업종이 네덜란드와 영국으로 수출되면서 오늘날 우리가 아는 은행업으로 발전했다.

반면 중국 문명이 중심이 된 동양은 '왕토王土 사상'이란 관념이 지배했다. 모든 재산과 인명은 임금 소유라는 생각이다. 사유 재산이라는 개념이 없으니 나라는 민간의 거래에 크게 관심을 둘 이유가 없었다. 정치적인 권력을 잡으면 경제적인 이득은 고스란히 장악할 수 있었다. 게다가 성리학을 숭상한 조선 시대에는 '사농공상'이라 하여 상업을 가장 천하게 여겼다. 장사나 사업을 하는 것보다 시험을 잘 쳐서 고위직에 오르는 것이 경제적으로도 훨씬 유리했다.*

이런 동양적 왕토 사상 위에 세워진 대한민국이다 보니 경제 개념으로서의 신용은 희박하다 못해 전무하다시피 했다. 심지어 정부가 보증하는 은행조차도 믿지 못했다. "내 피붙이도 없는 은행에 어떻게 돈을 맡기냐?"라고 생각하던 시대였다. 거래하는 상대방을 믿을 수 없으니 사람들은 '연대 보증'이라는 기발한 안전장치를 고안해 냈다. 20세기를 살았던 수많은 대한민국 가정이 잘못 선 연대 보증 때문에 풍비박산이 났다.

* 남경태, 《시사에 훤해지는 역사》 중 제2장 '역사에 숨은 경제', 메디치미디어, 2013.

신용 없는 사회의 초라한 자화상이랄까.

우리 사회에 잠언처럼 내려오는 부자가 되기 위한 제1원칙이 있다. "줄 돈은 최대한 늦게 주고, 받을 돈은 최대한 빨리 받아라." 정부와 금융 당국도 믿지 못하던 그때 부산의 상인들도 집요하게 이 원칙을 고수했다. 줄 돈의 일부를 저당 잡는 일종의 '할인 결제' 관행이 횡행했던 것이다. 예를 들어 100원을 결제해야 하는 상황이라면 상대방에게 80%인 80원만 결제해 준다. 잔돈 20원은 다음 거래 때 그때 대금에 얹은 금액으로 다시 할인 결제를 했다. 다음 거래액이 또 100원이라면 앞선 잔금 20원을 보태 120원의 80%인 96원을 결제하는 방식이었다.

어차피 지불해야 하는 돈인데 왜 이런 관행이 팽배했을까? 일단 돈이 자신에게 머무는 시간이 늘어나고 규모가 커지면 투자 여력도 덩달아 상승하는 효과가 있다. 그러나 그런 투자의 효용성보다는 비즈니스에서 거래 업체 또는 경쟁 업체보다 우위에 서기 위한 꼼수였을 것으로 추정된다. 노골적으로 말하자면 거래처가 한눈팔지 못하게 약점을 잡고 코를 꿰는 갑질 거래였던 것이다. 정부마저 믿지 못하던 불안한 시대였으니 그런 관행이 영 이해되지 않는 것은 아니다. 그러나 이렇게 공정하지 못한 거래는 경제적 강자에겐 계속 유리한 입지를 강화해 주고, 약자에겐 불리한 입지를 강요하는 부작용이 컸다.

강이준의 거래법

강이준은 업계의 그런 관행을 따르지 않았다. 어차피 줘야 할 돈이라면 정한 날짜에 정한 금액을 지급해야 한다고 생각했을 뿐만 아니라 철저하게 지키려고 애썼다. 10원 이하 단위까지도 정확하게 쳐서 계산했다. "한다고 했으면 해야 하고, 준다고 했으면 줘야 한다"라는 게 그의 일관된 거래 태도였다. 상대방과의 거래는 물론이고 회계 장부 또한 깔끔하게 떨어져야 직성이 풀렸다. 1원 단위까지 정확하게 계산이 맞아야 비로소 하루 장사를 마감했다. 그의 성정이 그랬다.

사실 돈 가진 사람, 돈 줄 사람이 절대적으로 유리한 시대였다. 그 시대의 한복판에 있던 그는 왜 다른 사람들과 다르게 거래했을까? 우선 매사에 깔끔하게 떨어지지 않으면 못 견디는 본인의 타고난 성정이 크게 작용했을 것이다. 하지만 성격이 전부는 아니었을 테다. 일제 강점기의 밀항과 타국에서의 취업, 해방과 전쟁 그리고 창업과 국제시장 화재 사건까지 두루 겪으며 30대 초반의 나이에 접어든 강이준은 그때 이미 사업의 성패가 '신용'에 달려 있음을 깊이 이해하고 있지 않았을까?

그만의 특별하고도 투명한 거래법은 대번에 시장의 주목을 받았다. 강 사장과 거래할 땐 차용증이나 계약서 같은 것이 필요 없다는 사람들이 하나둘 늘어나면서 입소문을 탔다. 신용이 희박한 사회에서 쌓아 올린 신용의 힘은 엄청났다. 강이준의 신용이 서면은 물론 업계 전체에서 주목받는 데는 그리 오랜 시간이 걸리지 않았다. 당장 거래처들이 앞서거니 뒤서거니 하며 신라상회 강 사장을 챙기기 시작했다.

"강 사장이니까 이 가격에 쳐줄게. 딴 데는 얘기하지 마."
"좋은 물건 들어왔는데 얼마나 필요해?"
"그 물건은 아무개가 제일 잘 알아. 그 사람 소개해 줄게."

신라상회는 강이준의 신용을 바탕으로 하루가 다르게 성장했다. 부전동 156번지 7평짜리 가게는 금세 비좁아졌다. 신용이 또 다른 신용을 낳으면서 사람과 정보가 신라상회를 중심으로 연결됐다. 그 네트워크는 곧장 사업 확장으로 이어졌다.

1950년대 후반 신라상회는 기존 가게에서 150m 정도 떨어진 부전동 153번지에 새로운 거점을 마련했다. 규모는 몰라보게 커졌고 사업 내용도 그만큼 다양해졌다. 도매업을 시작한 것도 이때부터다. 자동차 부품을 전문으로 하는 일종의 총판 역할을 맡게 된 것이다. 거래선도 확장됐다. 서면을 중심으로 한 부산 시장뿐만 아니라 대구·경북의 영남권은 물론, 강원, 충청, 전라 지역 부품상들도 강이준의 신라상회와 거래하려고

부전동 153번지에 있던 신라상회

찾아왔다. 물품을 입고하는 시기가 되면 전국에서 걸려오는 전화로 신라상회 전화기에 불이 날 정도였다.

불과 5년 사이에 강이준은 부산에서 대상大商이라 불러도 손색이 없을 정도로 신라상회를 성장시켰다. 후발 주자였지만 신용 하나로 부품 업계에서 단연 돋보이는 존재로 부상했다. 강이준이란 이름 석 자가 서울은 물론 전국에 알려진 것도 이즈음이었다. 물론 대상의 지위가 신용만으로 달성된 것은 아니다. 신라상회가 터를 잡은 '서면'의 역동성이 든든한 배경이 됐다. 1950년대의 서면은 우리나라 제조업의 인큐베이터였다고 해도 과언이 아니다. 이름만 들어도 알 만한 상당수의 대기업이 바로 서면 일대에서 탄생했기 때문이다.

삼성그룹과 CJ그룹 그리고 신세계그룹의 모태인 제일제당은 1953년 서면을 가로지르는 동천 변에서 문을 열었다. LG그룹의 뿌리인 락희화학공업사는 1947년 대신동에서 창업했지만 1959년 서면 북쪽 초읍에 공장을 세우면서 본격적으로 성장했다. 미원으로 유명한 대상그룹의 원형 동아화성공업은 1959년 서면 북서쪽 부암동에서, 태광그룹의 모체 태광산업은 1950년 서면 서쪽 가야동에서 사업을 시작했다. 대한민국의 수건을 책임졌던 송월타월, 섬유 산업의 중흥을 이끈 경남모직과 한일합섬도 모두 서면 출신이다. 이처럼 활기찼던 서면 한복판에서 신라상회도 무럭무럭 자라났다.

운수업

청년 사업가 강이준은 자동차 부품의 대상이 된 것에 만족하지 않았다. 그 정도로 만족하기엔 강이준은 젊었고, 또 서면이 가진 에너지가 차고 넘쳤다. 강이준은 신라상회의 성공을 바탕으로 꾸준하게 사업 확장을 모색했다. 가장 먼저 눈길을 돌린 분야는 운수업이었다.

우리나라에서 제조업이 막 형성되기 시작하던 그때는 업종 구분 자체가 명확하지 않았다. 쉽게 말해 칸막이가 없었다. 자동차를 다룬다는 사실 하나만으로 이런저런 사업으로 확장하는 것이 그리 어렵지 않았다. 특히 운수업은 무주공산無主空山이었다. 대중교통이라고 해 봐야 초량에서 서면을 오가는 전차가 전부였던 시대다. 좀 더 정확하게는 대중교통이란 개념 자체가 없던 때였다.

시발자동차가 차량 생산에 성공하자마자 택시 사업을 벌인 것도 이런 배경이 작용했다. 다른 자동차 공업사들도 차량 제조와 함께 운수업에 발을 담갔다. 트럭을 개조한 버스, 닷지를 개조한 승합차들이 승객을 태우는 대중교통 수단으로 시내를 돌아다니기 시작했다. 대우자동차의 효시인 신진자동차도 버스 제조뿐만 아니라 여객 운수 사업에 뛰어들어 큰돈을 벌었다.

이런 분위기 속에서 신라상회의 강이준도 여객 운수업을 시작했다. 군용 차량을 개조한 미니버스 세 대를 구입했다. 차량마다 운전사와 함께 "오라이"를 외치는 차장도 있었으니 제대로 맘먹고 시작한 사업이었다. 그러나 성적은 그다지 신통치 않았다. 신라상회 차들은 걸핏하면 사고를 냈다. 운임으로 벌어들이는 돈보다 수리에 들어가는 돈이 더 많은 지경에 이르렀다. 운전사의 실력 탓도 무시할 수는 없겠지만 도로 상태가 형편없고 교통 신호 체계도 조악해서 생겨난 구조적인 사고가 많았다. 한계를 느낀 강이준은 방향을 바꿔 기존 화물회사에 지입차를 매수해 배달 수수료만 챙기는 사업도 시도해 봤지만, 이 또한 큰 재미를 보지 못했다.

당시의 도로 환경과 교통 체제를 고려할 때 운수업이 성공하기 위해선 자체 정비 능력을 갖춰야 했다. 외부에 정비를 맡겨서는 도저히 채산성이 나오지 않았다. 신라상회에는 그 시스템이 없었기에 운수업은 실패할 수밖에 없었다. 운수업을 정리한 강이준은 새로운 사업 분야를 모색했다. 이미 성공한 부품 유통 사업과 유기적으로 연결돼 상승 작용을 일으킬 수 있는 아이템일수록 좋았다. 언제부턴가 그의 머릿속에서 아이디어 하나가 자라나기 시작했다.

'직접 만들면 어떨까?'

제조

강이준이 신라상회를 경영할 때 지키려고 애썼던 중요한 원칙 중 하나는 '자동차에 필요한 부품을 모두 갖춘다'라는 것이었다. 덜 팔리는 것을 조금 갖다 놓을 순 있어도, 덜 팔린다는 이유로 판매 목록에서 아예 빼면 안 된다는 것이다. 짧게 보면 잘 팔리는 것 위주로 많이 파는 게 이득이겠지만, 길게 보면 비용이 좀 발생하더라도 모든 물품을 갖추는 것이 사업 '신용'을 높이는 지름길이라고 믿었다.

신라상회가 번창하면서 수량 확보에 문제가 발생하는 부품들이 생기기 시작했다. 주요 부품들은 미군 부대를 통해서든, 폐차 과정에 참여하든, 일본에서 수입하든, 어떤 경로를 통해서라도 수량을 확보할 수 있었다. 그러나 소모성이 높은 작은 부품들이 사각지대에 놓여 있었다. 시장의 상품 목록에서 아예 빠져 있는 경우가 많았고, 알음알음으로 구하기도 버거웠다. 사소해 보이는 소모성 부품이 부족해 정비 일정에 차질이 생기는 경우가 자주 일어났다. 강이준은 여기서 새로운 기회를 포착했다. 직접 만들기로 한 것이다.

신라철공소

서면로터리가 4·19 혁명의 함성으로 뜨거웠던 1960년 봄과 여름을 지나며 강이준은 중대한 결단을 내렸다. 고철상이 있던 부전동 168번지를 매입해 부품을 만드는 공장을 차리기로 한 것이다. 신라상회에서 약 200m 떨어진 거리였다. 터는 북쪽을 바라보고 좌우 반전된 기역 자 모양을 하고 있었다. 남쪽으로 난 대문으로 들어서면 왼쪽으로 가족이 살 집이 있고 뒤쪽으로 공장 터가 마련됐다.

공장을 세우기 위해 예전 창고를 허물고 터를 고르는 과정에서 수많은 고철이 쏟아져 나왔다. 전에 있던 고철상이 땅에 파묻고 간 것들이었다. 고철 중에는 특히 탄피가 많았고, 심지어 불발탄까지 나와 공사를 중단하는 일도 있었다. 고철을 처리하느라 제법 애를 먹었지만 여름이 다 가기 전에 공장 문을 열었다. 강이준은 이 공장에 '신라철공소'라는 이름을 붙였다. 신라철공소는 신라상회에 부품을 공급하는 일종의 '전속 철공소' 개념이었다.

공장이 처음 문을 열었을 때 작업장에는 선반 다섯 대와 밀링 두 대 그리고 로구로가 배치되어 있었다. 간단한 금속 부품들을 직접 자르고 깎고 모양내기 위한 시스템을 구축한 것이었다. 강이준은 이들 장비를 모두 중고가 아닌 일본제 신상품으로 장만했다. 좋은 기술자를 유치하기 위한 과감한 투자였다. 1960년에 선반과 밀링은 최고의 정밀 금속가공 장비였다.

기계를 조작하고 운영할 수 있는 기술자를 구하기는 어렵지 않았다. 서면 일대에 거대한 산업 클러스터가 형성돼 있었기 때문이다. 강이준은 직접 '모집 공고문'을 써서 사람들이 많이 오가는 길목 곳곳의 전봇대에 붙였다.

"기술자 모집, 선반 ○명, 밀링 ○명, 최신형 선반과 밀링 완비, 신라철공소, 연락처 5-1234"

이 공장 저 공장에서 일하던 기술자들 중에 새로 생긴 신라철공소 모집 공고에 관심을 보이는 사람들이 나타났다. 특히 최신형 기계가 있다는 사실이 매력 포인트였다. 그중에 대야 같은 플라스틱 제품을 주로 생산하던 락희화학공업사훗날 럭키금성의 선반 기술자 김창덕이 있었다. 김창덕은 28세 되던 해 첫딸을 낳은 직후 전봇대에 붙은 신라철공소 모집 공고문을 발견했다. '최신형 기계'라는 문구에 홀린 듯 신라철공소를 찾아간 김창덕은 강이준 사장의 면접을 보고 곧바로 입사해 신라철공소 창립 멤버 중 하나가 됐다.

신라철공소의 실제 운영을 맡은 백만수란 인물 또한 빼놓을 수 없다. 서면 인근에 자리한 철도 공작창 출신인 그는 신라철공소의 초대 공장장을 맡으며 제조 업무를 실질적으로 지휘했다. 변변한 교육기관이나 기술학원도 없던 시절 철도 공작창은 기계공업 기술자를 양성하는 중요한 역할을 했다. 거기서 기계를 만지고 기술을 익힌 이들이 부산의 기계공업 선구자가 됐다. 김창덕도 선반 기술을 처음 익힌 곳이 바로 공작창이었다.

백만수는 강이준과 동업 관계를 맺으며 신라철공소에 합류했다. 그 시대에 제법 큰 키인 175㎝에 체중은 80㎏에 육박하는 건장한 체격이었다. 성품은 체격과 달리 온순했고, 말수도 적었다. 강이준은 백만수보다 두세 살 위였지만 단 한 번도 백만수를 하대한 적이 없었다. 동업자이기도 했지만 회사의 제조 파트를 이끌어 가는 핵심 기술자로 존중했기 때문이다.

신라철공소에서 생산한 부품은 핀 종류가 많았다. 샤클핀, 킹핀 등 스프링과 차축 같은 큰 부품을 연결하는 것들이 대다수였고, 유볼트와 부시 종류도 많이 깎았다. 대부분 트럭과 버스 같은 상용차에 사용되던 것들로 핀의 경우 길이 150㎜, 지름 20~25㎜ 정도의 크기였다. 기능적으로는 전형적인 소모품들이었다.

작업은 적당한 크기로 절단된 함봉두툼한 철봉을 가져오면서 시작됐다. 선반으로 모양을 잡으며 절삭한 뒤 밀링으로 마지막 가공을 하는 방식이었다. 철뿐만 아니라 구리와 아연을 합금한 황동(당시엔 일본 말로 '신쭈'라 불렀음)을 종종 재료로 사용하기도 했다. 설계도 같은 것은 그 시대에 존재하지 않았다. 제작해야 할 부품이 있으면 똑같은 크기의 샘플을 가져다 놓고 자를 들고 그 모양을 직접 측정해 가며 가공 방법을 연구해야 했다.

초창기 신라철공소에서는 모두 일곱 명이 활약했다. 사장 강이준과 공장장 백만수, 행정과 기획 업무를 담당한 박창원 그리고 김창덕, 정준택 등 현장 기술자 네 사람이 신라철공소 창립 멤버라고 할 수 있다. 출근은 오전 8시, 퇴근은 오후 5시였지만, 연장 근무가 상당히 잦았다. 근무는 주당 6.5일이었다. 첫째와 셋째 주 일요일만 쉬고 나머지는 정상 근무였기 때문이다. 흔히 반공일半空日이라 부르던 토요일에도, 둘째와 넷째 주 일요일에도 신라철공소는 평일처럼 돌아갔다. 점심 식사는 모두 강 사장의 아내가 직접 장만한 음식으로 해결했다. 공장과 집이 한 울타리에 있었기 때문에 직원들은 언제나 사장 가족과 함께 식사했다. 말 그대로 '식구'였다. 주말이면 강이준의 아들인 중학생 태룡도 그 식사 자리에 함께 있었다.

신신제작소

신라철공소는 제조 자체를 목적으로 삼았다기보다는 신라상회의 판매를 지원하기 위한 목적이 다분했다. 강이준은 그 수준에 만족하지 않았다. 신라철공소에서 자신감을 얻은 그는 본격적으로 부품 제조에 도전하기 위해 철공소에서 약 1.5㎞ 떨어진 양정동에 '신신제작소'를 설립했다. 신라철공소를 설립하고 2년이 지난 1962년으로 추정된다.

신신제작소는 소모 부품 제작 위주의 신라철공소와 달리 액슬 샤프트Axle Shaft, 차축를 전문으로 제조해 전국의 정비 공장이나 부품상에 직접 공급하는 비즈니스 모델을 채택했다. 액슬 샤프트를 주종으로 택한 것은 강이준이 당시 자동차 부품 시장을 면밀하게 분석한 결과였다. 차량이 귀했던 그 시절 대부분의 운송 차량이 최대 적재 중량을 초과한 짐을 싣고 다녔다. 엔진의 출력과 짐의 하중 사이에 불균형이 생길 수밖에 없었다. 특히 야트막한 오르막이라도 오르게 되면 엔진은 바퀴 돌리기를 버거워했고, 그 스트레스가 자주 차축을 망가뜨렸다. 강이준은 바로 그 점에 착안해 액슬 샤프트 전문 공장을 차리기로 한 것이다.

신신제작소는 신라철공소와는 전혀 다른 모습이었다. 금속에 열을 가하기 위한 대장간과 달궈진 쇠를 모양내기 위한 단조 설비가 핵심이었기 때문이다. 차축을 만드는 데 필요한 원재료는 대개 못 쓰게 된 기차의 차축에서 가져왔다. 대장간에서 충분히 가열한 기차 차축을 자동차용 차축 주형에 넣어 때리는 방식이었다. 단조를 거쳐 나온 샤프트는 대형 선반에서 모양을 다듬은 뒤 마지막 도금 과정을 거쳐 시장에 공급했다. 신신제작소가 생산한 액슬 샤프트는 하야리아 미군 부대를 비롯해 전국 각지의 정비 공장으로 팔려 나갔다.

모든 공정이 처음 시도하는 것이라 시행착오가 적지 않았다. 신라철공소 때와 마찬가지로 액슬 샤프트 또한 완제품을 앞에 두고 역순으로 제작 공정을 연구하고 개발하는 방식으로 만들어졌다. 그 과정에 크고 작은 사건 사고들도 이어졌다. 대장간을 가열하는 재료로 카바이드를 사용했는데, 그 가스가 새면서 폭발 사고가 일어나기도 했고, 가열된 금속을 기름으로 식히는 과정에서 부주의로 화재가 발생하기도 했다. 장님 코끼리 만지기나 다름없었다. 그러나 그 경험들이 쌓여 이른바 기술력이 됐다.

경제개발계획

강이준 사장이 신라철공소를 열고 제조를 시작한 1960년은 대한민국 경제의 대전환기였다. 유럽이 퇴조하고 미국과 소련이라는 새로운 양극 체제가 본격적으로 경쟁을 시작하던 시점이었다. 그때 대한민국은 미국이 주도하는 자본주의 세력의 최전방을 담당하고 있었다. 전쟁이 끝난 뒤 미국이 대한민국을 적극적으로 원조한 이유도 바로 여기에 있었다. 잠시 1960년을 전후해서 우리나라를 둘러싼 세계정세가 어떻게 움직이고 있었는지 살펴보자.

세계대전의 반복을 피하고자 결성한 국제연합UN은 전쟁이 끝난 제3세계와 저개발 국가들의 경제를 되살린다는 명분으로 여러 가지 하부 기구를 조직했는데, 그중 우리나라 경제에 결정적인 영향을 끼친 곳이 바로 에카페ECAFE, Economic Commission for Asia and the Far East라 불리던 '아시아극동경제위원회'였다. 회원국에는 소련도 포함돼 있었지만 미국과 서유럽 국가들의 입김이 훨씬 강하게 작용하는 조직이었다.

우리나라는 1954년 2월에 열린 제10차 에카페 총회를 통해 정회원 국가로 가입했다. 당시 소련이 우리나라의 가입을 반대했지만 미국, 영국, 프랑스, 네덜란드, 오스트레일리아, 뉴질

랜드, 대만, 태국, 필리핀, 파키스탄 등 10개 국가가 찬성표를 던져서 가입이 성사됐다. 이후에도 소련이 대한민국 대신 북한을, 대만 대신 중공을 회원국으로 가입시키려고 애썼지만 에카페의 헤게모니가 미국으로 넘어가면서 뜻을 이루지 못했다. 힘의 균형이 기울다 보니 에카페의 명목은 저개발 국가 지원이었지만, 실제로는 사회주의를 막아 내기 위한 경제 블록을 쌓는다는 의미가 컸다.

이듬해 3월에 열린 11차 총회에서 에카페는 아시아 국가들의 개발 촉진을 의결했다. 아시아 국가들은 재정적으로 곤란한 상태이지만 인적 자원이 풍부하므로 선진국들이 적극적으로 원조해 주면 경제 성장을 이룰 수 있다고 판단한 것이다. 그때 국내에 보도된 발표문은 "아시아 국가는 인적 자원을 이용해야 한다. 대중이 각성해 자신들의 미래를 위해 눈앞의 희생은 감수하도록 하는 것이 중요하다"라고 말하고 있다. 눈앞의 희생은 무릅쓰고 인적 자원을 대대적으로 투입하는 노동 집약적 경제를 일으켜야 한다는 메시지였다. 이 총회에서 '경제개발계획'이란 단어가 처음 등장했다.*

* 〈「에카페」 11次會議成果 開發促進을 決議〉, 《경향신문》, 1955년 4월 9일 자, 2면.

"에카페는 경제개발계획에 더욱 긴밀한 주의를 경주해야 할 시기가 도래한 것으로 생각한다."

경제개발계획이 뜻하는 것은 '정부 주도의 계획경제'였다. 사실 계획경제는 사회주의식 모델로 받아들여졌다. 사회주의와 체제 경쟁을 하며 시장의 자유를 신봉하는 자본주의 진영과는 다분히 어울리지 않는 정책이었다. 그러나 이론은 이론이고 현실은 현실이다. 그때 남한은 북한에 비해 산업 인프라가 크게 열악했다. 시장 기능에 맡겨서는 단기간에 북한을 따라잡기가 불가능해 보였다. 그래서 서방 세계가 주도하는 에카페는 계획경제를 처방으로 내놨고, 우리 정부도 그 흐름을 따라 경제개발계획을 마련하게 된다.

이승만이 아직 대통령으로 있던 1959년 3월이었다. 에카페의 지침에 따라 부흥부 산하 산업개발위원회가 '경제개발 3개년 계획'[1960~1962]을 발표하는데, 이것이 우리나라 계획경제의 시초다. 내용은 실제 노동 인구의 증가분 약 60만 명을 각 산업 부문에 균등 배분하는 한편, 실업률을 28%에서 21%로 감축하고, 취업 인구 1인의 생산액을 16만 6천 환[5.1% 증가]으로 늘려 국민총생산을 1조 2,740억 환까지 끌어올린다는 계획이었다. 연평균 5%의 성장률을 유지해 기준 연도 대비 21.9%의 경제 성장을 이룬다는 구체적인 지표도 제시됐다.

그러나 이 계획은 이듬해 터진 3·15 부정 선거와 4·19 혁명을 거치면서 한 글자도 시행되지 못한다. 대신 들어선 민주당 장면 정부는 기존 계획을 한 단계 더 발전시킨 '경제개발 5개년 계획'1961~1965을 세상에 내놓았다. 이 계획을 만드는 데 미국의 싱크탱크인 랜드RAND 연구소의 경제계획 전문가들이 다수 참여했다.

하지만 이 계획도 1년이 채 지나지 않아 중단되고 만다. 1961년 5월 16일에 박정희가 이끄는 3천여 명의 군인들이 정변을 일으켜 정권을 차지했기 때문이다. 이른바 제3공화국으로 알려진 군사정부는 장면 정부의 경제 정책을 거의 그대로 받아 1962년부터 1966년까지 시행될 5개년 계획을 추진하게 된다. 우리나라의 계획경제 정책은 1959년에 첫 삽을 떴지만 혁명과 정변을 거치며 2년을 고스란히 허비해 1962년에 본격적으로 시행된다. 강이준이 제조 전문 공장인 신신제작소를 설립한 바로 그해였다.

흔히들 대한민국 경제를 '고도성장' 혹은 '압축성장'이란 단어로 표현한다. 그 성장의 첫 파도는 1962년부터 시작된 제1차 경제개발 5개년 계획을 통해 일기 시작했다. 대한민국 사회와 경제를 완전히 바꾸게 될 파도가 일기 시작했을 때 강이준은 무엇을 보고 또 어떤 판단을 내렸을까? 그 판단과 행동에 따라 강이준의 사업은 파도 위에 올라탈 수도 있고, 반대로 휩쓸려

떠내려갈 수도 있다. 다행인 것은 그 파도가 시작되기 직전 강이준이 제조업을 시작했다는 사실이다. 어설프게나마 서핑 보드 하나는 장만하고 바다에 뛰어들었다고 볼 수 있다. 하지만 파도를 타려면 몸을 일으켜 균형을 잡아야 한다. 그 기술을 어떻게 터득할 것인가?

협동조합

1962년은 우리나라 경제 체제를 완전히 바꾸게 되는 '제1차 경제개발 5개년 계획'이 시작된 해다. 1차 계획의 중요한 과제 중 하나는 '산업을 분야별로 어떻게 육성할 것인가'였다. 당시 대한민국은 섬유 분야를 제외하면 거의 모든 산업이 백지에서 출발하는 상태였다. 당연히 첫걸음은 중소기업부터 육성하는 것이었는데, 그 첫 번째 계획인 '중소기업육성방안'이 군사 정변이 일어나기 2개월 전인 1961년 3월에 발표됐다. 내용은 크게 네 가지였다.

- ○ 중소기업체의 조직 강화(중소기업협동조합법, 중소기업경영합리화촉진법 제정)
- ○ 중소기업 금융 대책(중소기업 전담 금융기관 설치, 중소기업신용보험제도 확립)
- ○ 판로 개척(공공판매제, 군수물 자국 내 조달, 해외 판로 개척 등)
- ○ 조세 경감

경제적인 면에서 다행인 것은 5월에 들어선 군사정부가 기존 계획을 그대로 계승한 것이었다. 박정희 체제로 바뀐 1961년 12월 27일 마침내 중소기업협동조합법이 제정되면서 업종별로 중소기업들이 법적인 지위를 갖는 '단체'를 구성할 수 있게 됐다. 이 단체가 중요한 이유는 향후 정부가 주도할 각종 정책과 투자에 독점적인 소통 채널이 되기 때문이다. 이듬해인 1962년 2월 9일에는 중소기업협동조합법 시행령이 공포되면서 단체 조직 활동에 가속도가 붙는다.

자동차공업협동조합*

당시 조직 가능한 산업군이 60개 정도였는데, 그중에서 전광석화처럼 민첩하게 움직인 곳이 바로 자동차 업계였다. 시행령이 공포되고 한 달이 채 지나지 않은 2월 24일 자동차 업계는 서울에서 자동차공업협동조합 창립총회를 개최했다. 해방 직후에 결성된 '대한자동차공업협회'를 해산하고 정부가

* 고문수, 《한국자동차 부품산업사(I)》, 한국자동차산업협동조합, 2019 참고.

제시한 협동조합으로 확대 개편하는 자리였다.

창립총회로 속도를 낸 협동조합은 1962년 4월 7일 상공부 장관 인가번호 '1호'를 받으며 국내 최초의 중소기업협동조합이라는 타이틀을 얻었다. 그때 우리나라에서 굴러다닌 자동차 대수는 약 3만 2천 대 정도였다. 정부의 인가를 받자마자 조합은 자동차 공업의 체계적인 육성을 목적으로 하는 '자동차 제조사업법(안)'을 마련해 정부에 제출했다. 주요 내용은 정부의 사업 허가 기준, 기계 시설 및 원재료 수입 시 관세 면제, 자동차공업전문위원회 설치, 정부의 감독 등이었다.

정부는 이 제안을 토대로 5월 21일 '자동차공업보호법'을 통과시키고 자동차 관련 업체 경영자는 6개월 내에 상공부 허가를 받도록 했다. 우선 자동차 조립 공장 허가제가 강력하게 시행됐다. 1962년에는 시발자동차, 하동환자동차, 국제모터스, 신진공업, 광주자동차 등 다섯 개 업체가 허가를 받아 공장을 운영했는데, 이들이 우리나라 완성차 비즈니스의 모태가 됐다.

자동차 부품 공동 판매가 처음 시도된 것도 조합이 설립된 이때였다. 특정 부품의 과잉 생산을 막고 과다한 가격 경쟁을 피하기 위한 일종의 합리화 조치였다. 공동 판매 품목에 포함된 부품은 모두 열다섯 개로 엔진 밸브, 슬리브, 팬 벨트, 베어링 메탈, 피스톤, 개스킷, 피스톤핀, 허브 브라켓, 행거, 헤드램프, 클러치 디스크, 밸브 가이드, 롤러 베어링, 볼 베어링 등이었다. 부품별 생산업자가 여럿일 때는 납품 비율을 조정하도록 하고, 공동 판매 부품에는 모두 '조합검사필증'을 부착하도록 했다. 이렇게 생산된 부품들은 신라상회가 포함된 전국 52개의 부품 판매상에 공급됐다. 이런 모든 변화가 정부의 시행령이 발효된 지 100여 일이 채 지나지 않아 일어났다. 자동차 산업은 자동차공업협동조합이 만들어지면서 완전히 새로운 생태계를 구축하게 된 것이다.

다시 1962년 2월 24일 서울 중구 을지로3가로 돌아가 보자. 자동차공업협동조합 창립총회가 열린 바로 그 자리에 신라상회와 신라철공소를 경영하는 강이준 사장이 참석하고 있었다. 협동조합이 탄생하기 전 대한자동차공업협회가 존재했다는 사실을 생각하면, 신라상회를 일으킨 지 얼마 되지 않은 그가 처음부터 핵심 멤버가 되기는 쉽지 않았을 것이다. 그러나 갓 마흔이 된 부산 출신의 청년 사업가 강이준은 자동차 부품 업계에선 이미 주목받는 인물이었다. 서울의 자동차 부품상들이 모여 있던 종로구 장사동에서도 부산 신라상회의 강 사장은 꽤 알려져 있었다.

그의 이름이 부산을 넘어 서울에서까지 회자된 이유는 역시 '신용'이었다. 앞서 정액의 80%만 결제하는 부산 부품 업계의 거래 관행을 언급했는데, 서울이라고 크게 다르지 않았다. 서로가 서로를 믿지 못하는 상황에서 언제 일어날지 모르는 부도의 위험을 안고 지뢰밭 걸어가듯 거래하던 시대였다. 그런 환경에서 정시 정액 결제는 물론이고, 가능한 한 어음이 아닌 현금 결제를 우선하는 강이준식 거래 방식은 돋보일 수밖에 없었다.

물론 현금이 워낙 부족한 시대라 강이준도 부득이하게 어음을 발행하는 경우가 있었지만, 시장에서 그가 발행한 어음은 '절대 부도나지 않을 어음'으로 높이 평가받았다. 본인 몫을 못 챙기는 한이 있어도 약속된 거래처 대금은 반드시 지불한다는 믿음이 있었기 때문이다. 심지어 강이준 사장과 거래할 때는 영수증을 쓸 필요가 없다는 거래처도 많았다. 그런 믿음들이 뒷받침되면서 강이준은 짧은 업력에도 불구하고 협동조합의 핵심 멤버로 참여할 수 있었다.

협동조합에서 그의 지위가 확실하게 자리 잡은 것은 이듬해 5월이었다. 공격적으로 사업을 펼쳐 나가던 협동조합은 1963년 부산경남지부를 설립하면서 초대 지부장으로 강이준을 선임했다. 강이준은 지부장 자격으로 협동조합 이사진에 참여하게 됐다. 정부의 자동차 산업 정책이 이 협동조합을 통해 펼쳐질 터인데, 바로 그 기관의 핵심 멤버로 활동하게 된 것이다. 이 정도면 첫 파도를 맞이해 성공적으로 올라탔다고 평가할 수 있지 않을까?

첫 수출

1961년부터 시작된 박정희 정부의 경제 정책 중 최우선 과제는 수출이었다. 수출을 통해 달러를 충분히 벌어들여야 우리 경제가 경쟁력을 가질 수 있다고 굳게 믿었다. 수출을 통해 나라를 세운다는 '수출입국輸出立國', 모든 가치에 수출이 우선한다는 '수출 제일주의'가 경제 정책의 핵심 슬로건으로 자리 잡았다. 박정희 대통령은 심지어 "전 산업의 수출화全産業의 輸出化"라는 표어를 직접 써서 각 사업장에 내려보내기도 했다.

1950년대만 해도 우리나라 산업의 전체 수출액은 100만 달러 안팎이었다. 동시대 미8군 클럽에서 활동하던 우리나라 가수들신중현, 패티김, 윤항기, 한명숙 등에게 지급된 개런티 총액약 120만 달러이 우리나라 수출 총액보다 많았다. 우리나라 수출액은 1950년대 말부터 빠르게 증가하기 시작해 1960년대로 접어들면서 2천만 달러를 넘어섰고, 정부의 강력한 정책 드라이브에 힘입어 1963년 드디어 1억 달러를 돌파했다.

신신제작소가 포함된 한국자동차공업협동조합의 핵심 과제 또한 업계의 수출 진흥이었다. 정부는 1964년 '수출 전환 업체'(내수보다 수출 중심으로 정책을 바꾼 업체)라는 걸 발표했는데, 여기에 동우전기, 대원강업, 유성기업, 한국이연, 대한피스톤, 만

물판금, 망경공업, 기아산업, 한성금속, 협립제작소 등 10개 자동차 부품 기업이 선정됐다. 이 기업들은 거의 맨땅에 헤딩하는 각오로 수출 업무에 매달려 그해 태국과 베트남을 상대로 19만 8,981달러의 실적을 올렸다.

이때는 대기업이 주도하는 '상사商社'라는 개념이 우리나라에 도입되기 전이었다. 정부가 따로 법을 만들어서 조합에 지위를 부여한 이유 중 하나가 기업별로 감당하기 어려운 수출 업무를 조합이 주관토록 하기 위해서였다. 적은 금액이지만 새로운 수출 판로를 개척한 성과에 고무된 상공부는 그해 12월 30일에 자동차공업협동조합을 '자동차 부품 수출검사 기관'으로 지정했다. 조합 검사에서 합격 판정을 받아 검사필증이 부착된 제품만 수출 통관 절차를 통과할 수 있게 한 것이다.

검사에는 브리넬경도계, 각종 게이지, 마이크로미터, 투영기, 인장 시험기, 금속현미경 등의 장비들이 동원됐다. 처음 세계 시장에 진출하는 우리 제품들이 혹시나 제대로 평가받지 못할까 봐, 혹시나 해외 시장에서 나라 망신을 시키면 어쩌나 하는 심정으로 매우 엄격하게 검사했다고 한다. 신신제작소의 첫 수출도 이때 이뤄졌다. 신신제작소는 주력 제품인 액슬 샤프트를 수출 상품으로 내놓았다.

협동조합의 까다로운 검사 과정을 통과한 신신제작소의 액슬 샤프트는 베트남을 시작으로 태국과 필리핀 등의 동남아시아로 수출됐다. 1965년 조합에 보고된 수출액은 4만 3,780달러였다. 이후 조합의 노력으로 수출국도 제법 늘었다. 파키스탄에도, 남미의 한 국가에도 신신제작소의 액슬 샤프트가 수출됐다. 신라철공소 시절부터 함께한 원년 멤버 박창원은 액슬 샤프트에 하자가 생겨 파키스탄에 출장을 다녀오기도 했다. 수출 상품에 대한 최초의 컴플레인이 1960년대 후반에 발생한 셈이다.

신신기계공업사

1960년 여름에 문을 연 신라철공소는 신라상회를 지원하기 위한 부속 공장 개념이 강했다. 신라상회에서 잘 팔리는 상품군을 직접 제조해 공급함으로써 수익률을 높이는 비즈니스였다. 본격적인 제조, 다시 말해 부속이 아닌 독립 비즈니스로서의 제조는 1962년에 문을 열어 액슬 샤프트를 전문으로 생산한 신신제작소부터 시작됐다.

그런데 문제가 하나 있었다. 대장간과 단조 설비 때문에 신신제작소에서 큰 소음이 발생했는데, 공장이 자리한 곳이 하필 주거지 한복판이었던 것이다. 양정은 부산시가 영도 청학

동, 괴정 새마을(새마을운동이 생기기 전에 붙여진 이름)과 함께 전쟁 때 밀려든 피난민들을 정전 후 분산 배치한 지역 중 하나였다. 지금이야 도시계획으로 공장 지대와 주거 지역을 명확하게 구분하지만, 1960년대 초만 해도 도시계획이라는 개념 자체가 희박했다.

자동차를 비롯해 소음원이 그리 많지 않던 시절, 양정동 주민들은 신신제작소에서 들려오는 소음을 견디기 어려웠을 것이다. 하루가 멀다 하고 부산시에 민원이 빗발쳤고, 심지어는 출근 시간에 맞춰 공장 입구를 막고 드러눕는 주민들까지 등장했다. 강이준 입장에선 야심 차게 제조를 시작했는데 예상치 못한 암초를 만난 격이었다. 환경 기준이 전무했던 시대였다. 회사도 소음이 얼마나 발생할지 예상하지 못했고, 행정 당국도 규제할 만한 마땅한 기준을 갖고 있지 않았을 때다.

강이준은 이 난관을 어떻게 헤쳐 나갔을까? 그는 완전히 다른 차원의 선택으로 이 문제를 돌파했다. 그는 주민을 설득하거나 관청에 양해를 구하는 대신 '이전移轉'이라는 카드를 꺼내 들었다. 그것도 단순히 장소를 옮기는 차원이 아니라 공장 규모를 10배 이상으로 키우는 대담한 도전이었다. 신라철공소와 신신제작소가 다 합쳐 봐야 100평이 될까 말까 한 '작업장' 크기였다면 새로 옮겨 갈 장소는 1천 평에 가까워(정확하게 999평) '제대로 된 공장'을 세울 수 있는 면적이었다.

그는 신신제작소를 시작한 지 3년이 채 안 되는 1965년 봄, 양정동 공장에서 약 7㎞ 떨어진 동래구현재는 금정구 부곡동 온천천 변의 논 약 1천 평을 매입한다. 소소하게 사업하던 철공소와 대장간 수준을 넘어 명실상부한 '제조 공장'을 만들기 위한 도전이었다. 앞으로 이 공장은 막 산업화 드라이브를 걸기 시작한 정부 정책을 온전히 담아내는 그릇 역할을 하게 될 것이었다.

신신제작소가 처음 수출 실적을 올린 1965년 한여름, 부곡동 온천천 변 나무 그늘 아래에 대입을 앞둔 고3 남학생 하나가 자리를 깔고 앉아 공장 터를 흙으로 메우려고 드나드는 덤프트럭의 대수를 세고 있었다. 그 학생의 이름은 강태룡, 물론 아버지의 심부름이었다.

터 닦기를 마치고 1965년 말에 공장이 완공되면서 대신동의 신라철공소와 양정동의 신신제작소도 함께 이곳으로 이전했다. 회사 이름도 '신신기계공업사'로 새로 지었다. 이듬해인 1966년 2월에는 정식으로 오픈식도 가졌다. 신신기계공업사는 그 시대 기준으로 꽤 '번듯한' 공장이었다. 한국자동차공업협동조합의 원년 멤버이자 협동조합의 부산경남지부장이었던 강이준 사장에게 부곡동의 새 공장은 격에 어울리는 옷차림 같았다. 공장이 완공되면서 정부 지원 사업에 적극적으로 참여하게 된 것은 우연이 아니었다.

부곡동 공장 시대에 처음 선정된 지원 사업은 1966년의 '중

부곡동에 새로 공장을 연 신신기계공업사

기업 시범 공장' 사업이었다. 전문가 집단이 전국에서 선정된 100개 업체를 지도해 주는 것이었다. 이 사업에 참여한 전문가 집단은 서울상대 부설 기업연구소, 한국생산성본부, 한국산업능률본부, 중소기업협동조합중앙회 등 네 곳이었다. 이들이 맡은 임무는 이른바 시범 공장들의 기술과 경영, 전문화 방안을 컨설팅하는 것이었다.

지원 대상은 '수출품 생산 지정 업체'로 등록된 기업인데, 1966년 기준으로 전국의 535개 기업이 리스트에 올라 있었다. 그중에서 100개 기업을 선발한 것이니 신신기계공업사는 5.4 대 1의 경쟁률을 뚫은 것이다. 선정 업체 100개 중 부산 지역 기업은 신신기계공업사를 포함해 열다섯 개였으며, 부산 지역의 자동차 부품 제조 기업으로는 유일했다. 당시 신신기계공업사를 컨설팅한 전문가 집단은 서울상대 부설 기업연구소였다.

그때의 컨설팅이 신신기계공업사의 기초를 놓는 데 얼마나 도움이 됐는지는 확인할 수 없다. 다만 번듯한 공장을 세우고 정부 지원 사업에 선정되는 과정을 통과하면서 신신기계공업사는 작업장 수준을 뛰어넘어 명실상부한 기업으로 성장하기 위한 발판을 놓았다고 평가할 수 있겠다. 경제 성장의 첫 파도 위에 성공적으로 올라탄 강이준은 이제 시야를 넓혀 훨씬 넓은 바다로 나아갈 채비를 차렸다.

1960년대 공장 일과

부곡동에 자리 잡은 신신기계공업사는 정문으로 들어서면 오른쪽 벽을 따라 경비실과 사무실, 포장 공간과 창고가 이어졌고, 단조 공장이 가장 깊숙이 있었다. 단조 공장에는 가열로와 프레스 두 대가 있었는데, 가열 연료로는 벙커C유를 사용했다. 정문 맞은편에 선반과 밀링 등의 공작 장비를 갖춘 기계 공장이 있었고, 이어서 검사실과 식당, 기숙사가 자리하고 있었다.

이 시기의 기숙사는 요즘 개념과는 상당히 달랐다. 일종의 임시 숙소였다. 1960년대 말은 산업화 초기로 수많은 청년이 일자리를 찾아 대책 없이 고향을 떠나던 시대였다. 기업 대부분은 노동자를 유치하기 위해 '숙식 문제'도 해결해 주어야 했다. 부곡동 공장에선 축대가 서 있던 공간이 그 역할을 했다. 축대를 벽 삼아 슬레이트 지붕을 한쪽으로 기울여 숙소가 없는 직원들의 거처를 마련한 것이다. 바닥에는 다다미를 깔았고 숙소별로 단출한 부엌도 하나씩 있었다. 심야 작업이 있을 땐 기계 돌아가는 소리를 자장가 삼아 잠을 청해야 하는 열악한 환경이었지만, 머리 누일 곳만 있어도 감사했던 가난한 시절이었다.

부곡동 공장에서의 작업 모습

하루 일과는 새벽 다섯 시 단조 공장의 가열로에 불이 붙으면서 시작됐다. 가열로 당번이 불을 붙이고 한 시간 정도 지나 충분히 달궈질 때쯤 단조반 직원들이 출근했다. 가로세로 11~12㎝ 정도 되는 쇠막대 기둥을 일정한 길이로 잘라 가열로에 집어넣고 가열한 뒤 본격적으로 단조 공정에 들어갔다. 벌겋게 달아오른 쇠막대를 집게로 꺼낸 뒤 프레스기를 이용해 쿵덕쿵덕 찧어 가며 모양을 만들었다. 프레스기는 발로 조정했고, 가열된 쇠막대는 집게로 요리조리 돌려가며 둥글게 성형했다. 샤프트 머리는 틀에 넣어 쾅 찍어 내는 방식이었다. 혼자서는 못 했고 보조하는 사람이 있어야 했다. 쇳덩이가 커지면 두 사람이 보조로 지원 나오기도 했다.

단조 공정이 마무리되면 기계 공장으로 넘어와 본격적인 가공 공정에 들어갔다. 선반을 이용해 표면을 깨끗하게 다듬고, 밀링을 활용해 나사산을 만든 뒤 톱니 구멍세레이션을 내는 공정도 모두 이 공장에서 이뤄졌다. 샤프트가 완성되면 머리의 중앙 부분에 상표를 박아 넣었는데, 상당량은 이스즈ISUZU 같은 일본 브랜드가 부착됐다. 주문자들이 중간 마진을 더 챙기려고 각별히 요구한 사항이었다. 신신기계공업사가 직접 유통하는 샤프트에는 일본 스즈키SUZUKI 브랜드를 닮은 에스S 자의 고유 브랜드가 부착됐다.

마지막 단계로 검사실을 통과한 완성품은 창고에 보내 포장했는데, 그 시대의 포장재는 다름 아닌 새끼줄이었다. 포장된 제품들은 신라상회의 네트워크를 타고 전국으로 팔려 나갔다. 신신기계공업사처럼 한 공장에서 단조부터 가공, 포장까지 모든 공정을 소화할 수 있는 공장은 매우 드물었다. 신신기계공업사의 독보적인 경쟁력이라 해도 과언이 아니었다. 원스톱으로 완제품을 만들어 내는 시스템은 센트랄로 업그레이드됐을 때도 고스란히 이어졌다.

신신기계공업사, 나아가 70년대의 센트랄은 단순히 하나의 공장이 아니라 보다 나은 생활환경으로 진보하기 위해 힘을 합쳐 일한 '경제공동체'였다고 볼 수 있다. 강이준 사장도 단순히 회사의 사주가 아니라 경제공동체의 리더로서 행동한 사례들을 곳곳에서 확인할 수 있다. 신라철공소 시절 모든 직원이 사장 집에 모여 점심을 먹었다든지, 공장으로 규모가 확대된 뒤에도 명절 때 함께 모여 시간을 보냈다든지 하는 문화들이 그 예다. '가족 같은 회사'라는 말이 요즘 시대에는 노동력을 부당하게 착취할 때 쓰는 핑계라면, 1960년대 신신기계공업사의 경우에는 있는 그대로를 묘사한 표현이라고 말할 수 있다.

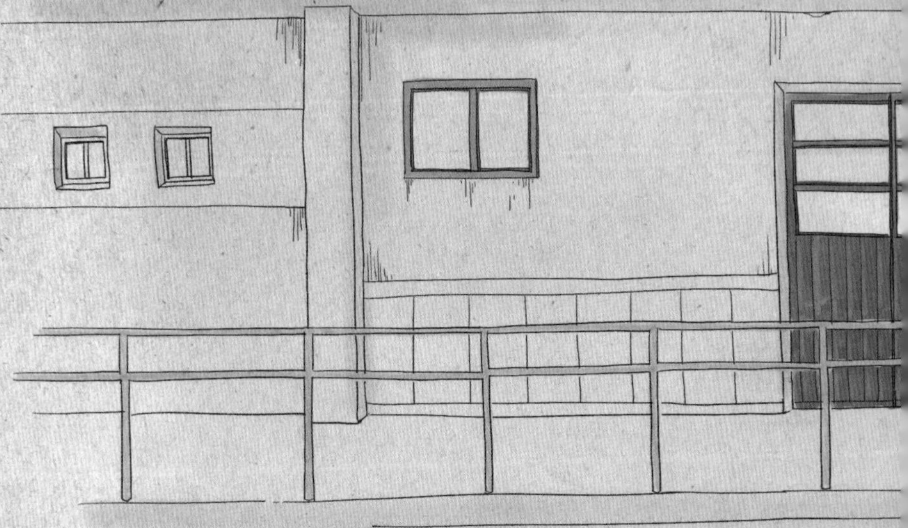
멸공 한국센트랄 자동

2부 센트랄

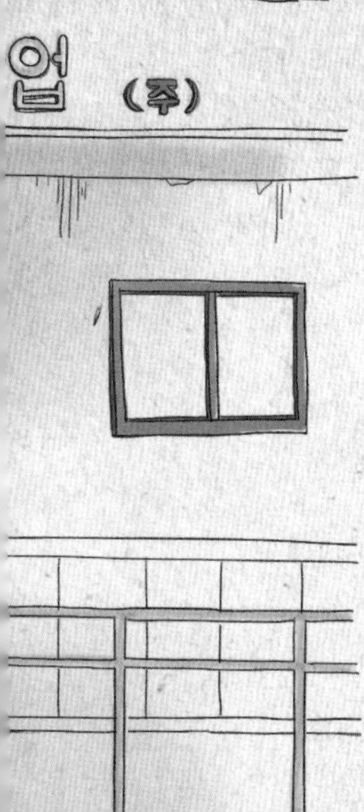
업 (주)

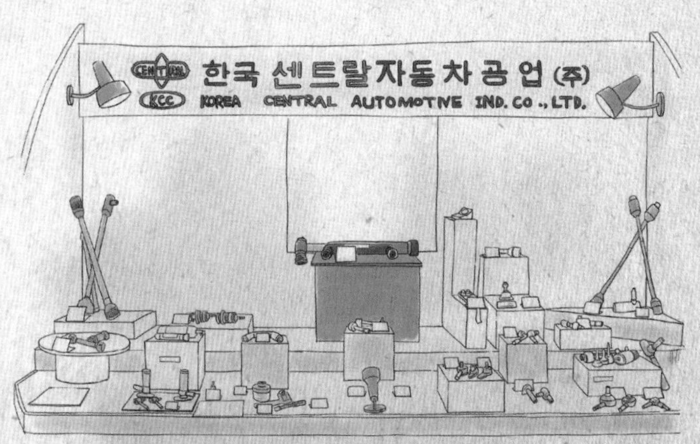
CENTRAL
한국 센트랄자동차 공 업(주)
KCC
KOREA CENTRAL AUTOMOTIVE IND. CO., LTD.

01

외자

경제만 봤을 때 1960년대의 대한민국은 한마디로 좌충우돌이었다. 내부적으로도 실력이 달렸지만, 대외 환경이 급변한 것도 무시할 수 없는 큰 변수였다. 당장 마르지 않는 돈줄일 줄 알았던 미국이 60년대에 접어들면서 여러 가지 이유를 들어 원조 규모를 대폭 줄였다. 경제는 살려야 하는데 시장에 돈은 없는 사면초가 상황에서 새 정부가 출범했다. 엄청난 사회적 비용을 지불하고 정권을 잡은 박정희였기에 반드시 성공해야 한다는 압박감이 엄청났을 것이다.

1962년 1월부터 시행된 제1차 경제개발 5개년 계획은 애초 수출 최우선이 아니라 '자립 경제' 체제를 구축하는 것이 핵심 목표였다. 시멘트, 비료, 제철, 정유 등 모든 산업의 바탕이 되는 기간산업을 중점 육성함으로써 수입에 지나치게 의존하던 경제를 자립 경제로, 다른 말로는 내수를 기본으로 하는 민족 중심의 산업 체제로 성장시키고자 했다. 이를 당시에는 '수입

대체 산업화 전략'이라고 불렀다.

공단의 시작

기간산업을 구축하기 위해서는 엄청난 자금이 투입돼야 한다. 미국의 원조가 줄어든 상황에서 박정희의 경제팀이 던진 승부수는 바로 '화폐 개혁'이었다. 1962년 6월 10일 정부는 기습적으로 화폐 개혁을 단행했다. 10 대 1의 비율로 기존의 '환'을 '원'으로 바꾸는 내용이었다. 다른 조건도 붙었다. 가구당 교환액 상한선을 5천 환으로 묶었고, 그 이상은 은행에서 1년 후에 찾을 수 있는 통장에 저축하거나 산업개발공사의 주식으로 바꿔야 했다. 목적은 국내에 숨어 있을 화교 자본과 국민들의 쌈짓돈 등을 모조리 그러모아 산업 발전에 투자할 종잣돈을 만들겠다는 것이었다.

그러나 뚜껑을 열어 보니 효과는 미미하기 짝이 없었다. 정부가 목표한 기금의 20%도 채우지 못한 것이다. 생각보다 숨어 있는 돈이 많지 않았고, 정부의 금융 정책에 대한 신뢰가 깊지 않았던 탓도 컸다. 곧이어 한국의 최대 원조국이었던 미국의 압박이 뒤따랐다. 사전 협의 없이 기습 단행된 화폐 개혁은 미국 관점에선 공산주의적 발상이나 마찬가지였다. 원조를 아예 중단하는 것은 물론 단교도 불사하겠다고 압박이 가해지자 박정희 정부는 곧바로 백기를 들고 만다.

큰 비용을 치르고 국내에 돈이 없음을 확인한 정부는 경제성장을 위해서는 외자 유치만이 유일한 대안이라고 확신하고 1962년 말 기존의 경제개발 5개년 계획을 대폭 수정했다. 이른바 '수출입국'이라는 슬로건이 이때 만들어졌고, 오늘날까지 대한민국 경제를 설명하는 중요한 뼈대가 됐다. 그런데 그 외자를 어디서 구할 수 있을까? 2차 세계대전 이후 세계 기축통화가 달러로 굳어졌지만, 1960년대 초 한국은 미국과의 관계가 껄끄러워 달러 수급이 여의치 않았다. 박정희 정부가 짧은 시간에 비교적 쉽게 확보할 수 있는 외화는 현해탄 건너에 있는 일본 돈 엔화였다. 획기적인 방책이 필요했던 정부는 같은 핏줄을 가졌고, 국내 네트워크와 연결된 재일 교포 기업인들을 주목했다.

태평양 전쟁으로 잿더미가 됐던 일본은 5년 뒤 벌어진 한국전쟁으로 엄청난 경제 특수를 누리고 세계적인 경제 대국으로 성장하는 발판을 닦았다. 일본 전체 경제가 호황을 누린 만큼 재일 교포들에게도 상당히 많은 기회가 돌아갔다. 그 시기에 성장한 대표적인 인물 중 하나가 롯데그룹을 세운 고 신격호 회장이다. 물론 재일 교포 기업인의 중요성을 깨달은 정부가 박정희 정권이 최초는 아니었다. 기록을 찾아보면 재일 교포 기업인의 모국 시찰단 소식은 1950년대 후반부터 발견된다. 하지만 재일 교포 투자 유치를 국책 사업으로 추진한 것은 박정희 정부 때가 맞다.

정부는 재일 교포 기업인의 모국 투자를 유치하기 위해 1964년 6월 '수출산업공업단지개발조성법'이라는 특별법을 제정했다. 일시에 거액의 엔화를 유치하는 방법으로 '공단'이라는 솔루션을 찾아낸 것이다. 그 첫 번째 사례가 바로 우리나라 최초의 공단인 '구로공단'이다. 이 특별법에 따라 1964년부터 10여 년간 모두 여섯 개 단지가 조성됐는데 1, 2, 3단지가 서울 구로구에 있어서 구로공단이라는 별명을 얻었고, 인천 4단지는 부평공단 그리고 5, 6단지는 주안공단이라 불렸다.

구로공단이 어느 정도 성과를 올리면서 공단으로 산업 클러스터를 만들고 효율과 효과를 극대화하는 방법이 핵심적인 산업 발전 정책으로 채택됐다. 1970년대 초에 만들어진 마산의 수출자유지역을 비롯해 전국의 다양한 지역에 산단, 즉 산업단지가 만들어지게 됐다. 현재의 창원시도 '국가산업단지' 중 하나로 1970년대 중반부터 개발된 곳이다.

도쿄올림픽 이후

우리나라 정부가 재일 교포 자본을 바라보고 공단 모델을 한창 발전시키는 동안 일본 현지에서는 나라 수준을 한 단계 높이고자 1964년 도쿄올림픽을 유치했다. 일본은 이 올림픽을 통해 태평양 전쟁 전범국이자 패전국이라는 이미지를 세탁하고 경제적인 선진국으로 발돋움하는 전기를 마련하는 데 성공했다. 20세기 전자 산업의 소니와 파나소닉, 카메라 시장의 캐논과 니콘 등이 이때 글로벌 브랜드로 부각됐다. 일본 철도 교통의 상징인 신칸센도 이때 개발돼 일본의 기술력을 전 세계에 자랑했다.

21세기에 들어서는 올림픽 개최가 국가 브랜드와 경제 발전에 미치는 영향력에 대해 회의하는 목소리가 크지만, 도쿄올림픽이 열린 1960년대 중반만 해도 올림픽을 한번 개최하고 안 하고의 차이가 엄청났다. 일본은 올림픽을 계기로 대대적인 투자와 건설에 나섰고, 그 효과가 1990년대까지 30년 넘게 이어지며 미국에 이은 두 번째 경제 대국의 자리에 오를 수 있었다. 도쿄올림픽의 효과는 명징했다. 시민들의 인식이 달라지고 사회적인 체계도 글로벌 수준에 도달했다.

물질적으로, 문화적으로 풍요로워지면서 전에 없던 요구들이 불거져 나왔다. 당장 산업계의 임금이 상승했고, 노동력 부족 현상이 나타났다. 올림픽을 통해 달라진 일본 사회에서 기업들은 돌파구를 마련하지 않으면 안 됐다. 기업의 경쟁력을 유지하는 가장 쉬운 방법은 값싼 노동력을 확보하는 것이었다. 그때 일본 기업인들 눈에 이제 막 산업화에 박차를 가하고 있는 대한민국이 들어왔다. 서울올림픽을 끝낸 1990년대에 우리나라 기업들이 중국과 베트남을 바라본 것과 같은 맥락이었다. 재일 교포를 포함해 당시 일본 기업인들 눈에 대한민국은 값싼 노동력이 넘쳐나는 매력적인 투자처였다. 그들 사이에 한국은 "눈먼 돈이 돌아다니고, 노다지가 널려 있는 투자의 신천지"라는 소문이 파다하게 퍼져 있었다.

투자가 필요했던 한국과 노동력이 필요했던 일본에 1960년대 중반은 절호의 기회였다. 두 나라가 현해탄을 사이에 두고 가까이 있다는 것도 산업의 관점에선 엄청난 매력이었다. 특히 우리나라 산업계는 기술과 경영 모든 분야에서 선진 노하우를 습득하는 것이 최우선 과제였다. 사회적인 진통을 겪으며 1965년 12월에 발효된 한일기본조약이 중요한 계기가 됐다. 내용상 많은 문제를 안고 있었지만, 형식적으로 두 나라가 공식 교류할 수 있는 조건이 마련됐다. 특히 투자 부문에서의 가장 큰 변화는 재일 교포뿐만 아니라 일본인이 경영하는 기업도 참여할 수 있게 됐다는 사실이었다.

한일 교류

자동차 분야에서 한일 양국 간 교류 사업을 총괄한 채널은 강이준이 이사로 있는 한국자동차공업협동조합이었다. 기록으로 남아 있는 최초의 공식 교류는 1967년 8월에 있었다. 그때만 해도 해외 출장이 워낙 큰일이었는지 단위 조합만으로는 움직이지 못하고 여러 조합이 뭉친 연합회 형태로 시찰단을 꾸렸다. 당시 신문에 보도된 기사 내용이다.

> 한국기계공업협동조합연합회는 일본 공작기계 수출진흥회의 초청으로 일본기계공업계를 시찰하기 위해 나채연 씨(조선철공 사장)를 단장으로 하는 시찰단 16명을 구성, 오는 8월 중순경에 출발할 예정이다. 이 방일 시찰단은 8월 중순부터 약 15일 동안 일본기계공업계를 시찰하고 일본의 선진기술을 도입하기 위해 적극 활약할 것이라고 하는데, 이 시찰단 명단은 다음과 같다.
>
> 《매일경제》 1967년 7월 29일 자

우리나라 기계공업 분야의 대표 16명 명단에 신신기계공업사의 강이준 사장이 이름을 올렸다. 시찰단 자격으로 일본을 공식 방문하게 된 강 사장의 감회는 어땠을까? 10대 말 20대

1967년 일본을 방문한 한국자동차공업협동조합원들. 셋째 줄 가운데(초록색 표시)가 강이준 사장이다.

초반의 청년 강이준은 태평양 전쟁이 한창일 때 징집을 피해 일본으로 밀항한 전력이 있다. 군수공업이 활발하던 히로시마에서 불법 노동자 신세로 이 공장 저 공장을 전전했을 것이다. 우여곡절 끝에 획득한 운전면허증으로 천하를 얻은 듯한 기쁨을 누렸던 강이준은 20여 년이 지난 1967년 40대 중반의 중년 사업가로 다시 일본을 찾았다. 모르긴 해도 그때 그의 심정을 '감개무량'이란 네 글자로밖에는 표현할 수 없지 않을까.

일본 산업계를 마주한 순간 느꼈을 규모와 수준 차이는 어마어마했을 것이다. 일본은 아시아 전역과 미국을 상대로 무기를 만들고 전쟁을 일으켰던 나라다. 패전으로 쫄딱 망할 뻔했지만 이웃 나라 한국에서 터진 전쟁 덕분에 다시 한번 산업을 일으키고 경제를 회생시켰다. 이제 막 걸음마를 뗀 우리 산업계로서는 따라가기만도 벅찬 상대였다. 하지만 우리에겐 빈곤에서 벗어나야 한다는 간절한 열망이 있었다.

1967년 16명의 시찰단으로 시작된 양국 간 교류는 2년 뒤 구체적인 시스템으로 자리 잡았다. 특히 주목할 것은 1969년 4월 자동차 부품에 특화된 '한일자동차부품공업협의회'가 만들어졌다는 사실이다. 창립총회와 함께 마련된 1차 협의회는 서울에서, 2차는 같은 해 11월 도쿄에서 개최됐다. 협의회가 만들어진 첫해에 양국을 오가며 두 차례의 협의회가 열렸다는 사실은 서로가 서로를 그만큼 원했다는 뜻으로 해석할 수 있다.

두 번의 모임이 끝난 뒤 이듬해인 1970년 4월에 열린 제3차 협의회 때부터 구체적인 안건이 등장했다. 바로 '기술 협력'과 '합작 투자'였다. 당시 박정희 정부는 수출 산업화와 함께 전 산업의 국산화를 중요한 정책 목표로 제시하고 있었다. 국산화가 수출의 필수 조건은 아니지만, 국산화 정도에 따라 수출의 내용과 질이 달라질 수밖에 없기에 정부가 구체적인 목표를 제시하며 강하게 드라이브를 걸었다. 당시 정부는 자동차 부품 분야를 1972년까지 국산화하겠다는 구체적인 시점까지 제시하며 업계를 압박했다.

양국 자동차 업계의 구체적인 교류가 당장 그해부터 가시화됐다. 새나라자동차를 인수한 뒤 일본의 코로나 승용차를 수입 조립해 승승장구하던 신진자동차가 2월에 도요타와 엔진 공장을 합작하기로 합의하며 한발 앞서 나간 것이다. 당시 우리나라 승용차 모델 대부분이 도요타의 주력 상품 중 하나였던 코로나였기 때문에 두 회사 간의 합작이 순조롭게 진행되는 듯했다. 그러나 대미 수출이 급감한 도요타가 새로운 시장으로 중국 시장을 겨냥하면서 협상이 지지부진해지더니 그해 12월 결국 백지화를 선언하고 만다. 만약 계획대로 협상이 진행됐다면 신진자동차가 한일 합작 1호 기업이 됐을 것이다.

일본에는 도요타 말고도 한국 시장에 관심을 보인 자동차 관련 기업들이 많았다. 여러 자동차 부품 기업들도 한국을 찾았는데, 그중에 일본의 자동차 부품을 전문으로 유통하는 상사 개념의 '일본중앙자동차공업사'가 있었다.

일본중앙자동차공업사

강이준은 신신기계공업사를 계기로 본격적으로 제조업에 뛰어들었지만 부품 유통 업체인 신라상회도 여전히 운영하고 있었다. 그는 신라상회를 통해 우리나라 자동차 부품 시장을 손바닥 들여다보듯 상세히 파악할 수 있었다. 1960년대 후반부터 우리나라 승용차 시장은 신진자동차가 도요타에서 들여온 코로나가 거의 휩쓸다시피 했다. 신라상회도 '신진부품센타'와 '코로나센타'라는 보조 간판을 따로 내걸고 영업할 정도였다.

그때 코로나 부품 중에서도 효자 노릇을 톡톡히 한 품목이 바로 '볼 조인트Ball Joint'였다. 물론 이때 신신기계공업사는 볼 조인트 제작 기술을 보유하고 있지 않았기에 전량 수입했는데, 그 브랜드가 존슨Johnson이었다. 미국 대통령 이름을 딴 영어 브랜드였지만, 실제는 일본중앙자동차공업사(이하 '일본중앙자공')가 부품을 세계 시장에 수출할 때 쓰는 상표였다. 강이준은 한일

1967년 신진자동차 코로나 5천 대 생산 기념식(출처: 국가기록원)

간 자동차 산업 교류가 있기 전에 이미 일본중앙자공의 존재를 알고 있었다.

우리나라 정부는 모든 분야의 국산화를 강하게 외쳤다. 국산화는 시간이 흐른다고 해결될 과제는 아니었다. 특히 기술이 필요한 분야는 적절한 규제, 즉 '수입 제한 조치'가 필요했다. 정부는 모든 산업 분야의 상품들을 분류해 국산화 일정표를 만들고 이를 수시로 점검했다. 기술 격차가 너무 커서 당분간 따라잡기 어려운 품목은 수입을 열어 주고, 조금만 노력하면 금방 따라잡겠다 싶은 품목은 수입 제한을 거는 방식이었다. 예를 들어 엔진 부품은 아무래도 기술 격차가 있으니 수입을 제한하기 어려웠지만, 볼 조인트 정도는 자체 실력으로 해볼 만하다고 판단해 문을 걸어 잠그려 한 것이다.

볼 조인트는 차량의 안전을 담보하는 핵심 부품으로 인체의 관절 같은 역할을 한다. 자동차의 운전 방향을 조종하는 조향과 도로의 충격을 완화해 주는 현가[서스펜션] 그리고 엔진의 힘을 바퀴에 전달하는 구동 부품에 많이 사용된다. 볼 조인트는 여러 각도로 움직이고 회전하기 때문에 상당한 응력을 견뎌야 하고 마모되기 쉽다. 현재는 한번 조립하면 큰 충격이 없는 한 자동차 수명과 같이 사용할 수 있을 만큼 기술이 발달했지만, 당시만 해도 매년 한 차례 이상 의무적으로 교체해야 하는 소모성 부품 중 하나였다.

볼 조인트가 수입 제한 고시 품목에 올라가자 강이준 사장은 회사의 새로운 성장 동력 아이템으로 볼 조인트 제작에 도전하기로 마음먹었다. 볼 조인트는 기술만 확보할 수 있다면 장래성이나 수익성 면에서 충분히 매력적인 아이템이었기 때문이다. 그즈음 존슨 브랜드의 일본중앙자공이 한국에서 새로운 파트너를 찾고 있었다는 소식이 들려왔다. 강이준은 일본중앙자공을 알고 있었지만 일본중앙자공은 그를 알 리가 없었다. 일본중앙자공은 처음에 서울 영등포에 있는 동양기계에 합작 여부를 타진했다. 동양기계는 신신기계공업사와는 비교가 안 될 정도로 큰 기업이었다. 그러나 두 기업 간에 협상이 잘 이루어지지 않았고, 새로운 파트너를 찾는 과정에서 마침내 부산의 강이준과 인연이 닿았다.

이 과정에서 활약한 인물들이 있다. 먼저 언급해야 할 인물은 최영필이다. 최영필은 일본중앙자공의 존슨 브랜드 한국 총판 역할을 맡았던 무역상이다. 신라상회에 존슨 부품을 공급하면서 강이준 사장과 인연을 맺었고, 일본중앙자공과의 합작 과정에도 깊숙이 간여했다. 합작이 성사되고 실제 회사를 설립할 때 최영필은 주주로 참여했고, 초창기 부사장을 맡아 합작법인 경영에도 참여했다. 특히 기업의 중요한 의사결정 순간에 강이준 사장과 자주 갈등을 빚기도 했다.

다음으로 주목할 인물은 지엠비GMB의 창업자인 재일 교포

기업가 구두모다. 그는 일본 오사카 인근에서 나니와세이미츠浪速精密라는 자동차 베어링 부품 제조 기업을 세워 중견 기업으로 성장시켰다. 그 회사가 일본중앙자공에 납품하는 핵심 협력사 중 하나였기 때문에 제법 영향력이 있었다. 신신기계공업사에는 강이준의 친구 구본인이 창업 때부터 함께 일하고 있었는데, 그가 구두모의 아저씨뻘이었다. 그 인연으로 구두모 사장이 새로운 파트너를 찾고 있는 일본중앙자공에 강이준 사장을 적극 추천한 것이다.

1970년 어느 날, 이런 과정을 거쳐 신신기계공업사의 강이준 사장과 일본중앙자공의 우에노 도미조 사장이 드디어 협상 테이블에 앉았다.

합작

한일 양국의 기업 간 합작 논의는 1969년 한일자동차부품공업협의회가 출범하면서 본격적으로 시작됐다. 그중에서도 가장 언론의 주목을 받았던 사례는 신진자동차가 도요타와 엔진 부문을 합작하겠다는 계획이었다. 기정사실처럼 진행되던 이 프로젝트가 12월에 좌초되었는데, 자동차 업계에서는 이를 두고 '도요타 쇼크'라고 불렀다.

신진자동차와 도요타의 합작 논의가 2월부터 보도됐다는 사실을 고려하면 일본중앙자공도 1969년 말에서 1970년 초반에 한국 파트너를 찾았을 것으로 추정된다. 첫 파트너로 꼽았던 동양기계와의 협상이 불발로 끝나고 다른 파트너를 물색하는 과정에서 신신기계공업사의 존재를 알게 됐으니, 이 둘의 첫 만남은 1970년 중반, 이르면 초여름 늦어도 초가을에 이루어졌을 것으로 추정된다.

협상

일본중앙자공의 관점에서 중요하게 생각한 기준은 무엇이었을까? 그들의 목표는 저임금 노동력이 풍부한 한국에서 자신들의 주력 부품인 볼 조인트를 양질로 대량 생산하는 것일 테다. 양질의 볼 조인트를 생산하려면 기술력이 뒷받침돼야 하는데, 그때 일본중앙자공은 신신기계공업사가 어느 정도의 기술력을 갖췄다고 평가했을까? 정밀성이 그렇게 높지 않아도 되는 샤프트류를 주력으로 생산하던 신신기계공업사가 정밀성이 매우 중요한 볼 조인트를 잘 만들어 내리라는 믿음을 어떻게 가질 수 있었을까? 게다가 신신기계공업사는 사업 경력도 짧은 기업이었다. 신라철공소 때까지 합쳐도 10년이 채 되지 않는 신생 기업이나 마찬가지였다. 신신기계공업사 그 자체로는 일본중앙자공의 파트너가 되기에 규모로 보나 기술로 보나 부족한 부분이 많았다. 그런데도 일본중앙자공은 신신기계공업사와의 합작을 결정했다. 그 이유는 무엇이었을까?

중요한 투자 결정이 이뤄질 때 오가는 뒷이야기들이 있다. 특히 검증 재료가 부족한 스타트업에 투자할 때 투자자들은 대개 회사가 가진 스펙이 아니라 그 회사의 창업자 혹은 경영자의 '캐릭터'를 투자 여부를 결정하는 핵심 기준으로 본다. 사업 성패는 대부분 경영자의 역량에 달려 있는 경우가 많기 때문이다. 얼마나 믿을 만한지, 얼마나 열정이 있는지, 얼마나 의지가 굳센지 등이 판단 기준일 것이다. 신신기계공업사의 강이준 사장과 일본중앙자공의 우에노 도미조 사장이 처음 만난 자리를 상상해 보자. 그날 투자자인 우에노 사장은 강이준 사장에게서 어떤 인상을 받았을까? 중년의 강이준을 기억하는 사람들은 하나같이 검소함과 신용, 강직함을 그의 캐릭터로 꼽았다. 협상장에 앉은 우에노 사장도 비슷하게 느끼지 않았을까?

여기에 강이준 사장이 그동안 업계에서 쌓은 공신력도 한몫했을 것이다. 한국 정부의 산업 정책이 본격화되는 바로 그 시점에 자동차공업협동조합 창립 멤버로 참여했고, 1963년에 부산경남지부장 자리에 오르며 조합 이사로 이름을 올렸다. 또 한국 업계를 대표하여 일본 업계와 교류한 경력도 우에노 사장이 강이준 사장을 신뢰하게 만드는 정보가 됐을 법하다.

하지만 넘어야 할 산이 하나 있었다. 바로 자금 문제였다. 정부 수립 이후 처음으로 외자 합작을 허용한 당시 정부는 외자의 비중을 30%로 엄격하게 제한했다. 우리나라 기업이 해외 자본에 팔려 나가지 않게 하겠다는 뜻이었겠지만, 돈이 많지 않은 국내 사업자에겐 적잖이 부담되는 조건이었다. 일정한 규모의 기업이 필요하다고 판단했을 때 국내 사업자가 무조건 70%의 자본을 확보해야 한다는 뜻이었으니까 말이다. 당시 한국에는 돈이 없었다. 화폐 개혁을 해도 효과가 별로 없어서 외자 유치라는 카드를 꺼내 들었는데, 실제로는 외자 규모를 엄격하게 제한하는 모순적인 정책을 펼쳤던 것이다.

자본금 70%라는 부담을 떠안은 강이준 사장은 과감한 선택을 했다. 1952년에 탄생해 사업가 강이준을 있게 해 준 신라상회를 정리하는 것이었다. 신라상회는 강이준 사장이 자동차 업계의 최신 정보를 수집하고 전국적인 네트워크를 형성하는 데 결정적인 역할을 했다. 서면 시대에는 대상大商으로 성장하며 신라철공소와 신신제작소를 설립하는 데 든든한 뒷배가 되어 주었다. 볼 조인트를 미래 핵심 아이템으로 선택하게 된 것도 신라상회를 경영하면서 습득한 정보와 통찰 덕분이었다. 하지만 한일 합작을 성사시키려면 자본이 필요했고, 신라상회를 정리하는 방법 말고는 달리 큰돈을 융통할 방법이 없었다. 너무 아까운 사업이었지만, 더 큰 걸음을 내딛기 위해 강이준 사장은 신라상회를 떠나보내기로 했다.

출범

1971년 2월 5일 드디어 신신기계공업사와 일본중앙자동차공업사가 합작한 주식회사 '한국센트랄자동차공업'이 설립됐다. 액면가 5천 원짜리 1만 4천 주가 발행돼 자본금 총액 7천만 원의 회사로 출범했다. 강이준 사장이 5,750주로 41.3%, 무역상 출신의 최영필이 3,840주로 27.3%의 지분을 차지했다. 일본에서는 두 법인이 참여했다. 일본중앙자공이 2,000주로 14.3%, 일본센트랄자동차공업이 2,200주로 15.7%의 지분을 가져가 둘을 합쳐 정확히 30%를 기록했다. 일본센트랄자동차공업은 볼 조인트 등 핵심 부품을 생산하는 일본중앙자공의 자매 기업이었다.

이렇게 탄생한 한국센트랄자동차공업은 우리나라 자동차 부문에서 한일 합작 1호 기업이 됐다. 신진자동차와 도요타의 합작이 실패한 덕분에 1호라는 타이틀을 얻게 된 것이다. 그만큼 주목하는 시선도, 기대하는 사람도 많았다. 합작 직후인 1971년 6월 12일 《매일경제》에 보도된 기사를 보면, 신신기계공업사를 연간 10만 개의 액슬 샤프트를 생산하는 기업으로 소개하고 있다.

신신기계공업사는 동남아시아 일대를 상대로 4만 달러 규

다져지는國産化 ⑪ 自動車部品業界

韓國센트럴

輸出실적 4만弗

「액슬·샤프트」年 10만개 生産

1971년 6월 12일 자 《매일경제》에 실린 한국센트랄 관련 기사

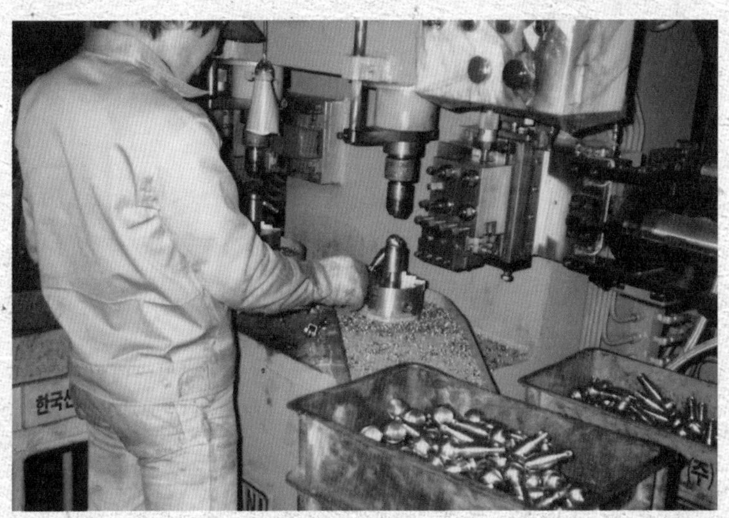

1971년 한국센트랄자동차공업의 부품 생산 모습

모의 수출 실적을 갖고 있었는데, 이 숫자는 1965년 협동조합에 처음 보고된 규모와 거의 같은 수준이었다. 6년이 흐르는 사이에 수출은 답보 상태에 있었다고 볼 수 있다. 반면 일본 중앙자공은 1,400만 달러의 수출 실적을 올리고 있었다. 수출액만으로는 신신기계공업사보다 350배나 많은 액수였다. 일본 전체 자동차 부품 수출액이 1억 달러였으니 일본 전체에서 14%를 차지하는 제법 규모 있는 중견 기업이었다.

한국센트랄자동차공업은 합작 직후 생산 설비를 대량 수입했는데, 그중에서도 6만 달러짜리 '고주파 열처리기'가 단연 돋보였다. 이 설비 덕분에 자체 열처리가 가능해지면서 비로소 볼 조인트의 국산화가 가능해졌기 때문이다.

합작 후 새롭게 선보인 부품 중에서 단연 '볼 조인트'가 핵심이었고, '이너 샤프트Inner Shaft' 도 함께 생산하기 시작했다. '타이로드 엔드Tie Rod End' 도 신규 생산 부품에 이름을 올렸다. 합작 효과를 높이기 위해 일본에서 세 명의 직원이 주재원으로 파견 나와 한국센트랄이 연착륙하는 데 도움을 줬다. 기술 파트는 하다나카, 경영 부문은 우라키, 영업 파트는 하사츠네 등 세 인물이 중요한 역할을 맡았다. 물론 한국센트랄의 직원들도 기회가 있을 때마다 일본을 방문해 기술을 전수받아 왔다. 신라철공소 창립 멤버였던 박창원은 일본에서 고주파 열처리 기술을 직접 배워 온 뒤 센트랄의 생산 기술을 책임지는 핵심 인물이 됐다.

물론 일본 기술을 받아들이는 데 가장 열정적이었던 인물은 강이준 사장 본인이었다. 그는 일본 출장을 갈 때마다 좁은 비즈니스호텔을 고집했고, 돌아올 때는 늘 가방 한가득 새로운 부품과 장비를 채워 왔다. 때로는 무게가 너무 많이 나가 김해 세관에 걸리는 통에 적잖이 애를 먹기도 했다. 하지만 그가 어렵사리 들여온, 한국에는 아직 없던 새로운 장비와 부품들은 센트랄이 국내에서 기술력으로 앞서 나가는 데 중요한 역할을 했다. 강이준 사장은 기술 국산화에 누구보다 열성적이었는데, 센트랄 출범 1년 만에 국산화 40%, 2년 안에 100% 완전 국산화를 이룬다는 목표를 세워 공표하기도 했다.

수출 의무

박정희 정부가 1970년대 초 해외 자본의 합작을 허용한 이유는 크게 '기술 이전'과 '수출 확대' 두 가지였다. 이 정책의 취지에 따라 해외 투자를 받은 기업은 반드시 투자 지분 이상으로 해외에 수출해야 한다는 의무가 뒤따랐다. 센트랄은 전체 매출의 30% 이상을 수출에서 올려야 한다는 뜻이다.

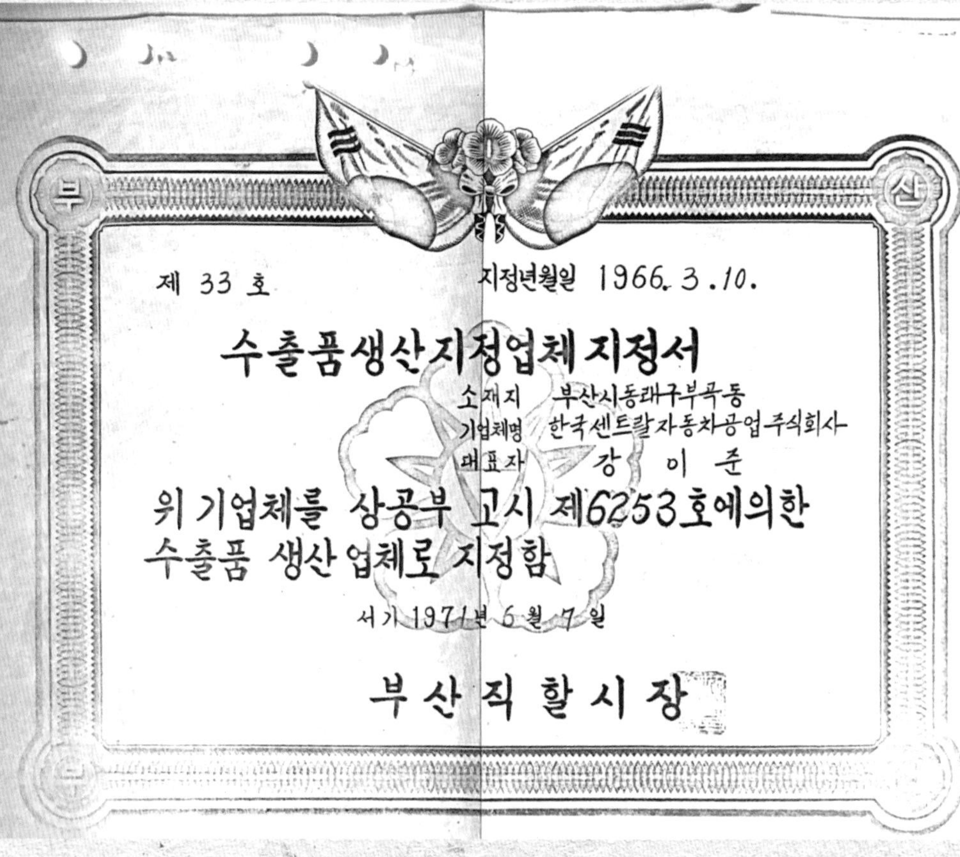
부 산

제 33 호 지정년월일 1966. 3. 10.

수출품생산지정업체 지정서

소재지 부산시동래구부곡동
기업체명 한국센트랄자동차공업주식회사
대표자 강 이 준

위 기업체를 상공부 고시 제6253호에의한
수출품 생산 업체로 지정함

서기 1971년 6월 7일

부산직할시장

1971년 부산직할시 수출품 생산 지정업체 지정서

볼 조인트라는 신무기를 장착한 센트랄은 그야말로 잘나갔다. 시장이 요구하는 물량을 맞추기가 버거울 정도로 인기가 치솟았다. 그런데 그 인기가 오히려 발목을 잡았다. 국내 매출이 치솟으면서 수출 쿼터를 맞추기가 어려워진 것이다. 30% 비율은 고정이었다. 국내 매출이 늘면 그만큼 수출 물량도 늘려야 했다. 투자사이자 수출 상사 역할까지 맡았던 일본중앙자공이 그 역할을 해 줘야 했는데, 기대만큼 성과가 나지 않았다.

회사를 설립하고 1년 반이 지난 1973년 7월 29일 센트랄자동차공업은 경제기획원으로부터 관세, 소득세, 법인세 및 물품세 등 각종 조세를 추징당하는 중징계를 받았다. 기획원이 실시한 정기 조사에서 두 차례에 걸쳐 수출 의무 조항을 위반했기 때문이다. 당시 징계는 3단계로 이뤄졌다. 1차는 경고이고 2차는 조세 추징, 3차는 인가 취소다. 센트랄이 받은 징계는 2단계 징계였다. 다음 정기 조사에서 수출 매출 30%를 또다시 달성하지 못할 경우 회사 문을 닫아야 하는 매우 살벌한 제도였다.

이 조항 때문에 초창기 센트랄은 국내 사업에 스스로 제동장치를 달 수밖에 없었다. 수출 물량에 맞춰 국내 주문을 가려가며 받을 수밖에 없었다. 예를 들어 현대차나 신진차 같은 큰 기업에서 대량의 주문이 들어와도 수출 물량이 충분하지 않으면 국내 주문을 거절할 수밖에 없었다. 특정 기업이나 특정 아이템에 지나치게 의존하지 않는 센트랄의 비즈니스 전통은 어쩌면 이때부터 만들어졌는지도 모른다.

1973년의 징계를 보약 삼아 센트랄은 1974년 새해가 되자마자 한국무역협회 통상회원에 가입한다. 한국무역협회는 우리나라 경제 5단체 중 하나로 해방 직후에 만들어진 전통 깊은 조직이다. 그해 전국에서 74개 기업이 신규 통상회원으로 가입했는데, 이 리스트에 센트랄이 이름을 올렸다. 무역협회는 신청서와 회비만 내면 가입되는 조직이 아니었다. 이사회의 승인을 받아야 가능했는데, 센트랄은 그 심사를 통과한 것이었다.

중장기 계획

강이준 사장이 자동차 부품 제조에 뛰어든 1960년대는 우리나라가 정치적으로나 경제적으로 심하게 요동치던 시대였다. 특히 혁명과 쿠데타가 이어지면서 정치적으로 더없이 불안한 상황이었다. 우리나라 최초의 경제개발계획이 1962년도에 시작되었지만, 실제로는 계획 따로 실행 따로인 경우가 많았다. 스스로 불안을 느낀 정부가 대외적으로 공표한 경제계획을 산업 발전보다는 정권 유지를 위한 수단으로 이용할 때가 많았기 때문이다. 그 대표적인 분야가 자동차 산업이었다.

불온했던 60년대

1962년, 쿠데타 정부가 들어서고 1년 뒤 서울 시내에 전에 없던 택시가 돌아다니기 시작했다. 종전에는 미군 지프를 개조해 만든 시발택시가 전부였는데 어느 날 갑자기 제법 세련된 모양의 세단 택시가 등장한 것이다. 일본 닛산의 '블루버드' 모델이었는데, 1962년 느닷없이 등장한 '새나라자동차'라는 기업이 일본에서 공수해 온 차량이었다. 곧이어 새나라는 닛산 블루버드의 중간분해 부품을 들여와 국내에서 조립 생산하는 SKD semi-knockdown 방식으로 사업을 진행했다. 인천 부평에 조립 공장을 세웠는데, 준공식에 박정희 대통령(당시는 국가재건최고회의 의장)이 직접 참석할 정도로 정권의 관심이 컸다.

그러나 이 기업은 1963년 5월까지 2,772대를 조립 생산한 뒤 사실상 문을 닫았다. 1년 남짓 반짝 경영을 하고 사라진 것이다. 그해 가을 한일은행이 공장을 압류하고 이듬해 경매 처분을 받아 소유권을 완전히 확보하는데, 당시 한일은행장이 박정희의 오른팔인 김종필의 친형 김종락이었다.

기업 대표를 맡은 재일 교포 박노정에 대한 의혹도 컸다. 그는 작은 백화점을 경영하면서 건축과 무역업으로 부를 축적한 인물로, 국내 자동차 업계에선 듣도 보도 못한 인물이 벼락처럼 등장한 경우였기 때문이다. 훗날 박 씨는 공장 설립 당시를 회상하는 인터뷰를 통해 준공식 때 찾아온 중앙정보부장이 회사 경영권 일체를 상공부 장관에게 넘기라고 요구했다고 밝혔다. 박 씨는 일명 바지사장이었고, 실제 경영은 정부가 직접 한

1962년 서울에서만 2천여 대가 공급된 새나라자동차 택시(출처: 국가기록원)

셈이었다.

훗날 새나라자동차는 박정희 정부 '4대 의혹 사건' 중 하나로 이름을 올렸다. 새나라자동차는 전체 2,700여 대 중 1,642대, 약 170만 달러어치를 면세로 수입했다. 엄청난 특혜였다. 돈으로 계산하면 대당 13만 원에 수입하고 25만 원에 판매해 거의 100%의 수익을 남겼다. 새나라는 대외적으로 자동차 국산화를 외쳤지만 SKD 조립 수준에서 단 한 발짝도 앞으로 나가지 못하고 문을 닫았다. 대신 최초의 국산 자동차라 불리던 시발자동차는 새나라 바람에 휩쓸려 경쟁력을 잃고 역사의 뒤안길로 사라졌다. 정권 수뇌부가 깊숙이 개입해 한쪽에선 국민 호주머니를 털고, 다른 한쪽에선 나름 잘해 오던 기업의 뒤통수를 친 격이었다.*

정부는 제1차 경제개발 5개년 계획을 세운 뒤 곧이어 '자동차공업 5개년 계획'[1962.4]과 '자동차공업보호법'[1962.5]을 발표했다. 핵심 내용은 소형 승용차는 새나라자동차가, 대형과 중형은 시발자동차가, 디젤엔진은 한국기계가 전문으로 생산케 한다는 것이었다. 동시에 외국산 자동차 수입 제한을 걸어 조기에 자동차 산업의 국산화를 이루겠다고 명시했다. 그러나 결과적

* 〈4大 疑惑事件 搜査結果 中間發表〉, 《경향신문》, 1963년 3월 6일 자, 1면 등.

으로 소형 승용차 시장에서 시발자동차를 탈락시킨 뒤 새나라에 독점권을 부여해 그 수익을 극대화하고, 그 이익을 정권 유지를 위한 정치 자금으로 끌어다 쓴 것으로 추정된다. 당시 언론들은 이때 조성한 자금이 1963년 2월 박정희의 민주공화당 창당에 사용됐을 것으로 추측했다.

정치학자 류석진은 〈자동차산업정책을 통해 본 국가성격변화〉《한국정치연구》 4권, 서울대학교 한국정치연구소, 1994라는 논문에서 이때의 정부를 '지대추구적 국가'라고 정의했다. 지대Rent란 토지 소유자가 이용자에게 받는 사용료를 가리킨다. 따라서 지대추구적 국가란 국가가 기업에 사업 기회를 제공하고 그 이용료를 추구한다는 뜻이다. 쉽게 말해 '삥을 뜯는다'고 이해할 수 있다. 냉정하게 표현해서 정부가 산업 발전과 경제 개발을 구호로 내세웠지만, 실제는 자기 주머니 채우기에 바빴다는 뜻이다.

아니나 다를까 새나라자동차는 경매 과정을 거쳐 1965년 부산에 거점을 둔 신진자동차에 흡수된다(이 과정에도 무시할 수 없는 특혜 시비, 예를 들면 막대한 정치 헌금 관련 의혹들이 있지만, 이야기가 너무 길어지니 여기서 다루지는 않겠다). 신진자동차도 선진 기술 도입이나 부품 국산화보다는 SKD 방식의 부품 수입을 통한 조립 생산에 몰두했다는 점에서 새나라와 큰 차이가 없었다.

우리나라 자동차 산업의 배태기라고 볼 수 있는 이 시기에 강이준 사장은 신라상회를 비롯해 신라철공소와 신신제작소 그리고 신신기계공업사의 형태로 사업을 발전시켰다. 제조에선 어느 차에나 통용되는 액슬 샤프트가 핵심 상품이었으니 지대추구에 혈안이던 당시 정부나 거기에 영합해야 하는 완성차 기업들과 부딪히거나 갈등을 빚을 만한 상황은 거의 일어나지 않았다. 신진자동차의 코로나 전성기에는 신라상회가 특화 부품을 전면에 배치해 사업적인 성공도 거뒀다. 비즈니스의 성패가 실력보다는 줄서기 여부에 달려 있던 시대에 강이준의 사업은 비교적 안전지대에 자리 잡고 있었다. 다행인 것은 우리 정부의 산업 정책이 시간이 흐르면서 지대추구에만 머물지 않았다는 사실이다.

자동차 공업 장기 계획

정치학자 류석진은 상기 논문에서 1970년대의 정부를 '개발국가'라고 부른다. 지대추구적 성격이 약화하는 대신 실제 산업 발전에 관심과 열정을 갖는 정부가 등장했다는 뜻이다. 여기서 핵심 키워드는 '선진 기술 제휴'와 '국산화율 제고'였다. 지대추구적 국가 시절엔 정부가 선진 기술과 국산화를 구호로만 외쳤다면, 개발국가 시대에는 그 내용과 실천에 실제로 관심을 기울였다는 뜻이다.

그사이 정권이 바뀌지는 않았지만 권력 기반이 어느 정도 안정되면서 비로소 산업에 관심을 둔 것으로 추측할 수 있다. 특히 관료들의 전문성이 축적되면서 정치권에 수동적으로 영향을 받기보다는 오히려 정치권을 리드하게 된 것이 중요한 변화였다. 박정희 시대 경제 관료의 아이콘인 남덕우 같은 인물이 대표적이다. 이들 전문 관료들이 안정적으로 자리 잡으면서 정책의 일관성과 예측 가능성이 높아졌고, 기업인도 투자와 혁신에 몰입할 수 있는 환경이 조성됐다.

국토의 기반이 획기적으로 바뀐 것도 큰 요인이었다. 특히 경부고속도로가 착공 2년 만인 1970년에 개통되면서 자동차를 바라보는 사회적인 인식 자체가 변화했다. 이런 조건 위에서 자동차 기업의 새로운 다크호스로 현대자동차와 기아산업이 급부상했다. 1차 5개년 계획 당시에는 자동차 산업에 새로 진입하거나 사업 규모를 획기적으로 키우려면 정경유착에 기대는 수밖에 없었다. 그러나 60년대 말 2차 5개년 계획 때 자동차 산업에 진입한 현대자동차(67년 12월 29일 영업 시작)와 70년대 초반 일본 마쓰이와 제휴하며 자동차 사업에 뛰어든 기아산업은 권력과의 막후 스캔들과 뒷거래에서 어느 정도 벗어나 비교적 자유롭게 사업에 몰두할 수 있었다.

60년대 후반 박정희 대통령은 정치 자금을 조성하기 위해서가 아니라 자동차 산업 자체를 키워야 한다는 확신으로 상공부에 '국산화를 촉진하라'는 특별 지시를 내렸다. 다급해진 상공부는 70년부터 72년까지 3년 동안 주종 차에 대해 100% 국산화를 달성하겠다는 보고를 올렸지만, 실현 가능성은 거의 0%였다. 부품 국산화도 제대로 이루지 못한 마당에 완성차를 100% 국산화한다는 건 어불성설이었다. 결국 한계만 확인한 정부는 국산화 시점을 3년 더 미뤄 75년까지 국산화를 이루겠다고 보고했다. 이 과정에서 발표된 것이 1973년 6월에 선보인 '자동차공업 장기진흥계획'이다. 이 계획이 우리나라 자동차 산업을 오늘날의 모습으로 성장하게 만든 주춧돌이었다.

박 대통령은 이 계획에 근거해 9월 6일 자동차 공업 육성에 대한 특별 지시문을 내려보냈다. 그 내용은 "1) 자동차 공업은 1975년 말까지 완전 국산화한다는 목표하에 이를 위한 구체적 육성 계획을 작성하여 추진할 것, 2) 차종 및 차형은 경제 개발 목적에 부합하도록 조정 단순화할 것, 자동차의 매년 증가하는 유류 소비의 절약을 기하고 비생산적 차량 수요를 억제하며 제도상의 육성 체제를 정비하고 빈번한 모델 변경이 없는 경제적 차종을 양산토록 할 것, 3) 자동차 공업은 부품 생산과 조립 생산 부품으로 분리해서 육성하되 조립 공장은 더 이상 외자 합작이나 신설함이 없이 기존 공장을 중심으로 육성하고 생산 체제의 합리적 재편성 방안을 강구할 것, 4) 부품 공장은 조립 공장별로 난립 건설하지 말 것이며 공용 규격의 부품을 전문적으로 생산할 수 있는 국제 규모의 공장을 합병, 공동 투자 또는 외국과의 합작으로 건설하여 수출할 수 있는 우수 부품을 생산토록 할 것" 등이었다.

오늘날의 시각으로 볼 때 정부가 '지시'하면 기업이 '수행'하는 납득하기 어려운 구조이지만, 산업 초창기였던 그때는 정부의 강력한 드라이브가 효율성과 효과성을 높이는 데 꼭 필요한 부분이기도 했다. 물론 이 지시를 자동차에 문외한인 권력 상층부가 무턱대고 내린 것은 아니었다. 산업과 경제 관련 관료들이 이미 상당히 훈련된 상태였고, 발표가 있기 한 달 전인 8월에 자동차 4사[기아, 현대, GM코리아, 아세아]의 사업계획서를 취합하는 등 나름 합리적인 절차를 거쳤다. 우리나라 자동차 공업 발전에 제대로 힘을 실어 주기 위해 '대통령 특별 지시'라는 형태를 가져왔다고 보는 것이 타당할 것이다.

센트랄은 정부가 정신 차리고 제대로 산업 육성에 드라이브를 걸던 바로 그 시점에 출범했다. 센트랄 2주년이 되던 1973년에 대통령의 특별 지시가 내려왔다. 이 지시는 한국 자동차 산업의 격변을 예고하고 있었다. 센트랄은 이 변화의 서막을 과연 눈치채고 있었을까? 강이준 사장은 어떤 대비를 하고 있었을까?

기획실

자동차공업협동조합 이사이기도 했던 강이준 사장은 정부 정책의 변화를 정확히 파악하고 있었다. 강이준 사장의 대응은 바로 회사 조직에 '기획실'을 신설하는 것이었다. 지금이야 기획실 없는 회사 찾기가 하늘의 별 따기가 됐지만 1973년에는 그렇지 않았다. 당시 센트랄은 기업이나 회사라기보다는 '공장'에 더 가까웠다. 대통령 지시 사항에도 나타나 있듯이 정부도 부품 회사, 부품 기업이 아니라 부품 '공장'이라고 불렀다. 주문 물량에 맞춰 적기에 물품을 생산하는 공장이 불확실한 미래를 위해 무엇인가를 기획Planning한다는 것은 상당히 낯설고 어색하게 받아들여지던 시대다. 그때의 정서를 쉽게 표현하자면, "물량을 적기에 맞추기도 버거운데 계획은 무슨 계획!" 정도가 되지 않을까?

1973년 하반기에 신설된 센트랄의 기획실이 어떤 역할을 했는지 살펴보기 전에 사람 이야기를 먼저 할 필요가 있다. 기획실이 제 역할을 하려면 그 업무를 감당할 만한 사람이 있어야 한다. 센트랄의 행운은 강이준 사장이 기획실 신설을 두고 고민할 때 그 일을 맡길 만한 직원이 눈에 들어왔다는 사실이다. 그 주인공은 1972년 센트랄에 입사한 20대 후반의 청년 이효건이었다. 센트랄에 입사하기 전 그는 입대를 미루고 산사에 머물며 사법시험을 준비했다. 병역 회피 건으로 경찰에 발각됐다 풀려나는 과정을 거치면서 스스로 사법시험을 포기하고 군대부터 다녀왔다. 제대 후 친구들과 동업으로 컨설팅 사업을 시작했지만 여의치 않았고, 집안을 책임져야 하는 상황에서 지인의 추천을 받아 센트랄에 입사하게 되었다.

이런저런 방황이 길었던 탓인지 모르겠으나, 이효건은 센트랄에 입사하면서 무섭게 업무에 몰두했다. 처음 배치된 부서는 영업부였다. 영업부는 전국 거래처를 다니며 제때 수금하는 일이 핵심이었다. 그런데 이효건은 영업 일이 끝나고도 공장에 머물며 생산 현장에 관심을 보였다. 본인이 공고(부산공고)와 공전(부산공업고등전문학교로 현 부경대학의 전신이다)을 나오기도 했고, 공장이 돌아가는 전체 과정을 알고 싶은 욕구도 강했기 때문이다.

부품에 대한 이해가 생기자 정확한 지식을 습득하고 싶은 욕심이 생겼다. 그는 부산대 앞 책방까지 뒤져 가며 금속 재료와 열처리 공학에 관한 일본어 교과서를 구매했다. 일본어를 몰랐던 그는 추가로 일본어를 공부해 가며 교과서 내용을 읽어 나갔다. 집을 오가는 데 걸리는 시간 5분조차 아까울 때는 사장실 소파에 누워 쪽잠을 자며 한쪽엔 일한사전, 다른 한쪽엔 교과서를 펼쳐 놓고 한 줄 한 줄 탐독했다. 현장에서 많은 시간을 보내다 보니 현장의 조반장들과도 금세 유대가 깊어졌다. 현장 이해도와 지식이 함께 쌓이니 개선해야 할 부분들이 눈에 들어왔다. 그때마다 개선 사항을 회사에 제안했고, 상당 부분 그대로 받아들여졌다. 예를 들어 파이프나 주물을 잡아 주는 지그 픽스처Jig Fixture를 단단하게 고정하는 것이 좋겠다는 제안을 회사가 받아들여 제품 불량률을 낮추고 생산성은 높이는 효과를 봤다.

입사 2년 차밖에 안 된 신입 사원이 스스로 공부하고 또 혁신적인 아이디어를 제시하는 모습이 강이준 사장의 눈에 들어왔다. 1973년 말 기획실을 신설하면서 강이준 사장은 이효건을 그곳에 발령했다. 기획실장이 따로 있긴 했지만, 강 사장이 기대했던 기획 업무는 갓 대리를 단 이효건을 염두에 둔 것이었다.

중장기 계획

기획실이 만들어지고 얼마 지나지 않아 현대자동차로부터 신차 개발에 참여해 달라는 공식 요청이 왔다. 우리나라 최초의 고유 모델인 '포니' 개발 프로젝트가 현대차에서 막 시작되던 시점이었다. 대통령 특별 지시에는 1975년까지 국산 차를 생산한다는 내용이 포함돼 있었다. 명실상부한 고유 모델의 국산 차가 되기 위해서는 부품부터 국산화를 이뤄야 하는데, 현대차는 그 파트너 중 하나로 센트랄을 지목했다.

센트랄은 볼 조인트의 국산화에 성공해 그것만으로도 꽤 잘 나가던 공장이었다. 그 시절 볼 조인트는 대표적인 소모성 부품 중 하나로 안전을 위해 길게는 1년에 한 번, 짧게는 두 번 이상 교체해야 했다. 택시나 승용차의 안전 검사 때 볼 조인트를 갈았는지가 중요한 통과 기준이었다. 따라서 볼 조인트 하나만 사업 아이템으로 갖고 있어도 기업은 안정적인 수익을 보장받을 수 있었다. 굳이 신차 개발 프로젝트에 뛰어들어 막대한 돈과 시간을 투자할 필요는 없었다.

그러나 강이준 사장은 뻔히 보이는 시장에 안주하기보다는 미래의 변화에 대비하고 싶었다. 그래서 기획실을 만들었고, 때마침 완성차 기업인 현대자동차에서 제안이 왔다. 결과를 알고 있는 지금 시점에서야 당연히 동참해야 할 프로젝트로 보이지만, 현대차가 어찌 될지 몰랐던 그 시절에는 도박에 가까운 결정이지 않았을까? 시발자동차, 새나라자동차, 아세아자동차 등 1세대 완성차 기업들의 수준과 한계가 명확하게 보이던 때였다. 과연 현대자동차라고 다를까? 대통령의 의지가 담긴 국산 차 개발 프로젝트라는 이유로 센트랄도 모험을 걸어야 할까?

신중한 성격의 강이준 사장은 대통령의 지시 사항이라고 해서 덥석 받아들일 생각은 없었다. 더 철저하게 분석하고 준비하기 위해 기획실도 신설했던 것이다. 강 사장은 어느 날 기획실의 이효건을 불러 직접 지시를 내렸다. 이효건이 기억하는 강이준 사장의 지시 내용은 다음과 같았다.

"이 대리, 현대자동차의 요청에 응할지 말지 판단할 수 있도록 자료를 만들어 줘야겠어. 참여를 결정하고 시설 투자를 크게 했는데, 막상 현대차가 잘 안 팔리면 우리 회사가 큰 위험에 빠질 수 있거든. 어떤 결정을 내려야 할지 정확하게 판단하려면 우리 회사의 중장기 계획이 필요하니까 자네가 한번 세워봐."

20대 후반의 입사 2년 차 대리에게 중장기 계획 수립은 여간 부담스러운 프로젝트가 아니었다. 어디 참고할 만한 자료도, 유사 사례도 없던 시절이었다. 강 사장은 이 대리에게 정부의 자동차 공업 진흥정책 수립에 참여했던 부산대 공대 학장을 소개했다. 이 대리는 그를 통해 중요한 참고 자료를 확보할 수 있었다. 하지만 그것만으로는 부족했다. 회사의 명운이 걸린 투자였다. 불확실한 근거 자료로 대충 만들 수는 없었다.

갑갑했던 이효건은 한국은행, 외환은행, 산업은행에 근무하는 친구들에게 연락해 구원을 요청했다. 그가 친구들에게 요구한 자료는 세계 자동차 시장을 선도하는 미국, 독일, 프랑스, 이탈리아, 일본 등 5개국의 국민총생산GNP과 자동차 산업 성장 사이의 상관관계였다. 국민 소득이 어느 정도 올라갔을 때 자동차 산업이 크게 발전하는지, 그 변곡점을 알고 싶었던 것이다. 인터넷도 없고 해외 잡지도 국내에 거의 들어오지 않던 시대였다. 막연하기는 은행에서 근무하는 친구들도 마찬가지였다. 하지만 이효건은 애걸 반, 협박 반으로 친구들에게 매달렸다.

"니들이 나 살린다 치고 조사 좀 해 주라. 나 이거 못하면 회사에서 쫓겨나고, 가족들도 굶어 죽어야 한다. 내 한목숨 살린다 생각하고 어떻게 해서든 만들어 다오."

1970년대엔 친구 사이에 이런 협박이 통했다. 절절하게 매달리는 친구를 살리기 위해 은행 친구들도 백방으로 뛰었다. 한 달쯤 지나서 친구들이 보낸 자료가 이효건에게 도착했다. 은행은 달랐지만 자료의 내용은 대동소이했다. 1인당 GNP가 1천 달러에 도달할 때 자동차 판매가 폭발적으로 늘어난다는 내용이었다.

안개가 걷히는 기분이 들었다. 당시 경제기획원의 남덕우 장관이 주도한 우리나라 경제개발 5개년 계획에도 1인당 GNP

의 성장 목표가 제시됐다. 그 계획에 따르면 1970년대 후반에 우리나라 1인당 GNP가 1천 달러를 돌파하는 것으로 되어 있었다. 기획실이 만들어진 1973년의 1인당 GNP는 373달러였고, 실제 1인당 GNP가 1천 달러를 돌파한1,011달러 해는 1977년이었다. 친구들이 보내 준 분석에 따르면 앞으로 4~5년 뒤에 자동차 시장이 가파르게 도약한다고 예상할 수 있었다.

이효건은 친구들이 제공해 준 자료와 정부의 경제개발계획을 연결해 센트랄의 중장기 계획을 수립했다. 미래의 자동차 시장에 대비하기 위해 당시 돈으로 4억 5천만 원이 필요하다는 내용이었다. 회사 규모 대비 어마어마한 액수였다. 센트랄의 회사 자산을 다 합쳐 봐야 7천만 원이 조금 넘는 수준이었다. 회사 자산보다 일곱 배에 가까운 금액을 투자해야 한다는 결론이었다. 소비자물가지수를 기준으로 요즘 화폐 가치로 환산하면 75억 원에 달하는 금액이다. 보고서를 먼저 살펴본 기획실장의 입이 딱 벌어졌다.

"이거 사장님께서 결재하시겠나?"

당연한 반응이었다. 회사가 감당하기 어려운 투자이니 보고할 엄두조차 나지 않았던 것이다. 하지만 직접 계획을 세운 이효건 대리의 자신감이 만만치 않았다.

“저는 결재하실 거 같습니다. 사장님 결재는 제가 받을 테니 실장님부터 결재해 주십시오. 절대로 실장님께 책임 전가되지 않게 하겠습니다.”

어색한 분위기에서 실장의 결재를 받은 이효건은 직접 사장실을 찾아갔다. 강이준 사장은 내용을 찬찬히 훑어본 뒤 별다른 말 없이 결재란에 도장을 찍었다. 충분히 예상했던 내용이었다. 강 사장은 이 대리에게 빠른 시일 내에 주주총회를 소집할 것을 지시했다. 회사의 명운을 가를 청사진이었다. 경영자 개인의 의지뿐만 아니라 주주들의 동의가 있어야 추진할 수 있는 중대 사안이었다.

주주총회

센트랄 중장기 계획이 결재되고 일주일 뒤 주주총회가 소집됐다. 1974년 센트랄의 핵심 주주는 다음과 같았다.

강이준 4,665주(30.29%)

최영필 3,194주(20.74%)

일본센트랄자공 2,420주(15.71%)

일본중앙자공 2,200주(14.29%)

…

총 15,400주

난관

주주총회에는 일본 주주를 제외하고 네 명이 참석했다. 대표이사 강이준 사장과 21%의 지분을 가진 최영필 부사장 그리고 사내에서 전무와 경리부장이 배석했다. 30%의 지분을 보유한 일본중앙자공과 일본센트랄자공은 의결권 일체를 강이준 사장에게 위임하겠다는 서류를 보내왔다. 강이준 사장은 발표 내용을 결재했으니 의사결정에서 가장 중요한 인물은 최영필 부사장이었다. 주주총회는 엄밀히 말해 그를 설득하기 위해 마련한 자리라고 볼 수 있었다.

이효건은 밤을 새워 작성한 차트를 하나하나 짚어 가며 발표했다. 10여 분에 걸친 발표가 끝나고 각자 의견을 개진하는 시간이 됐다. 최 부사장의 표정은 어느새 딱딱하게 굳어 있었다. 모두가 그의 입에 주목했다.

"너 말이야, 어디서 뜬구름 잡는 소리를 하고 있어? 그게 무슨 놈의 계획이야?"

총회장은 꽁꽁 얼어붙었다. 강이준 사장의 의지가 명백하게 담긴 자리였는데 첫마디부터 원색적인 비난이 쏟아진 것이다. 입사 3년 차 이 대리의 머릿속은 하얗게 질려 버렸다. 왜, 무엇 때문에 최 부사장은 그렇게도 싸늘한 반응을 보인 걸까? 이어지는 그의 발언은 당시 센트랄의 상황을 짐작할 수 있게 해 준다.

"지금 우리는 만드는 족족 팔기도 바빠. 물건을 못 만들어서 못 팔 정도란 말이야. 우리가 왜 현대자동차 하청 업체로 들어가? 그게 무슨 계획이야?"*

최 부사장이 보기에 이효건의 중장기 계획은 스스로 현대자동차 하청 업체가 되겠다는 선언이었다. 게다가 4억 5천만 원이라는 막대한 투자를 감수해야 했다. 일본에서 볼 조인트 기술을 성공적으로 전수받은 센트랄은 이미 안정적인 시장을 확보했고, 상당 기간 성장할 것이 분명했다. 고주파 열처리 기술로 무장한 볼 조인트는 당시 한국 시장에서 독보적이었다. 굳이 완성차 업체와 보조를 맞추지 않아도 자기 페이스로 사업을 이어 나갈 수 있었다. 최 부사장 입장에서는 요컨대 자산의 일곱 배나 투자할 만큼 모험을 걸 필요가 없었던 것이다.

---

* 이 대목은 이효건(현 디알액시온 회장)의 기억을 바탕으로 재구성하였다.

결단

강이준 사장은 총회 자리에서 묵묵히 듣고만 있었다. 본인의 지분과 일본에서 위임받은 지분까지 합치면 당장 결정을 내릴 수 있는 권한이 있었지만 그렇게 하지 않았다. 회의에 참석한 전무는 최 부사장의 의견에 은근히 동조하는 편이었다. 사업이 술술 풀리는 마당에 굳이 큰 부담을 지며 모험할 필요까지 있나 싶었을 것이다. 강 사장은 회의 분위기를 고려해 일단 결정을 내리지 않고 폐회를 선언했다. 그날 오후 강 사장은 이효건 대리를 사장실로 불렀다.

"이 대리, 이 계획대로 하면 사업이 잘되고 회사가 성장할 수 있겠나?"

강이준 사장은 중장기 계획 수립을 지시한 장본인이다. 새로운 계획과 도전에 대해 그는 이미 결심이 섰을 것이다. 다만 그 결단을 구체화하기 위해 중장기 계획이라는 수단을 활용한 것뿐이다. 따라서 이 질문은 진짜 몰라서 한 것이 아니었다. 본인의 의지를 새삼 확인하기 위해 던진 일종의 선문답 아니었을까. 이 대리는 질문의 취지에 딱 맞는 답변을 내놓았다.

"최대한 객관적인 자료에 근거해서 계획을 세웠습니다. 자료가 허위가 아닌 이상 계획대로 추진하면 회사의 미래가 좋아지면 좋아졌지 나빠지지는 않을 것 같습니다. 저는 이대로 추진하면 좋겠습니다."

곰곰이 듣고 있던 강이준 사장은 결심이 섰는지 이 대리에게 별도 지시를 내렸다.

"좋다. 그러면 이 내용을 일본어로 번역해서 내일 아침에 보고해라."

일어 실력이 짧았던 이효건은 일한사전과 한일사전을 곁에 두고 밤새 씨름했다. 자료로 정리하니 16절지로 네댓 장 정도의 분량이 됐다. 이튿날 아침 일본어가 유창했던 강이준 사장은 보고서를 꼼꼼하게 살피며 첨삭한 뒤 다시 깔끔하게 작성해서 가져오게 했다. 깨끗하게 정리된 보고서를 받은 강 사장은 곧바로 일어나 이 한마디를 남기고 사무실을 떠났다.

"일본에 좀 다녀올게."

일본 주주들에게 계획서를 보여 주고 직접 의견을 듣기 위해 본인이 출장을 떠난 것이다. 일본 주주들에게 이미 위임장을 받았지만 회사의 미래를 결정지을 계획서였기에 신중에 신중을 기한 것이었다. 이틀여 간의 출장을 마치고 돌아온 강이준 사장은 다시 주주총회를 소집했다. 그 자리에서 강이준 사장은 단호한 어조로 결정 내용을 발표했다.

"센트랄은 중장기 계획대로 사업을 추진하겠습니다. 결과는 제가 책임지겠습니다."

일본중앙자공은 계획서가 객관적인 자료를 바탕으로 작성됐고 합리적인 전망을 하고 있다고 판단했다. 내용에 신뢰를 보이면서 그대로 추진하는 것에 적극적으로 동의한 것이다. 이렇게 센트랄은 이전과는 다른 회사로 성장할 수 있는 기틀을 마련했다. 단순 부품 제조사가 아니라 완성차 기업과 함께 사업을 펼쳐 나가는 OE[Original Equipment] 비즈니스에 뛰어들게 된 것이다.

센트랄의 장비

중장기 계획이 통과되고 강이준 사장이 가장 먼저 한 일은 일본에서 최신 장비를 구해 오는 것이었다. 그때 들여온 것은 '자동반자동 선반'이라 불리는 최첨단 장비였다. 자동반은 여러 종류의 선반 작업을 동시에 대량으로 진행할 수 있는 장비다. 컴퓨터로 제어되는 CNCComputerized Numerical Control가 등장하기 전까지 최강의 절삭 장비였다.

신라철공소를 처음 열었을 때를 떠올려 보자. 부산 시내의 전봇대 곳곳에 모집 공고문을 붙였던 신라철공소의 매력 포인트는 바로 '장비'였다. 좋은 기술자를 데려오기 위해, 양질의 제품을 생산하기 위해 강이준 사장은 쓰다 남은 중고 기계가 아니라 '최신형' 선반 다섯 대와 밀링 두 대를 사들였다. 강이준 사장은 장비 투자에 돈을 아끼지 않았다. 기계공업에서 장비의 중요성을 누구보다 중요하게 생각했기 때문이다.

장비와 설비에 대한 투자와 함께 다른 한쪽에선 새로운 공장이 준비되고 있었다. 중장기 계획의 OE 사업을 담당할 새 공장으로, 예산 대부분이 투입될 대형 프로젝트였다. 센트랄의 OE 사업은 포니 프로젝트가 처음은 아니다. 포니 이전에도 현대자동차의 코티나, 신진자동차의 코로나 관련 OE 사업이 있었다. 비록 SKD 방식의 조립차였지만 그 과정에 센트랄이 일정 부품을 납품하고 있었다. 다만 수량은 많지 않았다. 기껏해야 한 달에 100여 대밖에 생산하지 않던 시절이라 사업적으로 큰 의미는 없었다.

센트랄 부곡동 공장 시절의 선반 작업 모습

새 공장 부지는 부산 동래구[현 금정구] 금사동[현 회동동]에 확보했다. 수영강이 휘돌아 가는 금사동 지역은 1960년대부터 자연 발생적으로 공장들이 모여든 공업지역이었다. 1972년에 준공업단지로 지정 고시되며 부산 최초의 공업단지라는 별명을 얻었다. 약 39만 평 규모인 금사공단에서는 신발과 섬유 산업이 주종을 이뤘다. 전성기 때는 350여 개 업체에 2만 5천여 명의 노동자가 이곳에서 일했다. 1980년대 어린이 운동화의 대표 브랜드 중 하나인 '타이거'가 바로 이 공단에서 탄생했다(참고로 타이거 브랜드는 집안 사정상 나이키와 프로스펙스를 신기 어려웠던 어린이들에게 훌륭한 대체재였다).

기존 부곡동 공장에서 이전한 것은 단조 설비 하나였고, 나머지는 대부분 OE 사업을 위해 신설했다. 거칠게 요약하면, 금사동 공장은 현대자동차의 포니 라인에 대응하기 위한 시설이었다. 물론 포니가 전부는 아니었고 이후 대우자동차의 약진이 뒤따르지만, 금사동 공장을 있게 한 것이 국산 소형차 포니의 양산 체제였던 것만은 분명하다. 1977년 봄에 문을 연 금사동 공장은 1987년 여름 오늘날의 창원 공장으로 옮겨 오기 전까지 센트랄의 중심 공장으로 활용됐다.

1977년 5월 금사동 공장 준공식

게임 체인저 포니

센트랄이 기획실을 신설하고 중장기 계획을 한창 수립하고 있을 때 강이준 사장의 아들 강태룡은 센트랄에 입사해1972년 창고 업무와 구매, 영업 파트 등에서 세세한 업무들을 두루 익히고 있었다. 4년간의 졸병 생활을 마친 뒤 1975년 구매과장으로 승진한 강태룡은 곧바로 창고 관리와 구매 업무를 대상으로 합리화 작업에 돌입했다.

합리화 프로세스

강 과장이 도입한 첫 번째 합리화는 바로 '결재'였다. 지금이야 당연하기 그지없지만, 1970년대 중반까지만 해도 센트랄에선 구매 과정에 결재 절차가 없었다. 생산 부서가 요청하는 수량을 별도의 검증 과정 없이 구매하는 경우가 허다했다. 상황과 감에 의존하는 구매 활동이다 보니 악성 재고가 계속 쌓이고, 결품 사태도 자주 빚어졌다. 강 과장은 악성 재고를 줄이기 위한 첫 번째 과업이 구매 과정을 투명하게 관리하는 것이라고 믿었다.

곧이어 거래처를 정리하기 시작했다. 소재와 기술을 제공하는 협력 업체 중에서 같이 갈 곳과 헤어질 곳을 가려내는 작업이었다. 신라철공소 시절부터 10년 넘게 안면과 인맥 중심으로 진행돼 온 거래들을 하나하나 분석하면서 옥석을 가려냈다. 중복되거나 비대해진 품목은 잘라내고, 기존의 거래 관행도 체계적이고 투명하게 다듬어 나갔다.

센트랄이 이렇게 중장기 계획을 세우고 공장 합리화에 한창 매진할 때 우리나라 자동차 산업도 완전히 다른 단계로 진입하고 있었다. 우리나라 최초의 고유 모델인 현대자동차의 '포니 프로젝트'가 완성을 코앞에 두고 있었기 때문이다. 현대차는 박정희 대통령의 '자동차 공업 육성에 대한 특별 지시'에 따라 국산 소형차 개발에 박차를 가했고, 1974년 9월 25일 대국민 명칭 공모 과정을 거쳐 '포니작은 말'라는 브랜드를 확정했다.*

* 〈「포니」로 名命〉, 《매일경제》, 1974년 9월 26일 자, 5면.

당시 공모된 이름 중엔 '아리랑'이 가장 많았고, '무궁화'와 '휘닉스'가 뒤를 이었지만, 정세영 사장은 수출 시장을 고려해 등수에서 밀린 영어 브랜드 포니를 선택했다.

포니가 시제품으로 처음 선보인 건 1974년 10월 말 이탈리아 토리노 국제자동차박람회에서였다. 배기량 1,250cc에 엔진은 미쓰비시의 수랭식水冷式 새턴 엔진을 장착했고, 트랜스미션은 변속레버가 상판에 있는 4단 변속기를 갖췄다. 박람회에 가져간 시제품은 4도어four door 소형차 '현대 포니'와 수출용 소형차 2도어two door '현대 포니쿠페'였다. 이를 계기로 대한민국은 자기 고유 모델로 박람회에 참석한 열여섯 번째 나라가 됐다.

현대차는 부품 국산화에 각별한 관심을 기울였다. 당시 현대차가 파악한 국산화 대상 부품은 1,200여 종이었는데, 이 부품들이 안정되게 생산, 공급되어야만 포니의 생산도 가능했기 때문이다. 이를 위해 현대차는 정기적으로 부품 업체 회의를 주재했고, 기업 간 교류 사업에도 적극적으로 나섰다.* 센트랄이 중장기 계획을 추진할 즈음 현대차 실무자가 센트랄에 직접 찾아와 협력을 제안했다. 1976년 2월 정식 출시를 앞둔 1975년 어느 날이었다.

---

* 〈「포니」 部品開發 착수〉, 《매일경제》, 1975년 3월 4일 자, 4면.

70배의 생산성

현대차가 센트랄에 제안한 내용은 가히 충격적이었다. 포니 프로젝트는 기존 OE 사업과 완전히 달랐다. 도저히 믿을 수 없는 물량을 요구했기 때문이다. 그때만 해도 완성차 생산은 한 달 평균 100여 대 정도, 아무리 많아도 300대가 넘지 않는 수준이었다. 그런데 현대차는 포니로만 하루에 300대를 생산하겠다는 계획을 센트랄에 들이밀었다. 한 달이면 9천 대가 넘는다. 기존 물량보다 무려 70배 이상을 생산해야 한다. 도무지 믿기지 않는 숫자였다.

생산력을 70배 이상 끌어올리려면 그만큼 투자가 선행돼야 한다. 자재도 충분히 비축해야 하고, 설비도 넉넉하게 뒷받침돼야 한다. 센트랄만 잘한다고 해결되는 일도 아니다. 금형이나 몰드처럼 센트랄이 외주로 수급하는 협력사들도 함께 준비해야 한다. 평소의 70배 물량을 준비하는 과정에서 삐끗하면 기업의 존폐가 왔다 갔다 할 수도 있다. 공동의 운명이 걸린 과제였다. 그 부담을 떠안으려면 확신이 서야 하는데, 그게 쉽지 않았다. 군인 출신 대통령의 특별 지시가 있었다지만, 그 사실이 성공을 보장하지는 않는다.

1975년 당시 현대자동차의 위상은 지금과는 사뭇 달랐다.

신진자동차와 기아자동차에 이어 3위 업체였다. 셋 중에서도 신진자동차가 압도적인 1위였다. 당시 정서로는 만약 자동차 국산화가 이뤄진다면 신진자동차가 가장 먼저 해낼 것이라고들 생각했다. 1972년 기준 국내 자동차 판매 시장에서 신진자동차는 승용차 70.2%, 버스 42.1%, 트럭 27.2%라는 압도적인 점유율을 자랑하고 있었다. 승용차 국산화율도 66년 21%에서 69년 41%, 70년 45%, 72년에는 58%까지 끌어올렸다.*

이런 실적을 바탕으로 신진자동차는 1972년 GM과 50 대 50으로 출자한 합작회사 'GM코리아GMK'를 설립했다. 심지어 GMK의 경영권은 신진이 아니라 GM이 가져갔다. 불과 1년 전 신신기계공업사가 일본중앙자동차공업사와 합작회사 센트랄을 설립할 때의 조건이 '외자 30% 초과 금지'였지만 GM은 예외였다. 이런 고무줄 원칙에 대한 비판이 당연히 뒤따랐지만, 당시 권력 2인자였던 김종필 국무총리는 "미국 GM의 한국 진출은 미군 1개 사단 주둔에 못지않은 효과가 있다"라며 두둔하고 나섰다. 그만큼 국산 자동차 생산에 대한 정부의 열망이 뜨거웠기 때문일 것이다.**

경영권이 GM에 넘어간 탓인지 GMK의 국산 차 개발은 지지부진했다. 센트랄이 현대자동차가 제안한 포니 프로젝트로 고민에 빠져 있던 1975년 7월, GMK는 국산 차로 개발하려고 애쓰던 '시보레 1700'의 생산을 중단하는 대신 일본 이스

즈의 '제미니' 차체를 수입하는 쪽으로 전략을 수정했다. 경제성을 따져 본 경영진의 판단이었을 것이다. 하지만 제미니 프로젝트는 결국 실패로 끝났다. 차체를 수입한다는 것은 정부의 국산화 정책에 정면으로 배치되는 정책이었다. 수입 물품에 10%의 탄력관세를 적용하던 정부 정책 때문에 원가 부담을 이기지 못하고 결국 시장에서 퇴출당했다.***

1975년 당시 국산 차 개발이 가장 유력했던 GMK가 시보레 생산을 포기한 마당에 신생 현대자동차가 70배 이상의 생산성을 요구했으니, 센트랄로선 당연히 믿기 어려웠다. 센트랄도 납득이 안 가는 마당에 어떻게 협력 업체들까지 준비시킬 수 있을까? 그나마 다행이라면 포니 프로젝트가 떨어지기 직전 강 과장이 추진한 협력사 합리화 작업이 상당 부분 진척돼 있었다는 것이다. 최소한 협력사들과 함께 대책을 세울 수 있는 소통 기반은 마련돼 있었다. 강 과장은 진심을 담아 협력사 대표들을 설득했다.

"솔직히 저도 믿기지 않습니다. 그래도 최소한의 준비는 해

---

* 〈自動車工業 오늘과 내일 [4] 新進自動車〉, 《매일경제》, 1972년 4월 28일 자, 5면.

** 〈"韓國經濟 신뢰 때문에 投資"〉, 《경향신문》, 1972년 3월 30일 자, 2면.

*** 〈國産化 추진에 큰 차질〉, 《매일경제》, 1975년 6월 17일 자, 7면.

놓아야 하지 않겠습니까?"

강 과장은 협력 업체들을 모아서 작전을 짰다. 경영에 최대한 부담을 덜 주면서 여분의 분량을 확보하는 계획을 세웠다. 실제로 생산이 기하급수적으로 늘어날 경우 유연하게 대응하기 위한 시스템도 나름대로 마련했다. 결전의 날이 다가왔다. 1976년 2월, 드디어 포니가 출시됐다.

마이카 시대

기존 코로나, 브리사, 코티나와 달리 포니는 '소형차'를 핵심 이미지로 내세웠다. 특정 계층만 보유할 수 있는 중형 세단 승용차가 아니라 누구나 소유할 수 있는 생활형 자가용에 초점을 맞춘 것이다. 이른바 '마이카[my car] 시대'라는 단어는 우리나라에서 포니와 함께 등장했다고 해도 과언이 아니다. 현대자동차를 이끌던 정세영 사장도 1976년 한 공개 석상에서 1인당 국민소득이 1천 달러를 넘는 "3년 안에 마이카 시대가 도래할 것"이라고 예언했다.

포니에 대한 시장의 반응은 대단했다. 특히 월급쟁이 직장인들의 호주머니가 꿈틀거렸다. 포니가 한창 주가를 올리던 1978년 한 일간지에 소개된 자가용 관련 기사를 살펴보자.

> 샐러리맨 생활 18년이 넘는 회사원 신모 씨(42)는 택시 잡기에 진력이 난 나머지 지난 7월 초 국산 승용차 한 대를 270만 원에 사들였다. 7월 한 달간 경비는 세금, 휘발윳값과 책임 및 종합보험료를 모두 합쳐 5만 2천 원이 들었다. 월급 40만 원 정도의 중견 간부인 신 씨로서는 본인 교통비나 어린애들의 통학 차비보다 적게 드는 데다 직접 운전대를 잡기 때문에 과음하지 않게 돼 건강 유지에도 보탬이 된다고 흐뭇해한다. 사실 요즘 서울 거리에는 신 씨처럼 스스로 운전하는 마이카족이 많이 눈에 띈다.
>
> 《동아일보》, 1978년 8월 25일 자

1975년만 해도 아무도 믿지 못했던 포니의 생산 목표는 하루가 다르게 경신됐다. 판매 대수는 매년 100%에 가까운 증가세를 거듭했다. 하루 300대를 생산하겠다고 한 게 엊그제 같은데 어느새 오전, 오후 각 300대로 늘어났고, 80년대에 들어서는 하루 1,200대까지 생산하는 시스템으로 발전했다. 불과 5~6년 사이에 생산성이 300배 가까이 증가한 것이다.

포니가 이렇게 우리나라 자동차 산업을 근본적으로 바꿀 수 있었던 것은 우리나라 최초로 '양산 체제'를 적용했기 때문이다. 예전 완성차들은 차를 한 대씩 조립하는 방식이었다. 수입

양산 체제를 구축한 현대자동차 울산 공장. 마이카 시대를 연 포니에 센트랄의 부품이 사용되었다.(출처: 국가기록원)

한 차체를 고정해 놓고 수입한 부품 세트[어셈블리]와 일부 국산 부품을 부착하면서 완성하는 방식이었다. 반면 포니는 라인 개념을 도입해 공정이 흘러가도록 했다. 한 대씩 조립하는 방법과 흘러가며 조립하는 방법의 생산성 차이가 어마어마했던 것이다.

센트랄과 센트랄의 협력사들은 1975년 미리 합리화 작업을 시작한 덕분에 급증하는 자동차 시장 수요에 유연하게 대처할 수 있었다. 시간을 조금 더 더듬어 올라가면, 1972년 기획실을 신설하고 1973년 센트랄 중장기 발전 계획을 세웠을 때부터 기업 차원의 준비가 시작됐다고 볼 수 있다. 이런 흐름 속에서 센트랄은 1977년 새 공장도 신축했다. 강이준 사장의 반 발짝 앞선 기획과 강태룡 과장의 현장 중심 대응력이 조화를 이루면서 센트랄은 급성장하는 한국 자동차 시장과 호흡을 맞추며 한 단계 더 성장하게 된다.

06

그 사람, 강이준

1976년 센트랄은 창업 이후 처음으로 세무 조사를 받았다. 금사동 공장을 한창 준비하고 있을 때였다. 일반 회사에 비해 늦게 받은 것이었다. 수출을 목적으로 하는 외국인 투자회사라 유예 기간 5년이라는 우대를 받은 것이다. 부산지방국세청에서 네 사람이 나와 5년 치 회계 장부를 꼼꼼히 점검했다. 그런데 시간이 흐를수록 조사관들의 표정이 굳어졌다. 지나칠 수 없는 오류가 거듭 발견됐기 때문이다.

수출이 국시였던 1970년대 당시 외국인 투자회사에는 여러 가지 조세 관련 인센티브가 있었다. 대표적으로 법인세 감면과 매출 규모에 따른 소득세 감면 혜택이다. 물론 조건이 있었다. 법인세는 전체 주식 중 외국인 투자분에만 감면이 적용됐고, 소득세 감면도 정부가 인정하는 매출 항목에만 적용됐다. 그런데 당시 센트랄 회계팀은 이런 세부적인 조건을 살피지 못했다. 법인세는 전체 주식에 대해서, 소득세는 전체 매출을 기준으로 산정해 셀프 감면했던 것이다. 1976년 당시 센트랄은 일본중앙자공 등의 주식 30%와 재일 교포 사업가의 주식 19%를 합쳐 전체 주식의 49%가 외국인 지분이었다.

희한한 브리핑

5년 치 오류를 묶어 보니 상당한 수준의 미납금과 과징금을 토해 내야 하는 상황이 됐다. 회사 경영에 타격을 줄 만큼 큰 금액이었다. 조사관들 입장도 난처해졌다. 나라 전체가 외국인 투자기업을 우대하는 분위기에서 고액의 과징금을 매기는 상황이 편안할 수만은 없었다. 보통 조사가 끝나면 국세청 팀과 회사 임원들이 마무리 술자리를 갖게 마련인데, 그날은 조사원들이 하나둘 서둘러 자리를 떴다. 그런데 마지막까지 남은 막내 조사원 윤동호의 발걸음은 회사 정문 대신 사장실을 향하고 있었다. 왜 굳이 사장실을?

윤동호는 세무 조사 결과를 간결하게 표로 정리한 보고서를 손에 쥐고 있었다. 강이준 사장을 이날 처음 대면한 윤동호는 우선 세법의 상세한 내용을 차근차근 설명했다. 세금 감면은 외국인 지분에 한해서만, 회사 매출은 정부가 인정한 품목에 한해서만 혜택받을 수 있음을 상기시켰다. 곧이어 센트랄의 회계 장부를 분석한 표를 내놓았다. 어느 부분에서 누락과 실수가 있었는지, 어떤 계산에 따라 추징금이 그만큼 책정됐는지를 소상하게 설명했다.

희한한 장면이었다. 조사 나온 세무 공무원이 그 결과를 사장에게 브리핑할 의무는 그 어디에도 없었다. 최종 결과를 회계 담당자에게 통보하면 그만이었다. 회사 측이 조사원에게 다가가 이런저런 로비를 했으면 했지, 조사원이 먼저 회사를 찾아와 결과를 설명하는 일은 없었다. 그때나 지금이나 세무 공무원은 '경제 경찰'로 불렸다. 기업에는 '갑 중의 갑' 지위를 갖고 있었다. 그런데 윤동호는 자원해서 강이준 사장을 찾아가 브리핑했다. 왜 그랬을까? 강이준 사장과는 일면식도 없고, 센트랄 직원 그 누구와도 인연이 없었는데, 그는 왜 그렇게 마음을 썼을까? 윤동호는 당시 상황을 이렇게 회상했다.

"우리 같은 사람은 회계 장부를 보면 금세 알거든. 자금 운용을 엄청나게 엄격하고 정직하게 했더라고. 그런데 실무자들이 세금에 대한 개념 정립이 안 돼 있었어. 그야말로 실무적인 착오였던 거야. 실수에 비해 과징금이 너무 많이 나와서 죄책감이 들 정도였지. 이번에 잘 설명해 드리면 다시는 같은 실수를 안 하겠다 싶어서 브리핑할 마음을 먹은 거 같아."

숫자는 생각보다 많은 것을 나타낸다. 기업의 건강성도 재무제표 하나에 상당 부분 반영된다. 1976년 세무 조사는 센트랄이 출범한 뒤 처음으로 숫자로 평가받는 자리였다. 그날 강이준 사장은 윤동호의 브리핑을 아무 말 없이 묵묵히 듣기만 했다. 윤동호는 그 브리핑으로 미안한 마음을 조금은 덜어 낼 수 있었다.

회계 고문

윤동호는 베트남 전쟁에 파병됐다 돌아온 뒤 1969년부터 부산지방국세청에서 일하기 시작했다. 1975년 세무서에서 가장 핵심 부서라는 법인세과에 배치되었고, 이듬해 센트랄에 세무 조사를 나오게 된 것이었다. 법인세 부서를 핵심이라 부른 것은 징수 대상이 대부분 기업이었기 때문이다. 조사 과정에서 음과 양으로 성대한 접대를 받을 수 있는 최고의 선망 부서였다. 윤동호는 그때 전체 경력으로는 7년 차였고, 법인세 업무는 2년 차인 중참이었다.

그런데 윤동호는 세무 공무원 일이 불편했다. 그의 성정이 어디 가서 어깨에 힘을 주며 겁박하는 쪽과는 거리가 멀었기 때문이다. 조사 현장에서 굽신거리는 회사 간부들도 불편했고, 음성적으로 주고받는 접대도 도무지 익숙해지지 않았다. 그런 그에게 강이준 사장이 이끄는 센트랄은 상당히 신선하게 다가왔다. 여기저기 실수와 무지가 발견됐지만, 숫자만큼은 정직하고 성실했던 것이다. 이런 숫자를 관리하는 사장이라면, 본인이 조금만 알려 줘도 세무 업무가 금세 자리 잡을 거라는 확신이 들었다. 그래서 전례 없는 사장 브리핑을 자청한 것이었다.

윤동호는 이듬해인 1977년 7월에 세무 공무원 일을 그만뒀다. 입사 8년 6개월 만이었다. 세무 공무원 경력이 10년이 넘으면 시험 없이 자동으로 세무사 자격을 취득하는 제도가 있었지만 하루라도 빨리 벗어나고 싶은 마음에 사표를 썼다. 그는 나오자마자 일반인과 똑같이 시험을 쳐서 세무사 자격을 따냈다.

1977년 9월 자기 사무실을 개업한 윤동호는 명함을 파고 부산 시내 기업들을 상대로 영업을 시작했다. 하지만 센트랄에는 아무 연락도 취하지 않았다. 본인이 참여했던 세무 조사 결과가 그때까지도 마음에 걸렸던 것이다. 회사 경영에 부담만 잔뜩 지운 입장이라 세무 업무를 컨설팅하겠다고 나설 염치가 없었다.

사무소를 열고 몇 달이 지난 어느 날 누군가 찾아왔다. 센트랄의 경리부장이었다. 뒤늦게 개업 소식을 전해 들은 강이준 사장이 곧바로 사람을 보낸 것이다. 강이준 사장의 제안은 간단했다. 센트랄의 '회계 고문'이 되어 달라는 것이었다. 본인 사업은 그대로 하고, 매달 한두 차례 센트랄 장부를 들여다보고 검토해 달라는 내용이었다. 강이준 사장도 1년 전 윤동호의 세무 조사 브리핑을 인상 깊게 기억하고 있던 것이다.

센트랄의 회계 고문이 된 윤동호에게 매달 3만 원의 자문료가 지급됐다. 그 당시 3만 원은 고졸 여사원이 처음 받는 봉급 수준이었다. 큰돈은 아니지만, 강이준 사장은 윤동호 세무사를 신뢰했고, 윤동호 세무사 또한 그 마음을 받아 성심껏 센트랄의 장부를 검토했다. 윤동호가 고문으로 참여한 뒤 센트랄은 세무에 관한 한 큰 문제를 일으킨 적이 없다.

과거 세무 업무는 법인이 신고한 뒤 정부가 최종 확인을 해야 종결되는 '정부부과결정제도'였다. 정부가 법인의 신고 내용을 기본적으로 신뢰하지 않는다는 뜻이었다. 센트랄은 이 제도 속에서도 오랫동안 자율성을 인정받는 '녹색신고법인' 지위를 유지했다. 녹색신고란 법인이 신고한 소득과 정부가 조사한 소득 차이가 5% 이내인 경우로, 세무사의 확인만 있으면 신고 금액을 정부가 그대로 인정해 주는 특례 제도였다. 이때 형성된 투명한 회계와 세무 정책은 센트랄의 전통 중 하나가 됐다.

제11223호

표 창 장

한국센트랄자동차공업주식회사

대표이사 강 이 준

귀하는 납세의무를 성실히 이행하여 국가재정에 이바지하였을 뿐만 아니라 공평 친절세정의 구현에 기여한 바 크므로 이에 표창합니다

1983년 3월 3일

국세청장 안 무

국세청장 표창장 수상

기억 속 강이준

세무사 윤동호가 센트랄의 회계 고문이 되는 과정은 강이준 사장의 캐릭터와 경영 스타일을 잘 보여 준다. 어떤 사람을 소중하게 생각하고, 그 사람과 어떻게 인연을 맺는지가 잘 나타나기 때문이다. 강이준 사장의 성격을 보여 주는 다른 에피소드도 많다. 강이준 사장 시절 함께 일했던 직원들의 기억을 좇아 몇 가지 에피소드를 소개한다.

강이준 사장과 같이 일해 본 직원들은 한결같이 그가 현장 직원들을 매우 아꼈다고 기억한다. 가장 오래된 기억은 신라철공소 시절의 원년 기술자 김창덕 씨의 사위 김재철 씨가 들려줬다. 기술자를 모두 합해도 다섯 손가락에 다 꼽을 정도로 단출했던 그 시절, 강이준 사장은 공장에 들를 때 종종 동료들과 술 한잔하라고 회식비를 뒷주머니에 찔러줬다고 한다. 이렇게 말하면서.

"창덕아, 직원들이랑 한잔해라."

흥미로운 건 그 회식비를 상급자인 백만수 공장장을 통해 전달하지 않았다는 사실이다. 조용히 곁으로 와서 은근한 목소리로 직접 찔러줬다고 한다. 굳이 왜 그랬을까? 아래 직급 직원들을 특별히 배려한 것일 테다.

초창기 철공소 직원들의 점심은 강이준 사장의 아내가 직접 차려 가족과 함께 식사했다. 직원을 문자 그대로 '식구'처럼 여겼다는 뜻이다. 명절에는 그런 특징이 더 잘 드러났다. 특히 설날 연휴에는 직원 모두를 사택에 초대해 세배를 교환하고 종일 놀았다. 강이준 사장이 나눠 준 세뱃돈은 곧바로 판돈으로 둔갑하면서 한바탕 고스톱판이 벌어졌다. 물론 고향으로 떠나기 전에 따로 용돈(한 달 치 봉급 수준)을 담은 봉투도 제공됐다.

21세기 한국 사회에서 명절에 직원을 모은다면, 그 자체로 갑질이라고 비난받겠지만, 1970년대에는 완전히 다른 의미였다. 산업화의 가속 페달을 막 밟기 시작하던 그 시절에는 종업원을 소모품이나 하인 취급하는 회사들이 즐비했다. 그 시대에 사장이 직원을 자기 집에 초대해 명절을 함께 보내는 모습은 쉽게 상상할 수 있는 장면이 아니었다. 더군다나 일자리를 찾아 고향을 떠난 청년들에게는 가족의 정서를 느낄 수 있는 매우 따뜻한 자리였다.

다음 에피소드는 10대 중반에 센트랄에 입사해 임원으로 퇴사하고 고문까지 지낸 조태현 씨의 기억이다. 장남이었던 그는 동생들과 부모님을 부양해야 한다는 부담감 때문에 몸이 부서져라 일했다. 하루는 잇몸에 탈이 나 볼이 퉁퉁 부은 채로 고통을 견디며 일하고 있었다. 갑자기 뒤에서 누군가 옷깃을 잡아당겼다. 강이준 사장이었다.

“야 인마, 니 여기서 머하노?”

“왜요? 일한다 아입니꺼.”

“니 몸이 아픈데 회사가 무슨 소용이 있노? 내 방으로 와 봐라.”

강이준 사장은 그 자리에서 총무과에 지시를 내려 온천장에 있는 치과의원에 치료증을 끊어 줬다. 그리고 “완전히 다 나을 때까지 회사에 나오지 말라”는 특명까지 내렸다. 조태현은 그 길로 치과의원에 가서 수술을 받았다. 상한 이를 뽑고 볼에 가득 찬 고름을 빼내는 제법 큰 수술이었다. 며칠 휴식을 취하고 회사에 출근했더니 사장실에서 다시 호출이 왔다. 강이준 사장이 따로 건넨 노란색 봉투엔 한 달 치 월급에 해당하는 돈이 들어 있었다. 유급 휴가는 물론이고 보너스라는 개념조차 없었던 1970년대 중반의 일이었다.

많은 사람이 예외 없이 공통으로 추억하는 강이준 사장의 모습은 바로 ‘검소함’이다. 회사 특성상 일본 출장을 자주 갔는데, 그때마다 강 사장은 호텔이 아닌 여인숙이나 비즈니스호텔 같은 작고 저렴한 숙박 시설을 이용했다. 직원이 동행할 때는 대

1978년 강이준 사장의 일본 출장 모습

체로 방을 같이 썼다. 공무 중이 아니면 식사도 검소하게 해결했는데, 역 근처에서 파는 돈부리덮밥나 에키벤기차역 도시락 종류를 애용했다. 그 당시 돈부리 가격은 250엔 안팎이었다고 한다.

회사 식당에서 식사할 때는 직원들과 같이 줄을 섰다. 사장이라고 따로 앉아 식판을 서비스 받지 않았다. 공과 사도 엄격하게 구분했다. 회사 차를 가족이 이용하지 못하게 엄격히 관리했다. 낚시를 무척 좋아해 쉬는 날이면 장비를 챙겨 직원들과 함께 낚시 가기를 즐겼다.

전반적으로 말수가 적고 인자한 편이었지만, 카리스마도 대단했다. 특히 업무에 철저하지 못한 모습은 매우 싫어했다. 같은 실수를 반복한다든지, 말도 안 되는 불량이 발생할 때는 불호령이 떨어졌다. 자주 있는 일이 아니었기에 강 사장의 호통이 있는 날엔 회사 전체가 바짝 얼어붙을 정도였다. 증언한 분들의 표현을 그대로 옮기면 '끽소리'도 못하고 따라야 했다.

그렇다고 지시만 내리는 지도자는 아니었다. 일손이 달릴 때는 누구보다 앞장서서 팔을 걷어붙였다. 1970년대엔 군납부품이 많았는데, 그 마지막 공정이 부식 방지를 위해 국방색 페인트를 칠하는 것이었다. 그 칠을 잘 먹이기 위해선 부품 표면에 묻어 있는 기름을 휘발유 등으로 깨끗이 닦아 내야 했는데, 일손이 모자랄 땐 강 사장이 직접 그 일에 참여했다. 그것도 맨손으로.

돌발 변수

포니 프로젝트에 성공적으로 대응하고 장밋빛 미래만 펼쳐질 것 같았던 1976년 어느 날, 강이준 사장은 몸에 심상찮은 이상을 느낀다. 체중이 갑자기 줄고 피로감이 자주 엄습했다. 안색도 눈에 띄게 나빠져 황달기가 나타났다. 차일피일 미루다가 제법 시간이 흐른 뒤 병원을 찾아 피검사를 했다. 요즘처럼 검사 결과가 하루 이틀 만에 나오는 시대가 아니었다. 검사 장비가 서울에밖에 없었기 때문에 결과를 받아 보려면 한 달은 족히 기다려야 했다. 한 달여를 기다린 결과는 좋지 않았다. 혹시 몰라 다른 병원을 찾아 같은 과정을 반복하는 사이 두세 달이 훌쩍 지나갔다. 그러나 결과는 달라지지 않았다.

병원이 알려 준 병명은 간경화간경변였다. 간경화는 만성 간 질환의 마지막 단계인데, 간 스스로 치유 활동을 하며 생기는 흉터가 차곡차곡 쌓이면서 섬유질에 변성이 일어나는 질환이다. 쉽게 말해 시간이 흐르면서 간이 딱딱해지고 그 기능을 상실하는 것이다. 보통 B형과 C형 간염이 원인인데, 요즘은 악화를 막아 주는 약제도 많이 개발돼 있고, 심각한 경우 이식하면 완치도 가능하다. 그러나 1970년대에는 그런 약제도, 이식 기술도 존재하지 않았다. 발견 당시 이미 초기를 지난 상황이라 달리 손쓸 방도가 없었다. 서서히 죽어 가는 불치병이었다. 의사는 강이준 사장이 6~7년, 술을 끊는 등 관리를 잘하면 10년 정도 더 살 수 있다고 진단했다.

승용차 양산 체제에 대응하기 위해 금사동 공장을 한창 짓고 있을 때였다. 마이카 바람이 불면서 자동차 시장이 막 폭발할 시점이었다. 포니로 대성공을 경험한 현대자동차가 하루가 멀다 하고 가슴 설레는 제안을 센트랄에 가져올 때였다. 센트랄 구성원들도 자신감이 쌓이면서 도약을 꿈꾸고 있었다. 그런데 덜컥 기업의 지도자가 불치병에 걸렸다. 하필 그때. 신발끈 질끈 동여매고 뛰쳐나가려던 바로 그때…….

자동차 구조

자동차는 차체(Body)와 섀시(Chassis)로 구분됩니다.

차체(Body)

사람이나 화물을 싣는 부분

섀시(Chassis)

차체를 제외한 나머지 부분

현가 부품
도로로부터 받는 충격이 자동차에 직접 전달되는 것을 방지하는 역할

조향 부품
운전자가 원하는 방향으로 주행하도록 하는 역할

엔진 부품
자동차가 주행할 수 있도록 에너지를 만들어 내는 역할

구동 부품
엔진에서 발생한 동력을 주행 상태에 알맞도록 변화시켜 바퀴에 전달하는 역할

센트랄은 섀시의 현가, 조향, 구동, 제동, 엔진 및 변속기 부품들을 만들고 있어요.

센트랄 GO!

볼 조인트

센트랄을 말할 때는
볼 조인트가
빠질 수 없어요.

센트랄 하면
볼 조인트,
볼 조인트 하면
센트랄!

1971년에 일본중앙자동차공업으로부터
볼 조인트 기술을 전수받았고,
이 기술을 국산화하는 데 성공하면서
센트랄의 '찐' 역사가 시작되었어요.

센트랄은 집약된 볼 조인트 기술을 바탕으로
연관 제품 사업들로 점점 확장해 왔어요.

이너 타이 로드
Inner Tie Rod

아우터 타이 로드
Outer Tie Rod

볼 조인트
Ball Joint

크로스 엑시스
볼 조인트
Cross Axis Ball Joint

컨트롤 암
Control Arm

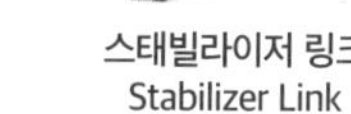

스태빌라이저 링크
Stabilizer Link

볼 조인트는 사람의 '관절'을 생각하면 이해하기 쉬울 거예요.

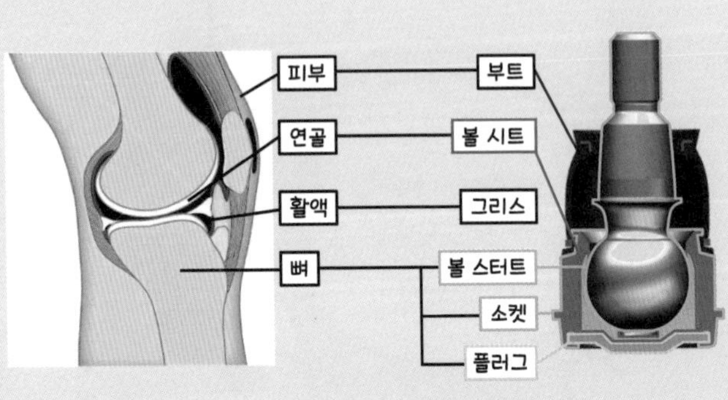

관절은 뼈가 움직일 수 있도록 뼈와 뼈 사이를 연결해 윤활 작용과 충격 방지 역할을 하죠.
볼 조인트도 마찬가지예요. 노면으로부터 전해지는 충격을 흡수하는 한편,
부품과 부품을 연결하는 역할도 해요.

볼 조인트 덕분에
험한 길에서도
잠을 잘 잘 수 있는 거네요.

볼 조인트를 이루고 있는 요소를 관절에 비유해 보면
'볼 스터드', '소켓', '플러그'는 뼈,
'부트'는 피부, '볼 시트'는 연골,
'그리스'는 활액이라고 할 수 있답니다.

Zzz

그렇군요. 그런데 또 잠이 솔솔…

드르렁

기술을 이해하기가 쉬운 것은 아니지.
나도 센돌님에게 처음 배웠을 때는
어려웠으니까.

프닭의 인턴 시절…

관절 덕분에 우리가 자유롭게 움직이는 것처럼,
볼 조인트도 볼 스터드가 필요한 순간에 유연하게
작동하도록 만드는 것이 핵심이에요.

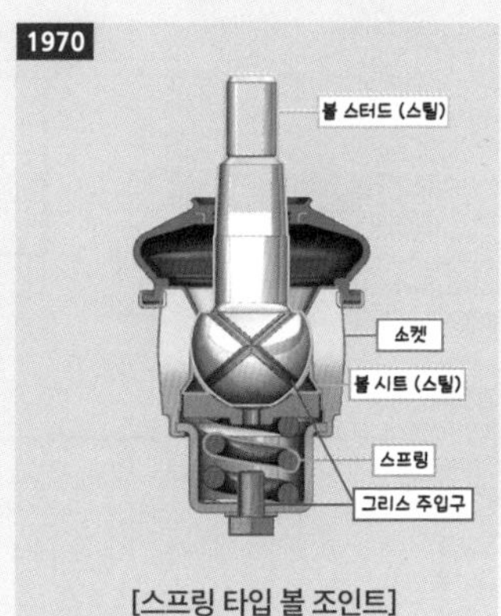

[스프링 타입 볼 조인트]

처음 볼 조인트를 만들었을 때는 유연성을 다소 인위적인 방식으로 구현했어요.
볼 스터드와 볼 시트 모두 스틸이라 마찰을 완충하기 위해 그리스를 주입했고,
스프링을 통해 볼 스터드와 볼 시트 사이에 그리스가 흐르도록 해서 볼 스터드를 움직이게 했어요.

그리스를 주입했더라도 스틸과
스틸이 만나면 마찰이 심했겠어요.

네, 마찰로 인해 볼 조인트가
금방 마모되었어요.
1970년대에는 도로 상태와
기술이 그리 좋지 않았죠.

센돌님은 센트랄의 살아 있는 역사이니까
변화 과정을 다 지켜보셨겠어요.

당시에는 볼 조인트를 1년에 2번은 갈아 줘야 할 정도였어요.
지금이야 거친 도로를 매일 달리는 경우가 아니라면 볼 조인트를 교체할 일이 별로 없지만요.

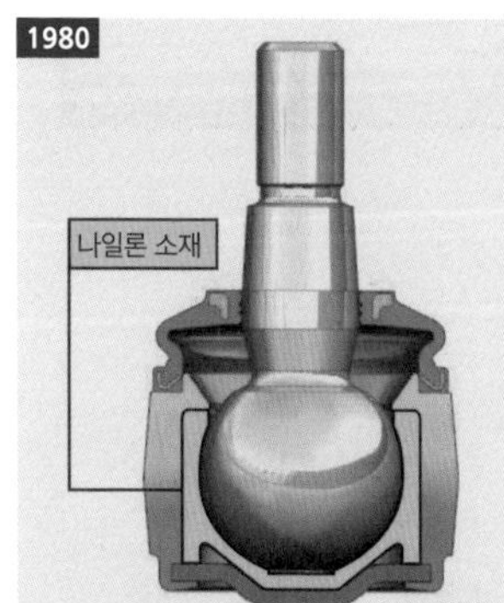

[나일론 타입 볼 조인트]

마찰을 줄일 수 있는 소재로 바꾸면
개선되지 않나요?

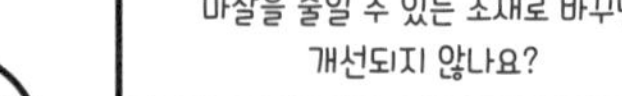

맞아요. 소재를 변경해서 마찰을 줄였어요. 1980년대에 들어 볼 시트의 소재를 스틸에서 나일론으로 바꾸어요. 나일론을 사용하면서 스프링이 불필요해지고 토크 산포도 줄어들면서 부품의 수명이 월등히 향상되었어요.
[토크 산포: 회전축을 중심으로 회전시키는 힘의 편차]

1990년대에는 소재는 나일론을 유지하면서
직선형이던 기존의 볼 시트 형태를
윗부분은 좁고 아랫부분은 넓은 쐐기 모양으로
바꾸어 내구성을 높였어요.
이 쐐기 모양을 테이퍼(Taper) 타입이라고 불러요.

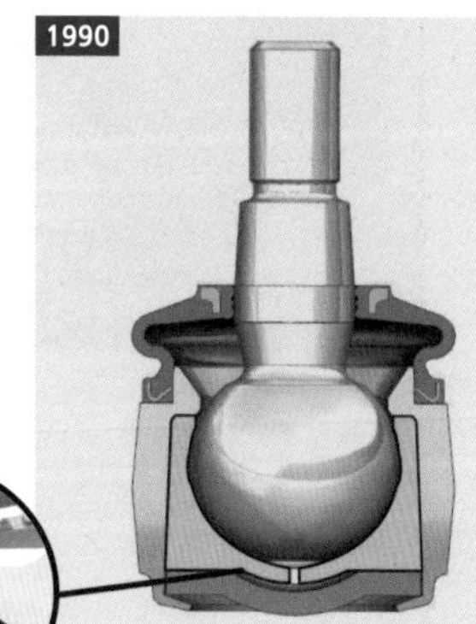

[테이퍼 타입 볼 조인트]

'쐐기 모양'

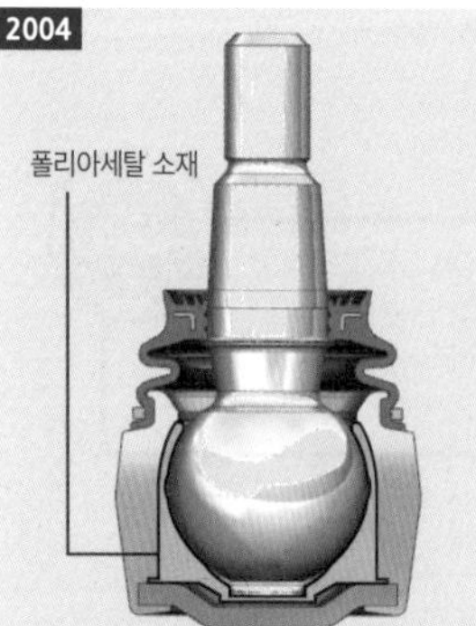

[폴리아세탈 타입 볼 조인트]

2000년대에 들어서는 볼 시트의 소재를 폴리아세탈(Polyacetal)로 변경해요. 폴리아세탈은 엔지니어링 플라스틱 중에서 가장 금속에 가까운 소재예요. 나일론보다 원가가 낮고 작업 공정도 쉬운 폴리아세탈을 사용함으로써 불량률을 많이 줄였어요. 경쟁사보다 다소 늦게 폴리아세탈로 바꾼 게 아쉽긴 했지만, 나일론을 고집하지 않고 더 늦기 전에 변화한 것이 다행이라고 봐요.

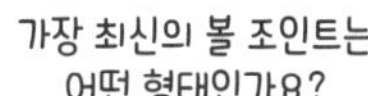

가장 최신의 볼 조인트는
어떤 형태인가요?

현재는 볼 스터드와 소켓, 볼 시트가
일체된 형태로 발전했어요.
'사출'이라는 말 들어 봤어요?
2016
볼 스터드
일체형
소켓
볼 시트
[사출 타입 볼 조인트]
CTR

볼 조인트 성능을 향상하기 위해 끊임없이
소재와 공법을 개발해 온
센트랄의 노력이 느껴지나요?

* 디자인 출처: 그라픽스테레오

KCC 韓國 센트랄 自動
제10투 쟁구
아! 우리는 열 받았다
김밥 옆구리 터지는 소리

3부

진통

방강

군 복무를 마치고 복학한 청년 강태룡이 졸업반이었던 1971년의 대학가는 혼란 그 자체였다. 박정희 대통령이 영구 집권을 꿈꾸며 '3선 개헌'1969년 10월을 관철시킨 후 처음 치르는 대통령 선거를 앞두고 사회의 대립과 갈등 지수가 하루가 다르게 치솟고 있었다.

박정희 정부는 반대 여론을 돌파하는 방법으로 '전 국가의 병영화'라는 카드를 꺼내 들었다. 교련이 고등학교는 물론이고 대학교에서도 정식 교과목으로 채택된 것이다. 1970년 12월 문교부가 '대학 교련 교육 시행 요강'이란 걸 발표하는데, 대학 4년간 전체 수업의 20%인 무려 711시간 동안 교련 교육을 받아야 한다는 내용이었다. 이 교육을 주관해야 한다는 핑계로 대학마다 현역 군인을 배치한 것은 박정희 대통령이 던진 회심의 한 수였다.

대학생들이 가만히 있을 리 없었다. 1971년 봄학기가 시작되자마자 교련 반대 운동이 거세게 일어났다. 한 달이 지나자 거리 시위로 번졌다. 1969년에 있었던 3선 개헌 반대 데모 이후 최대 규모의 학생들이 거리로 나섰다. 서울 시내는 경찰들이 쏘는 최루탄과 학생들이 던진 돌멩이로 수시로 전쟁터가 됐다. 그 거리 위에 한양대 졸업반 강태룡도 있었다.

그해 5월 제8대 총선이 열렸다. 박정희의 영구 집권 의지가 분명해지자 야권에서도 선명하게 반대하는 강경파가 힘을 얻었다. 훗날 차례로 대통령이 되는 김영삼과 김대중이 정치 지도자로 부상하게 된 시점이 바로 이때였다. 당시 야당이던 신민당은 김영삼이 주창한 '40대 기수론'에 힘입어 무시할 수 없는 규모로 국회 진입에 성공했다. 영구 집권을 꿈꾸던 박정희에게 8대 총선의 결과는 충분히 위협적으로 느껴질 만했다.

대학가와 정치권 양쪽에서 압박을 받기 시작한 박정희는 10월 중순 서울 일원에 '위수령衛戍令'을 발동하는 초강경책으로 대응했다. 위수령이 떨어지자마자 서울 시내 일곱 개 대학에 군부대가 진주했고, 여덟 개 대학에 휴업령이 내려졌다. 학교로 진격한 군인들은 개머리판과 곤봉으로 단숨에 학생들을 '진압'했다. 위수령 발표 당일에만 1,889명이 연행됐다. 여학생들은 옷이 찢겼고 남학생들 머리엔 선혈이 낭자했다. 위수군에게 대학생들은 전쟁 포로나 마찬가지였다. 위수령 기간에 전국 대학에서 174명이 제적 처리됐고, 교련 과목 미수강자

6,322명은 병무청에 신고돼 강제 징집됐다.

통과 의례

위수령이 해제되고 군부대가 대학교에서 철수한 건 아흐레가 지난 10월 23일이었고, 대학이 학사 일정에 복귀한 것은 그로부터 일주일이 더 지난 11월 1일이었다. 한 달여만 지나면 종강이었다. 1971년 한 해를 놓고 볼 때 강태룡의 대학 4학년은 교련 과목 반대 투쟁으로 시작해 위수령으로 끝난 셈이 됐다. 1년 내내 매캐한 최루탄 냄새를 맡으며 정신없이 캠퍼스와 거리를 오가던 그는 문득 졸업이라는 인생의 중차대한 관문을 마주해야 했다.

보통 대학생들에게 졸업이 미지의 사회로 진출하는 무제한의 가능성이었다면 태룡에게 졸업은 정해진 길을 걸어야 하는 숙명 같은 것이었다. 아버지 강이준은 하나뿐인 아들에게 가업을 잇는 것 외에 다른 가능성을 열어 준 적이 없었다. 태룡은 성장기 내내 아버지가 자신을 "완전히 가둬 키웠다"라고 기억하고 있었다. 물론 그 자신 또한 아버지의 회사 센트랄에 입사하는 것 외에 다른 길이 가능하다고 생각하지 않았다.

그러나 태룡은 로봇이 아니다. 대학 동기들과 혼란의 1971년을 고스란히 겪고 12월 종강을 맞이한 26세 청년의 마음이 그렇게 간단할 수는 없었다. 센트랄에 발을 딛는 순간 인생의 다른 선택지는 완전히 사라질 것이다. 자기 의지와 무관하게 거대한 기계의 부속품처럼 평생 살아가야 할 것이다. 잘 해낼 수 있을지는 둘째 치고 본인이 어느 정도 준비되어 있는지부터가 의문이었다. 앞으로 벌어질 상황을 과연 자기 일로, 자기 인생으로 받아들일 수 있을까?

사업하는 아버지 덕에 학비 걱정 없이 무난하게 학업을 마쳤고, 가야 할 직장과 해야 할 일도 이미 정해져 있다. 동시대 평균 대학생들에 비할 때 비교적 나쁘지 않은 조건이라고 할 수 있었다. 하지만 자기 의지로 그 길을 선택하는 것과 아버지의 의지에 떠밀려 억지로 선택당하는 것은 완전히 다른 문제였다. 쉽게 말해 '내 인생'을 살 것인지, 아니면 '아버지 인생'을 살 것인지 선택해야 하는 갈림길에 선 셈이었다.

인류의 모든 문명에는 통과 의례라는 것이 있다. 일정한 나이가 되면 사회 구성원의 하나, 즉 어른으로 받아들이는 '성년식'이 대표적이다. 어른이 된다는 것은 부모님 몸에서 태어난 자연적인 인간을 벗어던지고 사회적인 인간으로 새롭게 태어난다는 의미가 있다. 그래서 대부분의 성년식에는 상징적으로 죽음과 부활의 의식이 포함된다. 기독교의 세례 의식처럼 예전의 나를 떠나보내고 새로운 나, 즉 어른으로 재탄생했음을 알리는 것이다.

우리의 현대 사회에서는 '고생'이 어느 정도 그 역할을 한다. 부모의 그늘에서 벗어나 혼자 힘으로 인생을 개척하는 데 있어 고생을 어느 정도 필수적인 과정으로 여긴다. 인생의 결정적인 기로 앞에 선 태룡은 그 고민의 시간을 그 누구의 도움도 받지 않고 온전히 자기 힘으로 통과하고 싶었다. 그가 선택한 방법이 바로 '고생'이었다.

4학년 마지막 학기를 마친 태룡은 부산 집으로 돌아가는 대신 극한의 상황 속으로 자기 자신을 몰아붙이기로 마음먹었다. 그 시대에 대한민국에서 가장 극한의 고생을 경험할 수 있는 곳이 어딜까? 그는 친척 어른 한 분이 들려준 탄광에서 겪은 무용담이 떠올랐다. 깊은 산속에 굴을 파고 수백 미터를 들어간 막장에서 온갖 흙먼지를 마시며 일해야 하는 곳, 1년에 몇 차례는 갱도가 무너져 사람이 죽고 전국적인 뉴스가 되는 곳, 그런 탄광이라면 자신의 한계를 마주할 수 있는 최고의 장소라는 결론에 이르렀다.

황지탄광

학기를 마친 태룡은 숙소를 정리하고 짐을 꾸렸다. 집에도 아무 연락을 하지 않았고, 그 어떤 친구에게도 귀띔하지 않았다. 철저히 혼자가 돼 서울을 떠났다. 그가 선택한 곳은 강원도 태백의 '황지탄광'이었다. 당시 행정구역은 강원도 삼척군 황지읍으로 인근 장성과 함께 탄광으로 널리 알려진 곳이었다. 그 시대에는 대한민국 가구의 절대다수가 겨울철 연료로 연탄을 사용했기 때문에 겨울이면 탄광촌에 사람과 돈이 넘쳐났다. 한창일 때는 황지읍만 유동 인구가 13만 명에 달했다. 웬만한 지방 도시 인구 규모를 넘어서는 수준이었다.

황지탄광에 도착한 태룡은 사무소를 찾아가 입사원서를 제출했다. 원서 학력란에는 '중졸'로 써냈다. 취업을 위해 학력을 위조했다. 당시 상식으로 대졸자가 탄광에 입사원서를 냈다면, 인사 담당자가 경찰에 신고할 만한 사안이었다. 노동운동이 막 시작되던 그 시절 노동 현장에 위장 취업한 대학생은 대표적인 '불순분자'로 분류됐기 때문이다. 백 보 양보해서 대졸자가 무사히 입사한다고 해도 회사에서 사무직으로 썼으면 썼지 막장에 보낼 리는 만무했다. 학력 위조는 극한의 상황을 열망하던 태룡에게 피치 못할 선택이었다.

1972년 1월 중졸 학력으로 탄광에 입사한 태룡은 작업복을 입고 랜턴이 달린 헬멧을 쓰고 황지탄광 갱도 앞에 섰다. 눈앞에는 수백 미터 지하 막장으로 인도할 갱도가 시커멓게 입을 벌리고 광부들을 기다리고 있었다. 인원 확인이 끝나자 입도 명령이 떨어졌다. 같은 조로 편성된 광부 선배들을 뒤따라 태룡도 갱도 안으로 인도할 지붕 없는 광차에 올라탔다. 광차는 서서히 갱도 안으로 빨려 들어갔다. 기존 관계와 철저히 차단된 그곳에서 이제껏 겪어 보지 못한 완전히 다른 세상으로 들어갈 때, 태룡은 과연 어떤 마음이었을까?

1970년대 초 석탄 캐는 탄광은 사람과 돈이 몰려드는 곳이었다. 늦가을 성수기에 접어들면 탄광 기업들이 사택 제공, 자녀 장학금 지급, 김장값 선불 등의 파격적인 조건을 내걸면서 경쟁적으로 광부 모집에 나섰다. 이렇게 파격적인 조건이 등장한다는 것은 일손이 크게 모자랐다는 증거다. 20대 중반의 청년 강태룡이 간단하게 학력을 위조해 광부로 취업할 수 있었던 것도 일손 하나가 아쉬웠던 탄광 사정이 크게 작용했을 것이다.

그가 황지를 찾은 1971년 말에도 탄광 기업들은 성수기에 대비해 광부들을 잔뜩 뽑아 둔 상태였다. 그런데 새해가 되고 1월이 다 지나가는데도 이렇다 할 추위가 오지 않았다. 심지어 영상을 웃도는 이상 고온 현상이 지속되면서 전국에서 익사 사고가 빈발하는 기현상이 나타났다. 스케이트나 썰매를 타며 놀던 어린이들이 얼음판이 깨지며 물에 빠지는 사고가 잇따른 것이다. 급기야 1월 중순에는 치안 당국이 전국에 비상을 걸어 경찰이 직접 동네 저수지와 개천을 순찰케 할 정도였다.*

얼음이 녹을 정도였으니 난방 수요가 크게 줄어들 수밖에 없었다. 연탄 판매가 급감했다. 평년 기준 하루에 500만 장씩 팔리던 연탄이 그해 370만 장 수준으로 떨어졌다. 무려 26%가 줄어든 것이다. 그 시대에 탄광 기업과 연탄 기업은 일종의 '갑을' 관계였다. 보통은 탄광 기업이 갑, 연탄 기업이 을이어서 연탄 기업이 선수금을 내고 탄을 확보하는 방식으로 거래가 이뤄졌는데, 그해에는 상하 관계가 뒤집혔다. 탄광 기업이 연탄 기업에 제발 탄을 사 달라고 부탁해야 하는 상황이 벌어졌다.**

그 영향은 고스란히 탄광촌으로 이어졌다. 성수기 유동 인구 13만 명을 쉽게 찍었던 황지읍의 인구가 어느새 10만 이하로 떨어졌다. 경영 상황이 어려워지자 광부들을 적극적으로 내보냈기 때문이다. 그 구조조정 리스트에 신참 광부 강태룡

* 〈깊은 江·湖水 등 어린이의 스케이트 나들이를 말리자〉, 《동아일보》, 1972년 1월 12일 자, 7면.

** 〈異常暖冬 燃料商 큰打擊〉, 《동아일보》, 1972년 1월 13일 자, 2면.

도 포함됐다. 어느 날 갱도에서 막 일을 마치고 장비를 정리하려는 순간, 인사과에서 호출이 왔다.

"어이 강태룡, 너 학교 어디 나왔어?"

불길한 예감이 들었다. 뭔가 알고 하는 질문 같았기 때문이다. 그래도 순순히 이실직고할 수는 없었다. 버틸 때까지 버텨보자.

"개성중학교 졸업했습니다."
"그게 어디 있는 건데?"
"부산에 있는 개성중학굡니다."
"왜 여기까지 왔어?"
"먹고살려다 보니 여기까지 왔습니다. 군대 제대하고 딱히 할 일도 없고 해서……."

잠시 적막이 흘렀다. 인사과장의 씁쓸해하는 미소가 언뜻 보이는 듯했다.

"그래? 대학은 몇 년 다니고?"
"……."

학력 위조에 위장 취업 사례였으니 더 이상 우기는 것은 의미가 없었다. 순순히 사실을 인정하고 짐을 싸기로 했다. 그래도 그 인사과장이 인심은 있었는지, 당일 갱도 수당 말고 별도로 2만 원을 더 챙겨 줬다. 당시 2만 원이면 5인 가족이 월동 김장을 할 수 있을 만큼 큰 금액이었다. 한 달여밖에 일하지 못했지만, 그를 향한 회사의 평가는 썩 괜찮았다.

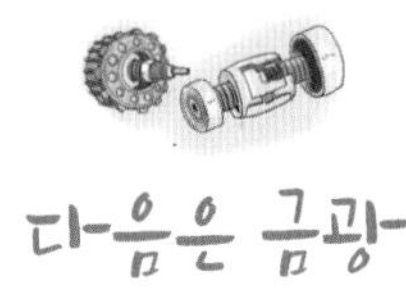

다음은 금광

황지탄광을 나선 태룡 앞에 또 하나의 선택지가 놓였다. 곧바로 집에 갈 것인가, 아니면 못다 한 방랑을 더 할 것인가. 겨우 한 달여, 그것도 막장이 아닌 갱도 작업만 가지고 탄광에서 일해 봤다고 말할 수는 없었다. 또 다른 극한의 방랑길을 찾던 그의 눈에 '금광 인부 모집'이라는 광고지가 들어왔다.

1972년 초 우리나라 금광은 황혼기에 접어들고 있었다. 전년도 5월에 우리나라 최대 금광으로 주목받던 충남 청양의 구봉광산이 문을 닫았고, 72년 4월에는 구봉광산과 쌍벽을 이루던 충북 음성의 무극광산도 폐광됐다. 2월쯤 태룡이 금광을 찾아 나섰을 때는 전국에 운영 중인 금광이 10여 개 정도 있었지만, 전체적으로 폐광 절차를 앞두고 있었다. 산금량 자체가 보잘것없었고, 그나마 생산해도 수지가 맞지 않았다. 물론 정부도 별다른 육성책을 마련할 의지가 없었다.*

출구 전략을 찾고 있던 금광은 어떤 면에서 태룡에게 안성맞춤이었다. 침체된 분위기 탓인지 금광 회사는 신분 조회 따위엔 관심이 없었다. 업무별로 기술적 숙련도를 크게 요구하지도 않았다. 머리 숫자만 맞으면 곧바로 금광맥을 찾는 현장에 인력을 투입했다. 탄광보다 훨씬 수월하게 핵심 작업에 참여할 수 있었다.

무개차를 타고 갱도에 진입하는 것은 탄광과 다를 바 없었지만 내부 구조는 완전히 달랐다. 탄광은 석탄층을 향해 일정한 방향으로 깊이 내려가는 방식이라면, 금광의 갱도는 지그재그로 종잡을 수가 없었다. 석탄은 고생대 식물 퇴적층이 만들어 낸 광물인 반면, 금광석은 특별한 층에만 존재하는 광물이 아니기 때문이다. 금광 광부들의 임무 중 가장 중요한 일은 '시료'를 채취하는 것이었다. 금광석은 석탄처럼 맨눈으로 구분하기 어렵기 때문에 굴을 파면서 나온 돌과 모래를 바깥으로 보내 금이 얼마나 포함됐는지 수시로 확인해야 했다.

* 〈産金 코스트 안 맞아〉, 《조선일보》, 1971년 5월 12일 자, 4면.

시료를 채취하는 곳까지 가기는 매우 어려웠다. 본부의 지시를 받으며 미로처럼 얽혀 있는 갱도를 따라 목적지에 도달해야 하는데, 짧게는 사흘 길게는 닷새도 넘게 걸리는 거리였다. 평평하거나 경사가 완만한 곳은 무개차를 타고 이동하지만 조금만 가팔라도 걸어서 오르내려야 했다. 수직으로 깊은 곳에는 엘리베이터도 설치돼 있었다. 위에서 내려오는 지시는 예를 들면, “160도 방향 3㎞!” 이런 식이었다. 목적지에선 최대한 길게 머무르며 시료를 채취하거나 본부에서 지시한 방향으로 굴을 파 나가야 했다.

무개차를 타고 가다 보면 내리는 광부도 있고 타는 광부도 있었다. 어떤 광부는 선로와 산소 호스를 보수하고, 또 다른 광부는 군데군데 고이는 지하수를 처리하기도 했다. 갱도는 지열 때문에 한증막을 방불케 했다. 중간에 전기가 끊기면 칠흑 같은 어둠 속에서 하염없이 시간을 보내야 했다. 졸리면 자고, 깨면 일했다. 업무 지시를 기준으로 대충 시간을 가늠하지만, 해가 뜨고 졌는지 알 방법이 없으니 날짜 개념도 사라졌다. 그렇게 갱도 일을 마치고 바깥으로 나오면 20일 정도는 훌쩍 지난 뒤였다. 한번 일을 다녀오면 관리자들이 광부에게 물었다. “언제 다시 들어갈래?” 돈이 궁한 광부는 2, 3일 만에 들어가기도 했지만 보통은 일주일씩 쉬었다. 갱도에 한번 들어가면 한 달을 꼬박 지내는 셈이었다.

태룡에게 금광은 또 다른 세상이었다. 밤낮 구분 없이 20일 넘게 숙식을 해결하며 갱도를 헤매는 일은 처음에는 공포였지만 시간이 흐르자 흥미로운 일상으로 바뀌었다. 정해진 공간에서 정해진 노동을 하는 탄광과 달리 금광은 예측 불가능한 모험이 기다리는 것 같았다. 햇빛 한 줌 들지 않는 밀폐된 좁은 공간에서 태룡은 어느새 느긋하게 잠을 청할 수 있는 경지에 이르렀다. 금광 회사에 입사한 뒤 두 번째로 갱도에 들어갔을 때 얻은 평화로움이었다.

두 번째 일을 마치고 갱도를 나섰을 때 산자락에는 아카시아 꽃이 피어 있었다. 한겨울에 탄광을 찾아왔는데 어느새 계절은 초여름을 향해 달려가고 있었다. "이 정도면 됐다" 싶었을까? 숙소로 돌아온 태룡은 한결 가벼워진 마음으로 짐을 챙겼다.

마침내 입사

아들이 대학을 졸업하고 곧바로 입사하리라고 믿어 의심치 않았던 강이준 사장은 1972년 초 주주총회에서 강태룡을 센트랄 이사에 등재했다. 그런데 졸업 시즌이 다 끝나도록 아들이 나타나지 않았다. 서울 사는 여동생에게 연락해 봐도, 같이 공부한 친구들에게 수소문해 봐도 태룡의 행방을 찾을 수가 없었다. 가족들의 걱정이 이만저만이 아니었다. '무소식이 희소식'이라는 속담에 기댈 수밖에 없는 상황이었다.

꼬마들도 핸드폰을 갖고 있는 요즘 세상에서 이런 상황이 벌어진다면 난리가 나겠지만, 1972년에는 조금 달랐다. 교환원을 통하지 않고 번호만으로 직접 전화를 거는 장거리 자동전화DDD가 서울과 부산 사이에 개통된 지 겨우 1년밖에 안 된 시점이었다. 전화 회선이 부족해 엄청난 경쟁률을 뚫고 청약에 성공해야 겨우 전화 한 대를 놓을 수 있던 시대였다. 일주일 넘게 걸리는 편지가 대세였고, 정 급하면 전보telegram를 통해 당일 메시지를 전할 수 있는 정도였다. 그러니 무소식이 희소식이란 속담이 영 흰소리는 아니었다. 최소한 큰 사고가 난 건 아닐 거라고 자위할 수 있었으니까.

그렇게 애타게 기다리던 아들이 5월 초순 어느 날 꾀죄죄한 행색을 하고 홀연히 나타났다. 그때 어떤 장면이 펼쳐졌을지는 독자 여러분 상상에 맡기겠다. 다만 그렇게 마주한 부산 아버지와 부산 아들이 나눈 짧은 대화는 전할 수 있어 다행이다.

"오데 갔더노?"

"탄광이랑 금광에서 일 좀 하고 왔습니더."

.

(잠깐 침묵)

"잘했다."

강태룡은 그로부터 일주일 정도 지난 1972년 5월 16일 마침내 ㈜한국센트랄자동차공업에 정식으로 입사했다.

02

강 군

마침내 센트랄에 입사한 강태룡은 서류상 이사라는 직책을 갖고 있었지만, 업무 현장에서는 그냥 '강 군'이라 불렸다. 당시 공장에는 견습공 - 작업자 - 조장 - 반장 - 계장 - 대리 - 과장 - 차장 - 부장 등으로 이어지는 직급 체계가 있었는데, 여기서 '작업자사원급'에 해당한다. 월급은 고졸 초임보다 2천 원 더 받았지만 대졸 초임보다는 적었다. 사장 아들이라고 오히려 역차별을 받은 셈이다. 그럴 수밖에 없었던 내부 사정은 조금 뒤에 밝히겠다.

처음 배치된 곳은 창고였다. 영업 창고였는데 거기 일이 시쳇말로 '생노가다'였다. 완성된 부품이 창고에 들어오면 일일이 포장하고, 차에 싣고, 경우에 따라선 직접 배달도 해야 하는 일이었다. 쉼 없이 몸을 움직이고 힘을 써야 했다. 한여름 창고 온도가 40도를 훌쩍 뛰어넘는 극한의 환경을 견뎌야 했다. 하지만 강 군은 지난겨울 예방주사를 단단히 맞고 입사했다.

창고지기 강 군

영업 창고를 빠져나간 센트랄 부품들은 크게 세 가지 방향으로 유통됐다. 첫 번째는 신진, 기아, 현대 등의 완성차 기업에 납품하는 OE 부품들이다. 그 당시 생산되던 완성차는 모두 해외에서 중간분해 부품을 들여와 조립하는 SKD 방식이었는데, 센트랄의 볼 조인트가 그중에 국산 부품으로 공급됐다. 두 번째는 완성차 기업의 서비스센터를 비롯해 전국의 부품상들에 공급되는 AS 부품들이다. 세 번째는 센트랄의 주주이기도 한 일본중앙자공을 통해 수출되는 부품들인데, 대부분 일본 쪽 브랜드인 '존슨'을 달고 출하됐다.

1년 가까이 영업 창고에서 일하며 회사 제품과 거래처를 익힌 강 군은 이듬해 자재 창고로 자리를 옮겼다. 자재 창고는 생산과 조립에 필요한 각종 소재, 예를 들면 스프링, 캡, 고무 등이 잔뜩 쌓여 있는 곳이다. 생산이나 조립 파트에서 어떤 소재가 얼마나 필요하다고 주문하면 그만큼을 챙겨서 내주고 나머지 수량을 관리하는 업무다. 예를 들어 오늘 컨트롤 암Control Arm 50개를 조립한다는 주문이 내려오면, 거기에 들어가는 부품을 50개 세트로 상자에 담아 조립 파트에 보내 주는 방식이었다.

강 군이 자재 창고에 배치되고 처음 한 일은 창고 한편에 뒤

죽박죽으로 쌓여 있는 자재 더미를 정리하는 것이었다. 하나하나 분리하고 정리하면서 다시 쓸 수 있는 것은 재고로 등록하고, 쓸 수 없는 것은 따로 모아 폐기했다. 그 더미가 얼마나 컸던지, 정리하는 데만 여러 달이 걸렸다. 자재 창고에서 가장 중요한 일은 재고를 관리하는 것이다. 몇 개가 나가고 몇 개가 남아 있는지를 정확하게 파악하고 관리해야 한다. 특히 핵심 소재는 바닥나지 않게 적절한 수량을 확보하는 것이 중요하다.

70년대 초반의 센트랄 창고는 문제가 많았다. 모자라는 자재는 늘 모자라고, 남는 자재는 늘 남아돌았다. 대충 찾아보고 없다 싶으면 추가로 주문하다 보니 중복이 많이 발생했다. 심지어는 한창 조립하다가 소재 하나가 모자라서 제품을 출하하지 못하는 경우도 생겼다. 결국 납기 일자를 어기게 돼 고객에게 사과하고 변명하느라 진땀 빼는 것은 물론, 거래 물량이 더 이상 확대되지 않거나 끊기는 불상사도 있었다.

이 일을 잘 해내려면 셈이 빨라야 한다. 다행히 상고 출신의 강 군은 그쪽으로 재능이 있었다. 숫자 관념이 정확했고 빨랐다. 지난 1년간 영업 창고에서 일한 경험도 보태졌다. 강 군은 자재 창고의 내용뿐만 아니라 '흐름'을 파악했다. 영업사원이 받아 온 주문 내용을 재빨리 파악해 자재 창고에 비축해야 할 소재를 미리 확보했다. 경험이 쌓이면서 예측도 가능해졌다. 예를 들어 A 제품이 지난달에 200개 나갔다면, 다음 달 구매

파트가 그만큼의 수량을 미리 확보하도록 했다.

강 군은 센트랄 창고에서 최초로 '품번'을 도입했다. 제품과 자재 종류마다 고유 번호를 매긴 것이다. 창고와 생산 파트 사이에 생기는 소통 오류를 줄이기 위한 방책이었다. 센트랄 공장에서 발생한 불량품 중 상당수는 소통이 불분명해서 발생했다. 예를 들어, 조립반이 "포니 프런트 라이트 볼 조인트 스프링 좀 가져오라"라고 전화하면, 프런트가 리어가 되고, 라이트가 레프트가 되면서 엉뚱한 조립 부품이 만들어지는 경우가 많았다.

강 군은 알파벳과 대시 그리고 아라비아 숫자를 이용해 부품 종류별로 고유 번호를 부여했다. 전체 일람표는 생산과 조립 파트는 물론, 구매와 자재 창고 직원들이 공유하도록 했다. 부품 위치와 이름이 아니라 고유 번호로 주문하게 되니 소통 오류로 빚어진 불량이 대폭 줄어들었다. 강 군이 두 개의 창고에서 일하는 동안 센트랄은 영업에서 시작해 생산과 출고까지 이어지는 가치 사슬을 한 단계 업그레이드할 수 있었다.

강이준 사장은 왜 아들을 사무실이 아닌 창고로 먼저 보냈을까? 강태룡의 회상은 다음과 같다.

"처음부터 편하면 안 되고, 밑바닥부터 알아야 한다고 생각하신 거 같아요. 계급부터 달면 밑바닥 알기가 어렵잖아. 계급

없을 때 밑바닥을 알아야 한다고 그렇게 하셨겠지. 그리고 창고가 우리 회사 재산의 중요한 부분인데, 거기에 허점이 많았어요. 결품 때문에 종종 생산에 차질이 생겼고, 중복 발주 때문에 악성 재고도 제법 많이 쌓여 있었거든. 그런 부분을 나한테 맡기고 어떻게 해결하나 지켜보신 거 같아요."

갑자기 퇴사

자재 창고에 배치되어 한창 일을 배우던 어느 날이었다. 강이준 사장이 아들 강 군을 따로 불렀다.

"내일부터 회사 나오지 마라."

느닷없는 통보였다. 그 이유도 알려 주지 않았다. 그러나 강 군은 회사 돌아가는 분위기를 어느 정도는 감지하고 있었다. 강 군의 입사를 몹시 못마땅해하는 사람이 있었기 때문이다. 잠시 앞서 2부 4장의 '주주총회' 이야기를 떠올려 보자. 대규모 투자를 핵심 내용으로 하는 센트랄 중장기 계획 채택 여부를 두고 주주총회가 열린 장면. 그때 중장기 계획에 적극적으로 반대한 인물인 최영필 부사장이 강 군의 입사도 못마땅하게 여긴 것이다.

당시 구체적으로 어떤 사정이 있었는지를 정확하게 알고 있는 사람은 없다. 강 군도 결과만 통보받았지 전후 상황에 대한 자세한 내용은 전달받지 못했기 때문이다. 기껏해야 "주주총회에서 강이준 사장과 최영필 부사장이 강 군 문제로 충돌했다더라"라는 풍문을 듣는 정도였다. 하지만 그때 정황의 조각들을 이어 붙여 보면 개략적인 그림은 그려 볼 수 있다.

강제 퇴사가 있었던 해가 1974년 2월 말이었으니, 그즈음 열렸던 주주총회라면 바로 센트랄 중장기 계획 때문에 소집된 회의였을 것이다. 그 자리에서 최영필 부사장은 중장기 계획이 "뜬구름 잡는 소리"라고 강력하게 비판했다. 반대에 부딪힌 강이준 사장은 일주일간 시간을 내어 일본 출장을 다녀왔고, 일본 주주들의 지지를 확보한 뒤 중장기 계획을 관철시켰다. 그즈음 최영필 부사장이 별건으로 강 군 문제를 공개 거론한 것으로 추정된다.

최 부사장의 주장은 이러했다고 전해진다. "사장 아들이라고 입사도 하기 전에 이사 자리를 주는 게 맞냐. 누구는 몇십 년 일해도 얻을까 말까 한 자리다. 엄연히 특혜다." 이에 맞서는 강이준 사장의 입장은 "주식회사를 구성하는 최소한의 이사 숫자를 맞추기 위해서였다. 이름만 이사로 올렸지 다른 특혜는 아무것도 없다. 급여는 오히려 대졸 초임보다 적게 준다. 뭐가 문제냐?" 정도였다.

최영필 부사장은 센트랄이 출범할 때 일본중앙자공과의 합작을 성사시킨 공이 크다. 그때 주식을 대거 확보했고, 일본을 제외하면 2대 주주로 회사 경영에 합류했다. 하지만 완성차 OE 사업 진출에 대한 견해가 강이준 사장과 극명하게 갈렸다. 강 사장은 회사 미래를 위해 힘이 들고 수익성이 낮아도 OE 사업을 반드시 해야 한다는 입장이었고, 최 부사장은 회사 수익을 극대화하려면 투자나 품질 수요가 크게 발생하지 않는 AS 부품 생산에 집중해야 한다는 입장이었다.

두 사람이 생각하는 회사의 비전이 차이 나는 만큼 갈등도 커졌다. 최영필 부사장은 실제 경영권을 장악하려는 의지도 가지고 있었다. 몇 년 뒤의 일이지만, 어느 해 주주총회에서 강이준 사장의 대표이사 해임안을 공개적으로 발의하기도 했다. 이때 30% 지분을 가진 일본 측이 강이준 사장 지지를 선언하면서 최 부사장은 뜻을 이루지 못했다. 그런 최 부사장에게 강이준 사장의 아들 강태룡의 입사가 곱게 보일 리 없었을 것이다.

강 군의 갑작스러운 퇴사 사건에서 강이준 사장의 회사 경영 스타일을 어느 정도 엿볼 수 있다. 센트랄의 최대 주주이면서 일본 주주의 지지도 받고 있었기 때문에 힘으로 얼마든지 제압할 수 있는 위치였지만, 강 사장은 강 군 문제만큼은 일단

한 발짝 물러서는 쪽을 택했다. OE 사업 추진 여부가 워낙 중차대한 과제였기 때문에 최 부사장이 감정적으로 꺼내 든 아들 문제로 사안의 본질을 호도하고 싶지 않았던 것 아닐까?

한편, 그 어떤 기약도 없이 졸지에 백수가 된 태룡은 마음을 추스르며 친구도 만나고 새로운 일자리도 탐색하고 있었다. 한때 가업을 이어야 한다는 중압감 때문에 탄광을 헤매기도 했는데, 해고 같은 퇴사를 당했으니 한편으론 홀가분한 마음도 없지 않았다.

어느덧 시간이 흘러 뜨거운 여름이 한창일 때였다. 회사 총무과 직원이 집으로 찾아왔다.

"태룡이 내일부터 회사 나오라 하이소."

졸병 4년

백수로 지낸 5개월 동안 회사에 무슨 변화가 있었는지 강 군은 알지 못했다. 추측해 보면 2년 동안 창고를 관리하면서 강 군이 보여 준 성과가 적지 않았고, 바로 그 점 때문에 회사 내 여론이 최 부사장을 설득하는 쪽으로 작동했을 것이다. 회사로 돌아온 강 군은 두 번째 한여름을 펄펄 끓는 자재 창고에서 보냈다. 이듬해에는 구매과로 자리를 옮겼고, 그다음 해에는 영업과에서 일했다.

센트랄 영업은 크게 시판 영업과 OE 영업 그리고 수출로 나뉘었다. 시판 영업이 바로 AS 부품을 판매하는 업무로, 완성차 서비스센터와 전국의 부품상을 상대하는 일이었다. 이때의 OE는 오늘날의 OE와 상당히 달랐다. 완성차 브랜드로는 현대의 코티나, 신진의 코로나, 기아의 브리사 정도가 있었다. 한 달 통틀어 우리나라에서 생산되는 완성차가 100여 대인 수준이었다. 아무리 많아도 300대를 넘지 않았다. 주먹구구식으로도 얼마든지 가능한 영업 규모였다. 물량으로는 AS 시판 쪽과 비교가 안 됐다. AS 시장에만 집중하자는 최 부사장의 입장도 영 터무니없는 것은 아니었다.

영업 일을 하던 강 군이 다시 구매로 돌아와서 일하고 있던 와중에 부서 과장이 나이와 건강 문제로 퇴직하면서 강 군은 처음 '구매과장'이라는 직책을 받게 된다. 입사하고 4년 차가 되던 1975년이 되어서야 '졸병' 신세를 면하게 된 것이다. 이때 구매과가 창고 업무도 함께 떠맡았다. 강 과장은 과장 승진과 함께 '합리화' 작업에 돌입했고, 그 덕분에 포니 양산 체제에 효과적으로 대응할 수 있었다(2부 5장 참조).

03

산업합리화

포니가 선풍적인 인기를 끌며 한국 자동차 산업을 이제 막 선도하기 시작한 1979년 초 세계 경제는 이란발 혁명으로 크게 휘청거린다. 중동의 대표적 친미 국가였던 이란에서 혁명이 일어나 팔레비 정권이 무너지고 이슬람 율법학자들이 감독하는 공화국이 새로 세워졌기 때문이다. 반미 기치를 내세운 새 정부가 중동 한복판에 등장하자 서구 사회는 충격과 공포에 빠졌고, 그 심리가 고스란히 원유 사재기로 이어지면서 제2차 오일쇼크가 일어났다. 혁명 전 배럴당 13달러 정도였던 유가는 최고 39달러까지 치솟았고 그 여파는 1980년대 초까지 이어졌다.

2차 오일쇼크

수출에 목숨을 건 우리나라 경제에 유가 상승은 결정적인 악재였다. 원가 상승 요인도 문제지만, 세계 시장 자체가 위축되니 수출이 제대로 될 리가 없었다. 그 결과는 고스란히 경제 실적에 반영됐다. 1979년에 8.6%를 기록했던 경제 성장률은 1980년 -1.7%로 곤두박질쳤다. 무려 10.3%나 줄어들었다. 이 수치는 우리나라 경제에서 가장 큰 위기였던 1997년 IMF 전후로 경제 성장률이 5.9%에서 -5.5%로 11.4% 줄어든 것에 육박하는 수준이었다. 경제 전 분야가 충격에 빠졌는데, 그중에서도 자동차 산업이 입은 타격은 치명적이었다. 오일쇼크가 있기 직전 한국의 자동차 산업은 천국으로 가는 계단을 맹렬하게 질주하고 있었기 때문이다.

현대자동차의 포니가 대박을 터트린 이후 자동차는 상류층의 사치재가 아닌 중산층의 생필품으로 자리 잡아 가고 있었다. 마치 전축과 피아노처럼 번듯한 가정이라면 소형차 하나 정도는 장만해야 한다는 분위기가 조성됐다. 그 분위기는 고스란히 수요로 이어졌다. 1977년 8만 3천 대로 전년 대비 73%, 1978년에는 15만 6,400대로 무려 88.5%나 자동차 수요가 늘어났다. 이 실적에 고무된 정부는 자동차를 10대 수출 전략 상품 중 하나로 지정하면서 과감한 투자를 보증했다. 현대, 새한, 기아산업 등 대표적인 자동차 3사도 시설 투자에 1,029억 원이나 투입했다. 이를 통해 현대는 연간 12만 대, 새한은 10만 대, 기아산업은 8만 대를 생산할 수 있는 체제를 갖췄다. 동아자동차와 아세아자동차까지 합치면 연간 36만 대를 생산할 수 있는 인프라였다.*

공격적인 투자가 버블로 터지는 것은 순식간이었다. 오일쇼크로 국제 금리가 치솟자 우리나라 정부는 순식간에 외환 위기에 빠졌다. 유가 상승은 차치하고라도 중화학 공업을 육성하기 위해 대거 조달했던 외채의 원리금 부담이 급증하면서 외환 보유액에 비상등이 켜졌다. 다급해진 정부는 에너지 소비부터 줄여야 한다고 판단하고 온갖 비상 대책을 쏟아냈다. 당장 자가용의 토, 일요일 주유를 금지했고, 유가는 물론 휘발유 특소세도 함께 인상했다. 자가용 차량에 대한 등록세가 이때 신설됐고, 자동차세도 덩달아 올랐다. 심지어 장관급 관료의 차량 실린더를 4기통 이하로 제한한다는 지침도 떨어졌다. 한마디로 자동차 수요 자체를 억제하는 조치들이었다.

자동차 산업 생태계는 금세 얼어붙었다. 덩치 큰 자동차 3사

* 〈自動車가 잘 팔린다〉, 《동아일보》, 1978년 5월 26일 자, 2면.

는 어떻게 해서든 견뎌 냈지만, 부품 업계는 줄도산이 이어졌다. 1979년 20만 대를 웃돌던 완성차 생산량은 1980년에 12만 대로 급감했고, 이듬해인 1981년에도 13만 대 수준에 머물렀다. 1980년의 공장 가동률은 완성차 업체가 35%, 부품 업체는 40% 수준으로 떨어졌다. 직원 숫자도 1978년 8만 6천여 명에서 80년 4만 1천여 명으로 반 이상 감소했다.*

경제만으로도 힘겨운 이 시기에 정치적으로도 격변이 일어나면서 우리 사회는 수렁으로 빠져들었다. 1979년 여름을 지나 가을에 접어들면서 부산과 마산에서 항쟁이 일어났고[부마민주항쟁], 곧이어 10월 26일 밤 박정희 대통령이 김재규 중앙정보부장의 총에 피살되는 사건이 벌어진다. 보안사령관이던 전두환은 혼란한 상황을 틈타 군사 반란으로 정권을 잡는 데 성공했고, 이듬해 5월 계엄령을 전국으로 확대하면서 광주를 도륙하는 사건을 벌였다.

---

* '자동차 산업의 구조조정', CefiaWiki, https://tinyurl.com/yar57sof

구조조정

박정희 정권 때와 마찬가지로 불법으로 권력을 차지한 만큼 전두환 정권은 경제 분야에서 조기에 가시적인 성과를 내야 한다는 압박감이 컸다. 광주를 무력으로 진압한 바로 이튿날인 5월 28일부터 전두환은 경제학자들을 집무실로 불러 특별 과외를 받은 것으로 알려져 있다. 그때 스탠퍼드대학교 대학원 경제학 박사 출신인 김재익이 그의 눈에 들어왔다. 경제기획원에서 잔뼈가 굵은 김재익은 이때를 계기로 제5공화국의 청와대 경제수석으로 발탁돼 제2차 오일쇼크를 극복하기 위한 경제 정책의 키를 잡았다.

박정희가 남덕우를 신임했던 것 이상으로 전두환은 김재익을 신뢰했다. 심지어 공개 석상에서 "경제는 당신이 대통령이야"라고 말할 정도였다. 덕분에 김재익은 다종다양한 이해관계와 각종 이익집단의 저항 속에서 중심을 잃지 않고 경제 회복을 위한 자기 정책을 밀어붙일 수 있었다. 특히 물가 잡기에 성공해 경제를 안정화한 것이 가장 큰 공으로 기억되고 있다(1980년 30%에 육박하던 물가 상승률을 1982년 7.2%로 낮췄다). 박정희 시대에 물가는 늘 성장을 위해 희생되는 가치였지만, 김재익은 물가를 먼저 안정시켜야 제대로 된 성장이 가능하다고 믿었다.

김재익의 안정 중심, 시장 중심 정책은 대한민국 경제를 근본적으로 바꾸는 중요한 지렛대가 됐지만, 정작 본인은 그 정책의 열매를 보지 못하고 1983년 버마[현 미얀마]의 아웅산 묘소 테러 사건 때 희생되고 만다.

안정을 중시하는 전두환 정부의 경제 정책은 자동차 분야에도 고스란히 적용됐다. 무한한 성장을 기대하고 막대한 투자를 아끼지 않던 업계에 구조조정의 칼날이 날아들었다. '산업합리화'라는 이름으로 시작된 구조조정의 첫 번째 신호탄은 1980년 8월 20일 중화학 공업 분야의 중복 과잉 투자를 조정한다는 취지로 발표된 '8·20 조치'였다. 완성차 업체의 부실을 개선하고 부품 업체의 도산을 방지한다는 취지로 발표된 이 조치는 완성차 업체의 통폐합과 차종별 전문 생산 체제 구축을 골자로 했다. 주요 내용은 다음과 같았다.

1) 현대와 새한자동차를 통합해 승용차 생산을 일원화하되, 1~5톤급 상용차 생산은 금지한다.
2) 기아산업은 승용차 생산을 금지하는 대신 1~5톤급 상용차를 독점 생산한다.
3) 5톤을 초과하는 트럭과 버스는 자유 경쟁에 따라 모든 업체가 생산할 수 있다.

하지만 나는 새도 떨어뜨린다는 전두환 정부도 이 조치를 원안대로 관철시키지 못했다. 구조조정의 핵심인 현대와 새한의 통합이 불발로 끝났기 때문이다. 당시 새한 지분의 50%는 미국 기업인 GM이 갖고 있었다. GM은 정부안에 대응해 현대차와 동등한 투자 지분과 경영권을 요구했고, 통합 이후 발전 전략에서도 이견을 보였다. 미국 눈치를 안 볼 수 없는 정권이었기에 더는 힘으로 밀어붙이지 못했다. 정부는 한 걸음 물러나 이듬해인 1981년 2월 '2·28 조치'를 내놓았다.

1) 승용차 부문은 현대와 새한으로 이원화해 경쟁 체제를 유지한다.

2) 기아산업은 1~5톤 트럭과 중소형 시장을 전담한다.

3) 동아자동차(쌍용차의 전신)를 기아산업에 합병하되 4종의 특장차(탱크로리, 소방차 등) 생산을 전담한다.

4) 기아의 모터사이클 부문은 대림산업에 인계한다.

하지만 이 조치도 순탄하게 적용되지 못했다. 핵심이랄 수 있는 기아산업과 동아자동차의 합병이 양 사의 이해 차이로 1982년 7월 불발로 끝났기 때문이다. 정부는 동아차의 합병을 포기하는 대신 그동안 동아차가 전문성을 쌓아 온 특장차 부문의 규제를 풀어 다른 기업들도 자유로이 생산할 수 있도록 했다. 1980년대 중반부터 야심 차게 시작된 자동차 분야의 산업합리화 조치는 2년에 가까운 시간을 거치며 기아산업이 중소형 상용차에서 독점적인 지위를 확보하는 대신 승용차 생산에서 배제되는 것으로 결론지어졌다. 당초 계획 대비 크게 후퇴했다는 평가가 대부분이었다.

말 많고 탈 많던 자동차 부문 산업합리화 조치 결과 각 자동차 기업이 생산할 수 있는 차종은 다음과 같이 정리됐다.

ㅇ 현대자동차: 승용차, 대형 트럭 및 버스, 특장차

ㅇ 새한자동차: 승용차, 대형 트럭 및 버스, 특장차

ㅇ 기아산업: 대형 트럭 및 버스, 중소형 트럭 및 버스, 특장차, 방산용 차량

ㅇ 동아자동차: 특장차 및 대형 버스

ㅇ 거화: 민수용 지프

고래 싸움에 새우 등 터진다고, 정부가 주도하는 자동차 산업 구조조정이 진행되는 만큼 완성차 기업에 납품해서 먹고살아야 하는 부품 업계도 큰 변화를 겪지 않을 수 없었다. 중소기업 규모에 머물러 있던 부품 업계들은 풍전등화나 다름없었다. 폐업이 속출하고 줄도산이 이어졌다. 이와 같은 격변의 시간 동안 센트랄은 어떻게 생존했을까?

선방

먼저 객관적인 숫자부터 살펴보자. 오일쇼크 충격이 반영되기 전인 1979년까지 센트랄은 꾸준한 성장세를 이어 갔다. 특히 1976년 이후 현대차의 포니가 압도적인 양산 체제를 구축하면서 센트랄은 1977년 마침내 매출 10억 원을 돌파하고, 곧이어 20억 원과 30억 원대를 연이어 달성했다. 그러나 센트랄도 오일쇼크를 피해 갈 수 없었다. 1980년 센트랄은 매출 27억 원으로 전년 대비 -24% 역성장을 한다. 하지만 같은 해에 완성차 판매량이 전년 대비 42.8% 줄어든 것에 비하면 선방했다고 볼 수 있다.

[센트랄 매출 실적(1975~1983)]

연도	1975	1976	1977	1978	1979	1980	1981	1982	1983
매출액	4.9억	8.5억	13.3억	25.4억	35.2억	27.0억	36.8억	43.0억	67.9억
성장률	5%	71%	58%	90%	39%	-24%	36%	17%	58%

센트랄의 실적은 오일쇼크와 산업합리화의 충격에서 곧바로 회복된다. 1981년에 오일쇼크 이전 수준을 달성하는가 싶더니 1982년부터 다시 두 자릿수 성장률을 기록한다. 특히 자

동차 부문 산업합리화가 끝난 1983년에는 58%라는 경이적인 성장률을 달성했다. 이른바 '3저 호황[저유가, 저금리, 저달러]'이 시작되기 직전인 1985년에는 매출 100억 원[102.2억 원]을 돌파했다. 요약하면, 센트랄도 제2차 오일쇼크를 피해 가진 못했지만, 충격을 크게 받지는 않았고 회복도 곧바로 이뤄져 다시 성장 가도를 달렸다고 정리할 수 있다. 나라 경제 전체가 휘청이는 가운데 어떻게 이런 실적이 가능했을까?

센트랄이 이미 보유하고 있던 '다변화된 수익 구조'가 결정적이었다. 1976년 포니 양산 체제가 가동되면서 센트랄에서 OE 생산이 비약적으로 성장한 것은 사실이다. 그러나 OE 파트가 차지하는 비중이 회사 수익에서 절대적이지는 않았다. 예전부터 해 오던 애프터서비스[AS] 시장의 물량은 고스란히 남아 있었다. 신차 출시 대수는 줄었겠지만, 도로 위를 돌아다니는 자동차 대수가 줄어든 것은 아니었기 때문이다. 당시 볼 조인트는 마모 문제가 있어서 매년 1회 이상 의무적으로 교체해야 하는 부품이었다.

여기에다 매출의 30% 옵션이 걸려 있는 수출 물량도 있었다. 센트랄이 생산하는 부품 중 상당수는 일본중앙자공을 통해 존슨이란 브랜드를 달고 수출됐다. 해외 자동차 시장도 오일쇼크로 크게 휘청거렸지만, 전량 애프터마켓용[부품 교환용]으로 유통되는 센트랄의 부품들이 크게 영향을 받을 일은 없었다.

1982년 3S(Speed, Simple, Save)운동활성화촉진대회

요컨대 OE 부문 말고도 국내 AS 시장과 해외 수출 물량이 버티고 있었기에 센트랄은 무난하게 오일쇼크의 위기를 넘어갈 수 있었다.

한 가지 요인을 더 추가한다면 바로 '기술력'이다. 1970년대 말과 1980년대 초 센트랄의 볼 조인트 기술은 그야말로 독보적이었다. 완성차 기업들이 센트랄의 볼 조인트를 조달하기 위해 금사동 공장에 직접 찾아와 줄을 서서 대기할 정도였다. 센트랄이 볼 조인트 분야에서 압도적인 기술력을 갖추게 된 것은 강이준 사장의 확고한 의지 덕분이었다. 내부 반대를 무릅쓰고 OE 사업에 진출하며 투자를 아끼지 않은 탓에 센트랄은 다른 경쟁 업체들이 범접하기 어려운 기술 수준을 구가했다. 그 기술이 있었기에 오일쇼크라는 폭풍우 속에서 센트랄은 비교적 안전하게 닻을 내리고 자기 위치를 지켜 낼 수 있었다.

스텔라

산업합리화 조치로 극한의 위기에 몰린 완성차 기업은 기아산업이었다. 기아는 1973년 일본의 '마쓰다 패밀리아' 모델을 들여와 0.5톤 픽업트럭[기아마스타 픽업]을 만들고 1975년 초엔 배기량 985cc의 국내 최초 소형 승용차 '브리사'를 출시했다. 이듬해 자동차 시장을 뒤흔든 현대자동차의 포니만큼은 아니었지만, 소형차라는 장점 때문에 제법 주목을 받고 시장에서도 선전한 브랜드다. 5년 조금 넘는 기간 동안 브리사만 7만여 대를 판매했으니 나쁘지 않은 성적이었다.

봉고 신화

1981년 산업합리화 조치로 기아는 승용차 생산이 원천 봉쇄

대성공을 거둔 기아의 봉고 코치(출처: 더위키)

됐다. 브리사뿐만 아니라 계열사로 거느리고 있던 아세아자동차의 '피아트'도 판로가 막혔다. 승용차 부문에서 진검승부를 걸고 싶었던 기아는 날벼락을 맞았다. 새한처럼 미국 지분이 있지도 않았고, 동아처럼 배 째라는 식의 배짱도 없었기에 기아산업은 정부의 강제 구조조정안을 받아들일 수밖에 없었다.

그렇다고 기아가 모든 조건을 운명으로 받아들이고 상용차 전문 기업으로 순순히 물러난 것은 아니었다. 기아는 1980년 마쓰다에서 들여온 1톤 트럭 봉고를 승합차로 개조하는 프로젝트에 착수했다. 자동차 업계의 구조조정이 난항을 겪고 있던 1981년 8월 기아는 12인승 미니버스인 '봉고 코치'를 시장에 내놓았다.

봉고 이전에 출시된 승합차로는 신진의 미니버스, 현대의 HD1000, 아세아의 AC081 정도가 있었지만, 모두 시장에서 주목받지는 못했다. 성공한 미니버스 모델이 없었기에 기아의 봉고 승합차도 성공 가능성을 높게 점치는 사람이 거의 없었다. 하지만 12인승 봉고 코치는 출시하자마자 시장에서 긍정적인 반응을 얻었고, 이듬해인 1982년에만 1만 1,330대를 생산하는 놀라운 실적을 올렸다. 운도 따랐겠지만, 코너에 몰린 기아산업이 봉고 프로젝트에 전사적으로 사활을 걸었던 탓이 컸다. 임직원 모두 근무복에 자기 이름표 대신 '봉고' 상표를 달았고, 동료 간에도 "봉고를 팝시다"로 인사하도록 했다. 이 캠페인에 종교 못지않은 열정과 헌신을 쏟았기에 언론은 '봉고이즘'이라는 화려한 별명을 붙여 줬다.

기아산업은 봉고 승합차 덕분에 문자 그대로 '기사회생'했다. 1981년 말까지 누적 적자가 530억 원에 달했는데, 봉고가 터지면서 2년 만에 전액 변제하는 데 성공했고, 부실기업이라는 꼬리표도 떼어 냈다. 현대가 1970년대 중반에 '포니 신화'를 썼다면 기아는 1980년대 초에 '봉고 신화'를 썼다. 이때 기아의 김선홍 사장은 "한국의 아이아코카", "자동차 경영의 귀재"라는 별명을 얻었다. 참고로 아이아코카는 포드에서 쫓겨난 뒤 다 쓰러져 가는 크라이슬러를 맡아 연봉 1달러만 받으며 회사를 되살린 거짓말 같은 신화를 만든 주인공이다. 그는 미국은 물론 우리나라에서도 1980년대를 대표하는 세계적인 경영인으로 추앙받았다.

검사

1980년 센트랄은 서울에도 사무소를 갖고 있었다. 경기도 시흥군 소하리[현재는 광명시 소하동]에 있는 기아산업과 서울 사무소가 있던 새한자동차에 대응하기 위한 공간이었다. 센트랄은 오래

전부터 기아산업과 거래해 왔다. 자전거 사업을 하던 기아산업이 일본 마쓰다와 손잡았을 때부터 센트랄과는 서로 협력하는 사이였다. 마쓰다에서 기술 연수 프로그램을 할 때 두 회사가 함께 참여하기도 했다. 산업합리화 조치로 궁지에 몰린 기아가 봉고 프로젝트에 사활을 걸고 있다는 사실을 센트랄이 모를 수가 없었다.

봉고 프로젝트는 제3자 관점에서 큰 기대를 모으지는 못했다. 성공한 승합차 모델이 없었기에 시장 크기가 협소하다고 볼 수밖에 없었다. 당시 센트랄 담당자들은 봉고 승합차를 1년에 1,500대 팔면 잘 파는 것이라고 생각했다. 그래도 신차가 출시되는 시점이니 센트랄 부품이 먼저 자리를 차지하는 것이 중요하다고 생각해 부품 샘플을 비행기에 실어 서울 사무소로 보냈다.

며칠 뒤 회신이 왔는데, 결과는 불합격이었다. 센트랄 대신 기아와 음양으로 관련 있는 기업이 합격 판정을 받았다는 정보 보고가 들어왔다. 현대차의 포니가 승승장구하며 센트랄을 확실하게 먹여 살리던 때였고, 봉고 프로젝트는 반신반의하는 분위기라 실무진들은 불합격 통보에 크게 충격을 받지도, 동요하지도 않았다.

이튿날 사장실에서 호출이 왔다. 개발팀 박성석 과장이 불려갔다. 사장실 문을 열자마자 벼락같은 호통이 떨어졌다.

"야, 이노무 손아!!"

강이준 사장은 평소 과묵한 성격이었지만, 가끔 화가 나면 불호령이 대단했다. 자주 있는 일이 아니었기에 그만큼 공장 전체가 순식간에 얼어붙었다. 강이준 사장의 호통은 불합격이라는 결과 때문이라기보다는 불합격 통보를 받은 뒤에 직원들이 취한 행동 때문이었다. 아무리 규모가 작고 전망이 불투명한 분야라도 최선을 다하지 않는 태도에 실망한 것이다.

신라상회 시절 강이준 사장은 모든 품목을 부족하지 않게 구비해 두는 것을 중요하게 생각했다. 수익률 높은 부품과 그렇지 못한 부품이 따로 있겠지만, 수익률이 낮다고, 찾는 손님이 적다고 소홀히 다루는 법이 없었다. 수익률 중심의 이른바 선택과 집중이 단기적인 이익을 높이는 데는 효과적일지 몰라도 길게 봤을 때 기업의 신용을 깎아내리는 역효과를 낼 수 있다고 판단한 것이다. 그의 이러한 태도는 제조 중심으로 방향을 튼 센트랄 시기에도 그대로 유지됐다. 포니가 양산 체제로 들어가면서 확실한 캐시카우cash cow 역할을 하고 있었지만, 다른 기업의 작은 프로젝트도 소홀히 해선 안 된다고 생각했다.

또 한 가지 이유로 센트랄의 기술력에 대한 자존심도 작용했을 것이다. 볼 조인트에 관한 한 센트랄을 따라올 업체가 당시로선 없었다. 대한민국 부품 업계를 손바닥처럼 들여다보던 강이준 사장으로선 불합격 통보를 도저히 받아들일 수 없었을 것이다. 그는 검사 과정에 분명히 착오나 문제가 있었을 것이라고 믿었다. 그렇다면 다시 제대로 검사받는 수밖에 없다. 박성석 과장을 불러 호통을 친 것은 곧바로 그 일에 착수하라는 지시이기도 했다.

사장실에서 식은땀을 잔뜩 흘리고 나온 박성석 과장은 샘플들을 챙긴 뒤 곧바로 부산역으로 달려가 서울로 가는 밤 기차에 몸을 실었다. 이튿날 김해공항에서 비행기를 타는 대신 1분 1초라도 시간을 줄이기 위해 당일 밤 열차를 선택한 것이다. 새벽에 서울역에 도착한 박 과장은 곧바로 시흥 소하리의 기아산업 공장을 찾아가 문을 두드렸다. 아침 일찍 만난 기아의 큐시QC, Quality Control 담당자는 빡빡하기 그지없게 굴었다.

"일단 두고 가세요."

박 과장은 물러설 수 없었다. 소하리 공장에 진을 치고 끈질기게 쫓아다녔다.

"두고 가시라니까요? 검사 결과 나오면 알려드릴게요."

"언제 검사하실 겁니까? 검사 안 해 주시면 저 못 돌아갑니다. 합격 받아야 돌아갑니다."

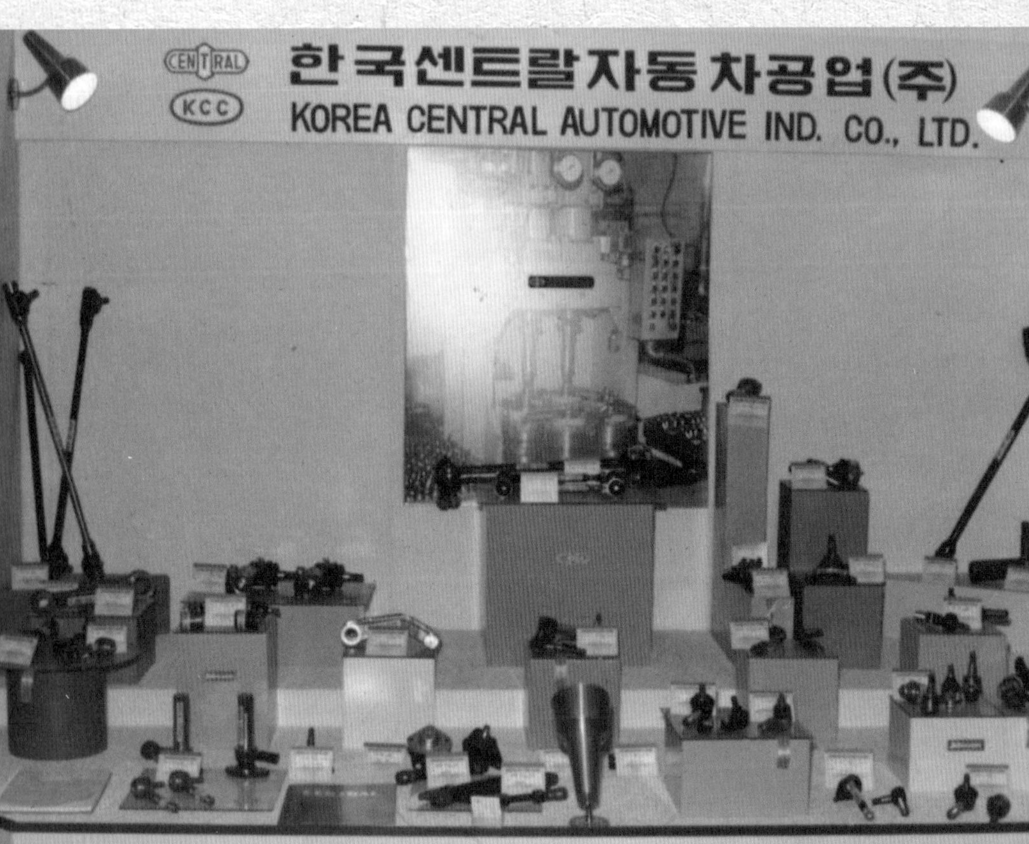

1981년 센트랄 제조품 전시

박 과장의 끈기에 질린 기아 담당자는 사흘이 지난 뒤 비로소 검사 일정을 잡았다. 검사 과정에서도 박 과장은 일일이 쫓아다니며 결과를 확인했다. 부품 외관 측정, 절단면을 통한 열처리 검사, 강도 측정 등 일련의 과정을 거친 뒤 센트랄 부품엔 그 어떤 하자도 없다는 사실이 밝혀졌다. 대신 예전에 합격 판정을 받았던 타사 부품이 오히려 불합격 판정을 받았다. 애초 검사 과정에 문제가 있었던 것이다. 박 과장은 합격증에 도장을 받을 때까지 현장을 지켰다. 도장이 찍힌 순간 곧바로 서울 사무소에 전화를 걸어 합격 소식을 알렸다. 호통이 있은 그날부터 일주일 동안 소하리 공장에서 소위 뻗치기를 하며 얻어낸 결과였다.

봉고가 출시되자마자 선풍적인 인기를 끌면서 센트랄도 포니 말고 새로운 성장 아이템을 하나 더 장착하게 됐다. 봉고의 판매 기세가 워낙 대단해 철야 작업을 해도 물량 맞추기가 쉽지 않을 정도였다. 정식 납품을 트럭이 아닌 비행기로 실어 나른 사례도 봉고가 처음이었다. 봉고 승합차에 들어간 센트랄의 부품은 타이로드Tie Rod, 드래그 링크Drag Link, 어퍼 볼 조인트Upper Ball Joint, 로어 볼 조인트Lower Ball Joint, 릴레이 암Relay Arm 등 5종이었다.

스텔라 리스크

1984년 4월 어느 날 승용차 한 대가 서울 강남구 개포동에서 경부고속도로 쪽으로 달려가고 있었다. 차 브랜드는 1983년 현대차가 야심 차게 내놓은 중형 세단 스텔라. 고속도로 톨게이트 진입로에 막 들어설 때였다. 핸들이 갑자기 뻑뻑해지는가 싶더니 조작이 되지 않으면서 그 자리에 멈춰 서는 사고가 일어났다. 현대차의 정비팀이 달려왔다. 확인해 보니 앞바퀴 볼 조인트의 소켓이 깨져 있었다. 볼 조인트가 헐렁해져서 핸들을 조작하는 힘이 바퀴까지 전달되지 못한 것이다.

불행 중 다행은 사고가 일어난 장소였다. 속도를 늦추는 톨게이트 입구여서 망정이지 고속도로에 진입한 뒤 고속 주행 중에 똑같은 상황이 벌어졌다면 인명 피해로 이어질 수 있었다. 현대 정비팀은 운전자가 요철이 심한 길을 많이 달려 볼 조인트가 빨리 마모됐다고 해석했지만, 이미 출고된 스텔라를 상대로 표본 추출 조사를 실시한 결과 생산 단계에서 결함이 있었던 것으로 확인됐다. 바로 센트랄이 납품한 볼 조인트 중 상당수가 열처리를 거치지 않은 채로 납품됐던 것이다.

부품 이력을 추적해 보니 센트랄에서 1982년 10월에 생산된 볼 조인트가 문제였다. 이때 생산된 볼 조인트가 1983년 하반기에 출고된 스텔라 1,200여 대에 장착됐는데, 그 가운데 100여 대는 이미 유럽으로 수출된 상태였다. 현대차는 발등에 불이 떨어졌다. 당장 외국 바이어들에게 긴급 통지를 보내고 AS 프로세스를 시작했다. 국내 차주들에겐 등기 우편물을 보내 자동차를 소환하고 부품 교체에 나섰다. 아직 '리콜'이라는 표현도 없던 시절이었다.

당시 센트랄에서 무슨 일이 벌어졌던 걸까? 사건 내막은 이랬다. 열처리기 주변에 열처리를 마친 제품과 그렇지 않은 제품이 멀지 않은 거리에 쌓여 있었다. 미처리 제품들을 열처리실에 집어넣는 과정에서 일부가 양쪽으로 흘렀고, 그것들 중 일부가 열처리를 마친 제품과 섞인 것이다. 그때 열처리의 중요성을 잘 몰랐던 현장 인력이 미처리 볼 조인트가 섞여 있는 무더기를 그대로 포장 박스에 담아 현대차로 납품해 벌어진 일이었다.

당시 현대차의 입장은 초조함 그 자체였다. 중형 세단 스텔라는 현대차가 소형차 범주를 넘어 고급 자동차 시장에 도전하겠다는 야심 찬 선언이었다. 그런데 출고 후 5개월도 지나지 않은 1983년 12월 5일 동대문구 이문동 장수 고가도로를 달리던 스텔라 승용차가 갑자기 불이 나 전소되는 사건이 터졌다. 배터리 배선에 문제가 있다는 사실이 확인돼 1984년 한 해 동안 스텔라 1만 5천 대를 수리하는 대대적인 서비스를 단행했다. 그런데 그 사건이 있고 얼마 지나지 않아 볼 조인트 불량 문제까지 터진 것이다. 현대차는 감정적으로 격앙될 수밖에 없었다.

설상가상으로 불량 볼 조인트가 장착됐을 것으로 의심되는 스텔라 중 한 대가 청와대에 들어가 있다는 사실이 확인됐다. 전두환의 부인 이순자의 의전 차량으로 배치된 것이다. 제5공화국, 권위주의 막장 시대였다. 하자 있는 차량을 납품했다는 사실 하나만으로도 얼마든지 간첩으로 몰릴 수 있었다. 남산으로 끌고 가 고문하는 것은 물론이고, 기업을 송두리째 공중분해시킬 수도 있는 사안이었다. 센트랄은 물론 현대차도 그 스텔라가 청와대에 있는 기간 동안 마른 침을 삼키며 아무 일 없이 넘어가기를 간절히 기원했다. 다행히 이순자는 스텔라를 거의 타지 않았고, 현대차는 새로운 모델이 등장하자마자 청와대 차량을 교체하는 것으로 위기를 넘겼다.

현대차를 대하는 센트랄의 커뮤니케이션 태도에도 문제가 있었다. 당시 현대차에서 근무했던 이희방의 증언에 따르면 센트랄의 태도는 “최종 검사는 현대가 하지 않았냐, 당신들도 책임이 없지 않다”라는 식이었다고 한다. 실제로 말이 그랬는지 확인할 길은 없지만 태도는 다분히 그런 고자세였다고 한다. 그때 센트랄은 독보적인 볼 조인트 기술을 보유하고 있었기 때문에 완성차 업체들에도 고분고분하지 않았다.

이 정도가 되니 현대차가 센트랄을 곱게 볼 리가 없었다. 한국에서 가장 큰 죄라는 괘씸죄를 적용할 만한 모든 조건이 두루 갖춰졌다. 스텔라 사고 이후 현대자동차는 기존 포니와 일부 상용차를 제외한 모든 승용차 부품에서 센트랄을 제외했다. 자동차 부품 기업으로서 가장 빠르게 성장하는 현대차에 납품할 수 없게 됐다는 사실은 치명적인 핸디캡이 아닐 수 없었다. 현대차 내부에서 "센트랄은 이제 쫄딱 망했다"라는 말이 나올 정도로 전격적이고 철저한 배제였다. 1979년 오일쇼크 때와는 또 다른 위기였다. 그때는 너 나 할 것 없이 모든 기업이 힘들었던 반면, 스텔라 사건 때는 센트랄만 핀셋으로 콕 집어 배제된 것이었다.

포트폴리오

센트랄에서도 이때를 센트랄 출범 후 가장 큰 위기로 생각하는 사람들이 많았다. 그런데 경영 실적만 놓고 보면 과연 위기였을까 싶다. 센트랄은 스텔라 사건이 있기 전인 1983년 67.6억 원의 매출을, 사건이 터진 1984년엔 85.5억 원의 매출을 올렸다. 26.4%의 성장률을 기록한 것이다. 현대자동차 승용차 부문의 신규 물량을 거의 수주하지 못한 1985년에도 102.2억 원의 매출을 올리며 처음으로 100억 원대에 진입했다. 엄청난 위기 상황이었는데도 어떻게 안정적인 성장을 이어 나갈 수 있었을까?

가장 큰 비결은 1981년 강이준 사장의 불호령으로 확보하게 된 기아산업의 봉고 승합차 라인이었다. 앞서 살펴본 것처럼 기아의 봉고는 현대의 포니 못지않은 돌풍을 일으키며 자동차 시장에서 자기 영역을 확장해 나갔다. 그 물량이 현대 승용차에서 사라진 물량을 대체하고도 남았던 것이다. 아울러 새한자동차도 김우중 체제의 대우자동차로 변신하며 '맵시나'와 '로얄' 시리즈 등의 승용차 생산에 박차를 가하고 있었다.

센트랄 설립 이후 강이준 사장의 행보에서 한 가지 확실한 기조를 확인할 수 있다. 투자할 때 "달걀을 한 바구니에 담지 마라"라는 금언이 있듯이 강이준 사장은 비즈니스에서 한쪽으로 치우치거나 지나치게 의존하는 상황을 근본적으로 경계했다. 그는 늘 3대 자동차 기업인 현대, 새한[대우], 기아의 비중을 고르게 맞추려고 애썼다. 현대가 포니로 한창 치고 올라갈 때도 전체 매출에서 30%를 넘지 않도록 철저히 관리했다. 설립 조건이었던 수출 비중도 균형을 맞추게 하는 중요한 요인이었다. 요즘 표현으로 하면, 수익 구조의 포트폴리오 관리에 철저했다고 말할 수 있다.

05

올림픽이 뭐길래

제2차 오일쇼크도 선방하고, 스텔라 리스크도 잘 타고 넘으며 1980년대의 센트랄은 고속으로 성장했다. 이런 성장은 1974년 센트랄의 기획실이 마련한 '중장기 계획'이 제대로 효과를 발휘했기에 가능했다. 특히 과감한 투자로 1977년 금사동 공장을 신축한 것이 결정적이었다. 바로 그해에 센트랄은 처음으로 매출 10억 원을 돌파했고13.3억 원, 이듬해에는 25.4억 원으로 무려 90% 성장하게 된다. 오일쇼크로 1980년에 마이너스 성장을 한 차례 경험하지만, 이내 회복하고 두 자릿수 성장률을 이어 갔다.

[금사동 시대 센트랄 매출]

연도	1977	1978	1979	1980	1981	1982	1983	1984	1985	1986
매출액	13.3억	25.4억	35.2억	27.0억	36.8억	43.0억	67.9억	85.5억	102.2억	116.4억
성장률	58%	90%	39%	-24%	36%	17%	58%	26%	19%	14%

부산 금사동에서 보낸 마지막 해인 1986년 센트랄의 매출은 116억 4천만 원이었다. 공장을 신축한 1977년과 비교하면 10년간 8.8배나 성장한 것이다. 그런데 성장률만 놓고 보면 1983년 두 번째 정점을 찍고 점차 줄어드는 추세였다. 1984년의 스텔라 리스크가 결정적인 계기가 됐지만, 단군 이래 최대 호황이라는 '3저 호황'이 시작된 1986년에도 14%밖에 성장하지 못한 것은 고개를 갸웃거리게 만든다. 2차 오일쇼크도 1년 만에 회복한 센트랄이 왜 스텔라 리스크 이후엔 역동적으로 성장하지 못했을까?

비좁은, 너무 비좁은

이 시기 센트랄은 부산 부곡동과 금사동 두 곳에서 공장을 운영하고 있었다. 부곡동 공장은 약 1,000평, 금사동 공장은 약 1,500평 규모였다. 부곡동에서는 액슬 샤프트와 AS 사업을 중심으로 하고, 금사동에서는 현대차 포니 OE 사업을 주력으로 삼으며 성장했다. 1980년대 들어서는 기아의 봉고 승합차와 대우의 승용차 라인도 가세하면서 주문이 하루가 다르게 폭주했다. 문제는 공간이었다. 부곡동과 금사동을 합친 2,500평 공

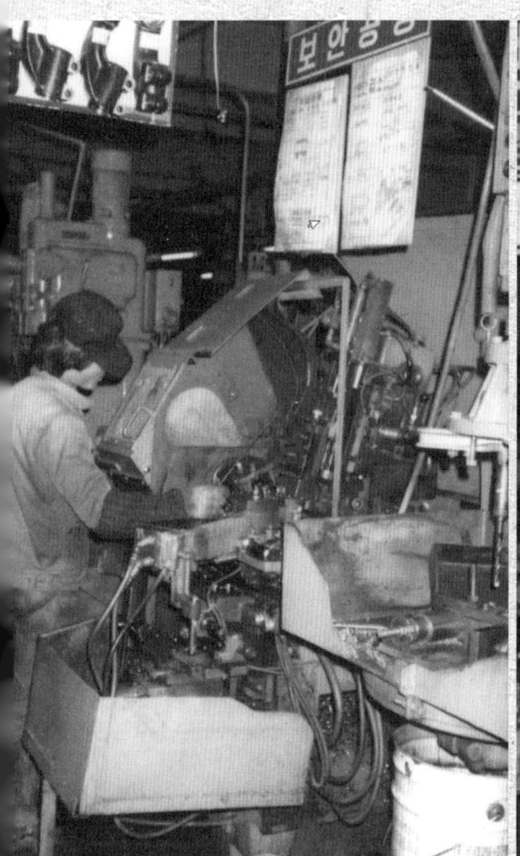

1985년 센트랄의 생산 현장

간은 고정불변이다. 주문 수량이 는다고 공간이 늘어나는 법은 없다.

물론 한정된 공간에서 효율을 최대한 높이려는 노력은 있었다. 공장 부지 내 크고 작은 공터들이 첫 번째 대상이었다. 하나둘 가건물이 세워지더니 어느새 공장 건평과 맞먹는 임시 공간들이 생겨났다. 법적으론 당연히 무허가 건물이었다. 당시 정부는 이런 무허가 건물들을 단속하기 위해 정기적으로 비행기를 띄워 항공 촬영을 했다. 물론 센트랄은 단골손님이었다. 비행기가 떴다 하면 센트랄에 원상 복귀 명령과 함께 벌금 고지서가 날아들었다.

반복적으로 단속에 걸리다 보니 대응하는 솜씨도 나날이 발전했다. 먼저 무허가 건물을 뜯어내는 모습을 사진으로 찍어 구청에 제출한 뒤 곧바로 원상 복구해서 다시 사용하는 방법이 있었다. 사진을 제출해 벌금 규모를 줄이면서 다음 단속 때까지 시간을 버는 전략이다. 두 번째는 비닐 천막 사용하기다. 투명한 비닐은 항공 촬영에서 지붕으로 보이지 않기 때문에 단속을 피할 수 있는 효과 만점 기술이었다. 하지만 문제가 있었다. 비가 오면 천막이 늘어지면서 물이 고였고, 그 아래서 돌아가는 기계 위로 물방울이 떨어지면서 자주 감전 고장을 일으켰다. 심한 경우 스파크까지 일으키며 크고 작은 사고가 나기도 했다.

회사가 쑥쑥 발전하는 과정에서 생긴 공간 문제이니 견딜 만은 했을 것이다. 그러나 다른 한편으론 이해하기 어려운 장면이기도 했다. 연평균 20~30%의 고속 성장을 이어 가는 기업이 10년 동안 그 좁은 공간을 고집할 이유가 딱히 있었을까? 우리나라 산업 전체가 빠르게 성장하고 있었고, 1980년대의 경제 전망은 더 밝았는데 왜 센트랄은 공장을 넓힐 생각을 하지 않았을까? 1970년대 중반 일부 주주들의 반대를 무릅쓰고 금사동 공장 투자를 과감하게 결심했던 강이준 사장이 1980년대 들어서는 왜 새로운 투자에 나서지 않았을까?

포니의 양산 체제에 성공적으로 대응했던 1976년 어느 날 강이준 사장은 간경변간경화이라는 진단을 받았다. 1970년대에는 손쓸 방법이 없는 불치병이었다. 금주와 식이요법으로 잘 관리해도 10년 이상 살기 어렵다는 의사의 말도 있었다. 강이준 사장 앞에 갑자기 시한부 인생이 가로놓이게 된 것이다.

기아의 봉고 라인을 수주케 한 강이준 사장의 호통이 1980년에 있었다. 이 호통은 그가 현장에서 직접 지휘한 거의 마지막 장면이었다. 1980년대에 접어들면서 강이준 사장의 건강은 눈에 띄게 나빠졌다. 회사를 지키는 시간도 그만큼 짧아졌다. 몸 상태가 나빠지면서 마음도 함께 위축됐다. 자기 생이 얼마 남지 않았다는 사실이 확실해지면서 강 사장은 새로운 일 벌이기를 극도로 주저했다. 그래서 공장의 확장과 신축 문제는 한 발짝도 앞으로 나아가지 못했다. 책임지지 못할 일을 벌이기 보다는 기존 사업을 잘 간수하는 것이 본인의 사명이라고 생각했던 것 같다.

이전 압력

금사동 공장의 비중이 압도적으로 커지면서 센트랄은 1984년 본사를 부곡동에서 금사동으로 옮긴다. 큰 규모는 아니었고, 기획과 인사, 경리 등 기업 총괄 지원 파트가 사무실을 옮겨 간 정도였다. 부곡동 공장에도 일부 사업이 남고, 대부분은 창고로 사용했다. 그런데 까마귀 날자 배 떨어진다고, 본사를 이전하자마자 센트랄은 완전히 새로운 압력에 맞닥뜨리게 된다. 그 압력은 바로 올림픽 때문에 비롯된 것이었다.

1981년 9월 30일 독일 바덴바덴에서 열린 제84차 국제올림픽위원회IOC 총회에서 7년 뒤에 있을 88년 올림픽 개최지가 발표됐다. 일본 나고야와 경합하던 서울이 초반 열세를 뒤집고 52 대 27이라는 압도적인 표차로 최종 선정된 것이다. 곧이어 11월 26일 인도 뉴델리에서 열린 아시아경기연맹AGF 총회에서도 서울이 86년 아시안게임 개최지로 선정됐다. 북한의 평양,

이라크의 바그다드와 경합했는데 서울이 올림픽 개최지로 먼저 선정되는 바람에 두 도시가 알아서 포기한 결과였다.

그런데 올림픽이 센트랄과 무슨 상관이 있을까? 올림픽은 서울에서 열리고 센트랄은 부산에 있었는데 말이다. 문제는 한국올림픽위원회가 유일한 해상 종목인 요트 경기를 부산 수영만에서 열기로 한 것이었다. 금사동의 센트랄 공장을 옆에 끼고 하천 하나가 흐르고 있었는데, 그 이름은 수영강이다. 수영강은 기장과 양산에서 발원해 회동저수지에 모였다가 금사동 공단을 끼고 흘러 남쪽 수영만에 이른다. 센트랄 공장에서 수영만 요트 경기장까지는 9㎞ 정도 떨어져 있었다. 금사동 공단은 수영만의 수질에 직접 영향을 미치는 위치에 있었던 것이다.

금사동에는 1960년대부터 자연 발생적으로 모여든 공장들이 많았다. 약 39만 평 규모였는데, 주종이 신발과 섬유 산업이었다. 최전성기였던 1980년대에는 업체 수가 350개를 넘었고, 2만 5천여 명의 노동자가 일하고 있었다. 환경기준이 오늘날보다 크게 허술했던 그때 그 많은 공장들이 쏟아내는 오폐수가 어느 정도였을지는 짐작하고도 남음이 있다.

특히 섬유와 염색 공장에서 유독성 폐수가 많이 흘러나왔다. 예를 들어 모직물을 가공하는 공장은 양털을 세척하기 위해 염산이 들어간 독한 세제를 사용했다. 센트랄도 수질 오염

문제에서 자유롭지 못했다. 가공 과정에 기름을 많이 쓸 수밖에 없었고, 열처리 과정에는 청산가리가 사용됐다. 비가 오면 공장터 여기저기에 무지갯빛 기름띠를 두른 웅덩이들이 만들어졌다. 수영강 물은 개가 마셔도 죽는다는 소문이 파다했다. 염산에 청산가리까지 섞인 물이니 오죽했을까. 쓰다 버린 농약병도 둥둥 떠다녔다. 그런 오염수들이 흘러드는 수영만은 악취 나는 하수처리장이나 마찬가지였다.

올림픽의 예비고사 격인 1986년 아시안게임을 앞두고 정부와 당국은 비상 대비 태세에 돌입했다. 부산직할시는 1984년 하반기부터 수영만 수질 개선에 올인하다시피 했다. 지방자치제도가 없던 시절 부산시장은 대통령이 직접 임명했다. 부산시장으로 성공해 중앙정부 요직으로 진출하려면 부산 시민이 아니라 대통령 눈에 들어야 했다. 더구나 그 시대의 대통령은 철권을 휘두르던 전두환이었다. 부산시는 지역 경제나 일자리 같은 주제를 고민할 이유가 없었다. 대통령의 관심사는 올림픽이었지 시민들의 경제생활은 아니었으니까. 부산시장은 무슨 수를 써서라도 수영만 수질을 개선해 요트 경기가 열릴 수 있게 하면 됐다.

부산시의 방침이 정해지면서 수시로 단속반이 뜨기 시작했다. 특히 비가 오는 날에는 어김없이 나타났다. 단속반은 공장에서 나오는 하수와 비 온 뒤 생긴 웅덩이의 물을 잽싸게 떠 갔다. 센트랄 직원들이 단속반과 괜히 부딪힌다든지, 한눈판 사이 물컵을 엎지른다든지 하며 소소한 방해 공작을 펼쳐 봤지만 별무소득이었다. 결과는 엄청난 액수의 벌금과 중과세였다. 단속에 걸린 공장은 재산세를 다섯 배나 올리겠다는 엄포도 떨어졌다. 메시지는 명확했다. '오염물질을 발생시키지 마라' 정도가 아니라 '수영강 근처에서 사업하지 마라'는 것이었다.

단속의 등쌀에서 벗어나는 유일한 길은 공장을 이전하는 것이었다. 실제로 부산시는 공장을 이전하겠다는 서약서를 쓰면 벌금과 세금을 대폭 감면해 주는 당근책을 제시했다. 안 그래도 비좁은 공간 문제로 고민이 많았던 센트랄 경영진은 부산시의 등쌀을 전화위복의 기회로 삼기로 하고 새로운 공장 부지를 탐색하기 시작했다. 첫 번째 후보지는 양산의 산막공단이었다. 금사동에서 17㎞ 정도 떨어진 그곳에 부곡동 공장과 금사동 공장을 합친 규모의 두 배가 넘는 5,800평 부지를 계약하고 착공식까지 열었다. 그 계약서와 착공식 사진을 근거로 센트랄은 부산시가 내린 각종 제재에서 상당 부분 놓여날 수 있었다.

이즈음 강이준 사장은 병원에 입원하고 있었다. 공장 이전 문제를 포함한 회사 경영 일체는 그의 아들 강태룡 전무가 주도했다. 강 전무는 양산 이전 문제를 어느 정도 마무리 지은 뒤 강이준 사장에게 양산으로 이전하게 된 자초지종을 보고했다.

이야기를 다 들은 강이준 사장은 이렇게 말했다.

"조심해라. 니 알아서 해라. 근데 안 했으면 좋겠다."

창원행

1985년 2월 센트랄 주주총회에서 강이준 사장은 대표이사 사장직에서 물러나고 명예직인 회장으로 추대된다. 병세가 돌이키기 어려울 정도로 악화된 것이 사임 이유였다. 새로운 대표이사는 2인 체제였다. 첫 번째 대표이사로 재일 교포 사업가 출신의 ㄱ씨가 사장직에, 또 다른 대표이사로 강 회장의 아들 강태룡 전무가 승진하면서 부사장직에 선임됐다. ㄱ씨는 일본 현지 기업의 사장직도 겸했다.

2인 대표이사 체제는 강이준 회장의 뜻이었다. 갓 마흔 살이 된 아들 강태룡 부사장은 센트랄을 이끌어 가기엔 아무래도 경험이 부족하다고 생각한 것이다. 대신 경험 많고 사업 수완이 검증된 ㄱ씨가 센트랄에 도움을 줄 수 있다고 믿었다. 강 회장은 강태룡 부사장이 ㄱ씨 아래에서 한두 기[3~6년] 정도 경험을 쌓은 뒤 단독 대표이사로 취임하기를 바랐다. 강 회장은 주주총회가 끝나고 4개월이 지난 6월 18일 숨을 거두었다.

새 대표이사로 취임한 ㄱ씨의 첫 번째 안건은 센트랄의 양산 이전안을 백지화하고 창원으로 이전하자는 것이었다. ㄱ씨가 사장으로 있던 일본 기업의 한국 지사가 당시 마산에 자그마한 공장 하나를 갖고 있었다. 덕분에 ㄱ씨는 국가산업단지로 부상하고 있는 창원공단의 사정에 밝았다. 강태룡 부사장은 창원 이전안이 썩 내키지 않았다. 일단 부산에서 거리가 너무 멀었고(당시엔 창원터널이 없었다), 허허벌판에 시골이나 다름없었으며, 본인을 포함해 창원에 연고를 둔 직원이 거의 없었기 때문이다.

그렇다고 사장의 첫 번째 안건을 무시할 순 없었다. 강 부사장은 ㄱ씨와 함께 창원 답사에 나섰다. 분양하고 남은 부지가 제법 많았다. 그런데 규모가 너무 컸다. 보통이 5만 평이고 7만 5천 평이 넘는 어마어마한 부지도 있었다. 그나마 가장 작은 부지라고 찾은 게 2만 5천 평짜리였다. 지금의 센트랄 창원 공장이 자리한 바로 그곳성산동 53~54번지이다. ㄱ씨의 기업과 공동 구매해서 절반으로 나눈다 해도 1만 2,500평이다. 1,500평에 불과한 금사동 공장의 8.3배 규모다. 가격은 둘째 치고 그 넓은 공간을 제대로 활용하려면 설비를 얼마나 갖추고 장비를 얼마나 들여야 할까 고민하지 않을 수 없었다.

하지만 시간이 흐르면서 창원이 지닌 장점도 보이기 시작했

1987년의 센트랄 창원 공장 모습

다. 단일 산업단지로 그만한 규모가 그 시대 대한민국에는 없었다. 자동차는 물론이고 기라성 같은 기계공업 대표 기업들이 상당수 포진하고 있었다. 재료연구소와 전기연구소 같은 국가연구기관도 들어와 있었다. 기왕에 사업을 새롭게 도약시키려고 마음먹었다면 복합적인 클러스터를 이룬 대규모 공단에서 하는 것도 나쁘지 않겠다는 생각이 들었다. 울산에 있는 현대자동차와의 거리가 양산보다 창원이 훨씬 멀다는 사실도 매력으로 다가왔다. 지리적으로 너무 가까우면 원치 않는 간섭을 받게 돼 독자 경영을 하기가 그만큼 힘들어지기 때문이다.

창원행을 결정하고 성산동 부지 계약을 마친 뒤 절반씩 나누기로 합의했다. 부지 끝에서 끝까지 걸음을 센 뒤 중심점을 잡고 말뚝을 박아 표시했다. 지금의 센트랄 부지가 세로로 길어진 것은 이때 박은 말뚝이 기준이 됐기 때문이다.

이듬해인 1986년 공장 건설을 시작할 시점이었다. 본격적인 공사를 앞두고 부지를 정확하게 측정해 보니 면적이 1만 2,500평이 아니라 1만 4,100평으로 나오는 것이 아닌가? 애초에 나눈 면적보다 1,600평이 더 넓어진 것이다. 안 그래도 부담스러운 면적인데 더 넓어지다니 무슨 곡절이 있었던 걸까? 확인해 보니 마찬가지로 넓은 면적을 부담스럽게 느낀 상대방이 몰래 말뚝 위치를 옮겨 놓았던 것이다.

06

노동의 새벽

"아시아 국가는 인적 자원을 이용해야 한다. 대중이 각성해 자신들의 미래를 위해 눈앞의 희생은 감수하도록 하는 것이 중요하다."

이 문장은 1955년 3월 일본 도쿄에서 열린 제11차 아시아극동경제위원회ECAPE 총회에서 채택된 결의안 중 일부다. 이 총회를 계기로 이승만 정부는 '경제개발계획'이라는 개념을 국정에 처음 도입했고, 그 기조를 이어받은 박정희 정부는 1960년대와 70년대에 세계사에서 유래를 찾아보기 어려운 초고도 성장을 일궈 냈다.

희생의 대가

물론 그 성장이 거저 주어진 것은 아니었다. ECAPE의 조언처럼 '눈앞의 희생을 감수'한 대가였다. 성장 속도가 다른 나라에 비해 압도적으로 빨랐던 만큼 노동자들이 감수한 희생도 압도적으로 컸다. 그 희생의 응어리가 쌓여만 가다가 처음 터져 나온 사건이 1970년 11월 13일 오후 1시 30분 청계천 평화시장 앞에서 벌어진 전태일의 분신이었다.

물론 노동 착취가 청계천 평화시장만의 문제는 아니었다. 장시간 노동과 저임금 문제는 산업 전반에 널리 퍼져 있었다. 전태일의 분신이 아니었어도 노동자들의 저항이 필연적으로 일어날 수밖에 없는 구조였다. 법과 제도적인 보완이 시급했다. 그러나 당시 정부는 이 사건을 엄중하게 받아들이지 않았다. 박정희 정부는 수출 100억 달러와 1인당 국민소득 1천 달러 달성이라는 명분을 내세워 오히려 가속 페달을 밟았다.

전태일 분신 사건이 있고 1년 뒤 정부는 '국가보위에 관한 특별조치법'을 통과시켜 노동자들의 단체교섭권과 단체행동권을 제한했다. 1972년 10월에는 초헌법적인 비상조치인 유신체제를 출범시켜 무소불위의 권력 기반을 다졌다. 1973년과 74년에는 두 차례에 걸쳐 노동법을 뜯어고쳐 단결권까지 제한했다. 법조문에 나와 있는 노동3권이 완전히 무력화됐다. 당시 유일한 노동자 단체였던 한국노총은 유신 체제 환영 성명을 발표하며 재빨리 정권 편에 섰다.

노동운동이라고 부를 만한 움직임은 1979년 10·26 사태 이후에 본격적으로 전개됐다. 강고한 유신 체제에 억눌렸던 목소리들이 '서울의 봄'이라 불린 1980년 초에 쏟아져 나왔다. 전두환의 신군부가 본격적으로 움직이기 전인 5월 중순까지 전국에서 일어난 노동쟁의만 2천 건이 넘었다. 5월 초에는 전국적인 민주노조 건설을 목표로 전국민주노동자연맹[전민노련]도 만들어졌다. 그러나 서울의 봄은 너무도 짧았다. 신군부는 5월 17일 비상계엄을 전국으로 확대했고, 이튿날부터 광주를 무력으로 진압하면서 다시 권위주의 시대로 회귀했다.

신군부는 그해 8월 이른바 '노동조합 정화지침'이란 걸 내려 산별노조위원장은 물론 전민노련에 가담하거나 동조한 노조 간부 수백 명에게 사표를 쓰도록 압박했다. 사표를 쓰지 않고 버티는 노조 간부는 경찰력을 동원해 수사 대상에 이름을 올려 굴복시켰고, 그마저도 여의치 않은 20여 명은 아예 삼청교육대에 보내 혹독한 '순화 교육'을 받게 했다. 이 과정을 거치며 잠깐 빛을 보는 듯했던 노동운동은 이내 시야에서 사라지고 말았다.

하지만 노동계가 다시 박정희 시대로 퇴보한 것은 아니었다. 신군부의 광주 무력 진압 소식이 조금씩 알려지면서 변혁 운동 전반에 대학생들이 뛰어들었고, 특히 노동운동에 대거 참여했다. 1970년대에도 대학생의 위장 취업이 없지 않았지만, 규모와 체계 면에서 1980년대는 완전히 달랐다. 노동계 추산으로 1980년대 상반기에만 대학생 수천 명이 노동 현장에 투신했다. 그들은 생산 현장에서 학습동아리를 꾸리며 노동자의 의식화와 조직화에 헌신했다. 1984년 9월에 발간된 박노해 ('박해받는 노동자의 해방'에서 따온 필명, 본명은 박기평) 시인의 첫 시집 〈노동의 새벽〉은 1980년대 노동운동을 상징하는 대표적인 아이콘이었다.*

대우자동차 파업

전두환 정권은 오일쇼크로 위기에 빠진 경제를 성공적으로 수습하면서 유화 정책들을 잇달아 내놓았다. 중고등학교에서 교복과 두발이 자유화됐고, 프로야구를 비롯해 프로축구와 프

* 《경향신문》의 기획물 〈실록 민주화운동〉(2003~2005) 참고.

로배구 등이 사람들의 이목을 끌어당겼다. 유화 분위기는 산업 현장으로도 번져 노동계가 다시 움직이기 시작했다. 특히 〈노동의 새벽〉이 출간된 1984년을 기점으로 새로운 노조들이 만들어졌고, 노동쟁의 숫자도 급증했다. 그 중심에는 대학생 출신의 이른바 '학출 노동자'들이 버티고 있었다.

그중에서도 1985년 4월에 벌어진 대우자동차 파업은 규모로 보나 의미로 보나 한국 노동운동의 패러다임을 바꾼 대표적인 사건이다. 대우자동차 노조는 1984년 '노조의 민주화' 문제로 내부 진통을 겪었다. 기성 노조와 학출 노동자들 사이에 대립이 있었지만, 기성 노조가 승리하고 학출 노동자 일부가 해고되는 수준에서 사태가 수습되는 듯했다. 그러나 남아 있던 학출 민주화 세력은 1985년 4월에 있을 임금 교섭을 목표로 다시 내부 설득 작업에 들어갔다. 동국대를 다니다가 1982년 대우차에 입사한 홍영표가 핵심 인물이었다(홍영표는 훗날 정치인으로 성장해 더불어민주당 원내 대표까지 지냈다).

홍영표는 대우차의 생산성 향상분, 노동자의 최저생계비 부족분, 생계비 상승률 보상 비율, 공정 분배 비율 등 각종 수치 자료를 치밀하게 만들어 노조원들을 설득했다. 어용이라는 평가를 받던 노조 집행부도 노조원들의 요구에 못 이겨 임금 협상에 강경하게 임할 수밖에 없었다. 사 측이 요지부동이자 강경파 노조원들은 전면 파업을 요구했고, 집행부도 어쩔 수 없이 동의하면서 4월 16일 오전 8시 전면 파업에 돌입했다.

사흘째 되던 19일, 파업 현장의 분위기가 심각해졌다. 오후 5시 전 사원에게 20일부터 출근하지 말라는 공지가 떨어졌고, 주말 휴무일을 기해 경찰이 들이닥칠 거라는 소문도 돌았다. 강경파 노조원 350여 명은 그날 바로 부평 공장의 기술연구소에 들어가 바리케이드를 치고 철야 농성에 돌입했다. 이들은 경찰이 진입할 경우 기술연구소에 있는 설계도면을 모두 불태우겠다고 위협하면서 18.7% 임금인상안의 전면 수용을 요구했다.

기술연구소 점거 농성 이틀째인 4월 21일 새벽 1시쯤 사 측은 신변 안전을 보장하는 조건으로 노조 집행부가 아닌 홍영표를 사장실로 인도했다. 그 자리에는 대우그룹의 김우중 회장이 기다리고 있었다. 사실 김우중 회장도, 홍영표도 법률적인 협상 대상자는 아니었다. 그러나 김우중 회장은 파업 사태를 해결하기 위해 누가 누구를 만나 협상해야 하는지 정확히 알고 있었다. 협상은 생각보다 길게 이어졌다. 일곱 차례에 걸친 협상 끝에 25일 새벽 합의안을 도출하는 데 성공했다. 두 사람이 합의한 내용은 기본급 8% 인상에 각종 수당을 더해 총 16.4%를 인상한다는 것이었다. 사 측은 경총의 5.2% 가이드라인을 포기했고, 노 측은 기본급 18.7% 인상안을 양보했다.

합의안에는 파업에 대한 민형사상의 책임을 묻지 않는다는 조항도 있었지만, 이 부분은 김 회장이 끝까지 책임질 수 없었다. 당시 노사분규는 노와 사만의 문제가 아니었다. 청와대발 정부의 강경 분위기 또한 무시할 수 없었다. 새벽 협상을 끝낸 김우중 회장은 자기 차 트렁크에 홍영표를 싣고 경찰 포위망을 빠져나가는 것으로 약속을 대신했다. 하지만 홍영표는 며칠 뒤 부평 공장에 다시 잠입했다가 프레스 공장 지하에서 체포돼 결국 구속되고 만다.*

1985년 4월의 대우자동차 파업 사건은 홍영표를 비롯해 8명이 구속되는 것으로 막을 내렸다. 그러나 이 사건이 우리나라 노동계에 미친 영향은 엄청났다. 이전까지의 노동운동은 대부분 섬유나 전자 산업 등 경공업 분야에서 여성 노동자들을 중심으로 일어났다면, 대우차 파업은 중공업 이상, 남성 노동자로까지 확대되는 결정적인 계기가 됐기 때문이다. 그 여파는 수도권에만 머물지 않고 전국 각지로 퍼졌다. 센트랄이 있는 부산도 예외가 아니었다.

* 〈罷業 9일 만에 大宇자동차 爭議 타결〉, 《경향신문》, 1985년 4월 25일 자, 1면.

센트랄의 첫 노조

1980년대 부산은 수도권과 함께 우리나라를 대표하는 공업 지역이었다. 1985년 부산 인구가 약 350만 명이었는데, 그중에 제조업 노동자만 35만 명에 육박했다. 부산에도 서울의 봄바람이 안 불 이유가 없었다. 1980년 4월 동국제강에서 노동자 투쟁이 있었고, 1983년에는 금성알프스와 대우정밀이 노조 결성을 시도했다가 실패한 일이 있었다. 1984년에는 택시 노동자들의 파업이 있었고, 1985년에는 사상공단을 중심으로 크고 작은 분규들이 일어났다.

부산 공단에는 노동 집약형 경공업 사업체가 많았다. 특히 신발과 섬유 산업이 크게 발달해 여성 노동자 비율이 압도적으로 높았고, 평균 임금은 전국에서 가장 낮은 수준이었다. 노동 시간은 주당 60시간 이상으로 전국 평균을 훌쩍 뛰어넘었고, 여성 노동자를 함부로 대하는욕설, 구타, 몸수색 등 가부장적인 직장 문화도 깊게 뿌리내리고 있었다. 그렇다고 70년대의 서울처럼 여성 노동자들만 움직인 것은 아니었다. 남성 노동자가 전부인 중공업 분야에도 노동운동의 바람이 불기 시작했다. 센트랄 사업장도 그중 하나였다.

1985년은 강이준 회장이 세상을 떠난 해이기도 했다. 초여름에 장례를 치르고 가을에 접어든 10월 어느 날 부산시가 센트랄 노조 설립 신고필증을 교부했다는 소식이 들려왔다. "기사를 보고 알았다"라는 말처럼 그때까지 경영진은 전혀 눈치채지 못했다. 정홍모 총무부장을 포함한 회사 간부 다수가 일본 출장을 다녀오는 기간을 틈타 노조 설립이 일사천리로 진행된 것이다. 보통 노조 설립 과정에는 노와 사 양측 간에 이런저런 충돌과 마찰이 있게 마련인데 센트랄은 그야말로 은밀하게 그리고 기습적으로 노조가 설립됐다. 전체 직원 120여 명 중 15명 정도가 노조에 이름을 올렸다.

센트랄의 첫 노조를 만든 사람들이 어떤 동기에서 시작해 어떤 과정을 거쳤는지는 정확하게 알려지지 않았다. 짐작하건대 4월에 있었던 대우자동차의 파업이 중요한 동기를 제공했을 것이다. 또 부산에서도 활발했던 각종 노동 관련 상담 기관과 교육 프로그램들도 영향을 미쳤을 것으로 추정된다. 당시 부산에는 노동야학만 10여 군데가 있었고, 가톨릭에서 운영하는 노동문제상담소도 활발하게 운영되고 있었다. 부산 지역 대학에서 학업을 중단하고 노동계에 뛰어든 학출 노동자들도 상당수 있었으니 센트랄도 그 영향에서 자유롭진 않았을 것이다.

노조 설립이 기정사실로 확인됐을 때 센트랄 경영진의 반응은 '당황' 그 자체였다. 이른바 '가족 같은' 회사라고 굳게 믿었던 관리자들은 센트랄에 노조가 생겼다는 사실을 도저히 받아들일 수 없었다. 더군다나 센트랄은 강이준 회장이 제조를 시작했을 때부터 정부 정책에 적극 협조하며 성장한 기업이다. 정부가 불온시하는 노조가 곱게 보일 리 없는 회사였다. 노조는 '일은 최대한 적게 하고 돈은 최대한 더 받아 내려는 게으르고 약삭빠른 사람들의 모임'이라는 편견도 강하게 작동했다. 센트랄 관리자들은 곧바로 노조 해산 작업에 돌입했다. 센트랄 경영진은 '무노조가 정답'이라고 확신했다.

센트랄 관리자들의 전략은 회유와 포섭이었다. 관리자들이 조합원들과 거의 일대일로 붙어서 노조 탈퇴를 설득했다. 억지로 시간을 내어 술잔을 기울였다. 밤낮 구분도 없었다. "강이준 회장님 때부터 인격적으로 회사를 운영하지 않았냐", "노조는 절대 안 된다", "불만이 있으면 말로 해라", "무조건 탈퇴해라" 대충 이런 내용으로 설득 작업이 이뤄졌다고 한다.

어느새 계절은 겨울로 바뀌었다. 노조원 설득 작업을 진두지휘한 관리자는 기아 봉고차 수주에서 맹활약한 박성석 과장이었다. 어느 날 새벽 세 시쯤 집으로 전화가 왔다. 노조원 대부분을 설득하고, 또 부위원장 두 명까지 포섭하는 데 성공했다는 전갈이었다. 이제 위원장 한 명과 마지막 담판을 지으면 된다. 두 사람은 차수를 거듭하며 술잔을 기울였다. 고성이 오가고 한숨이 교차했다. 새벽 여섯 시 반 아직 해가 뜨기 전 센트랄의 첫 노조위원장은 아쉬움 때문인지 취기 탓인지 눈물을 흘리며 알았다고, 그만두겠다고 대답했다.

임무를 완수한 뒤 홀가분해진 마음으로 집에 돌아온 박 과장은 잠을 청했다. 그런데 총무부장에게서 아침을 깨우는 다급한 전화가 걸려 왔다. 노조가 쟁의신청서를 작성해 구청에 제출하러 간다는 소식이었다. 박 과장은 득달같이 구청으로 달려갔다. 가까스로 서류 제출을 막은 박 과장은 다시 노조 설득 작업에 돌입할 수밖에 없었다.

이번에는 15인승 승합차를 빌려 노조원 열네 명을 태우고 전국 유랑을 떠났다. 외부와 차단된 상황에서 설득의 강도를 높이려는 나름의 비책이었다. 보름간 함께 먹고 마시는 과정을 거쳐 마침내 의견을 모으는 데 성공했다. 전원 해산 서명을 받은 뒤 회사에 돌아오자마자 해단식을 하고 그 사진을 찍어 구청에 제출했다. 그렇게 센트랄의 첫 노조는 설립 두 달여 만에 공식 해산된다. 이듬해인 1986년에도 노조 설립 움직임이 있었지만 비슷한 과정을 거치며 실제 설립 단계까지는 이르지 못했다.

그러나 1985년의 첫 노조가 아무 소득 없이 해산된 것은 아니었다. 노조가 해산된 뒤 센트랄 경영진은 노사협의회를 공식적으로 출범시켰다. 한 달에 한 번 회의를 열어 노동자들의 요구를 반영하는 창구로 활용했다. 당시만 해도 센트랄은 일요일은 물론 휴일도 없다시피 일했는데 노사협의회를 통해

4대 절기엔 휴무하는 방침이 세워졌다. 심야 수당 개념도 도입돼 일반 수당보다 1.5배 더 높게 책정됐다. 상여금도 400%까지 올랐다. 금사동 공단에선 주변 공장들의 부러움을 충분히 살 만한 조치들이었다.

그러나 1985년 센트랄의 무노조 정책이 다분히 근시안적이고 미봉책에 불과했다는 사실이 드러나는 데는 그리 긴 시간이 걸리지 않았다. 2년 뒤인 1987년 여름 창원으로 이전한 센트랄은 과거와는 전혀 다른 도전을 마주하게 되기 때문이다.

07

폭풍우 치는 밤에

"창원으로 같이 갑시다. 창원에서 센트랄 다니는 걸 자랑스럽게 여길 수 있도록 만들어 주겠습니다. 센트랄 근무복을 입고 창원 시내를 떳떳하게 활보할 수 있게 해 주겠습니다. 복지고, 급여고, 근무 조건이고 다 해 주겠습니다. 약속합니다. 나를 믿고 따라갑시다."

1986년 말 어느 날, 본격적인 이전을 앞두고 금사동 공장 옥상에서 열린 조회에서 강태룡 부사장은 직원들에게 함께 가자고 '호소'했다. 센트랄은 기술력이 중요한 기업이기에 숙련된 노동자의 존재가 그만큼 중요했다. 선대 강이준 회장 시대부터 다져 온 끈끈한 팀워크도 센트랄이 포기할 수 없는 기업 자산이었다. 부산 인력이 가능한 한 고스란히 창원으로 옮겨 가는 게 중요했다.

사원 아파트

창원에서 새 공장 공사가 한창이었던 1986년 가을, 센트랄 직원 모두가 버스 여러 대를 빌려 공사 현장을 찾은 적이 있다. 금사동 공장보다 아홉 배 이상 큰 공장을 두 눈으로 직접 확인하면서 새로운 각오를 다지자는 취지였다. 그러나 직원들의 반응은 기대보다 걱정 쪽으로 기울었다. 당시 창원은 말 그대로 허허벌판이었다. 공장 문만 나서면 시내와 연결되던 부산과는 너무나도 비교되는 풍경이었다.

1987년 센트랄 공장이 속한 블록에는 고작 다섯 개 공장이 들어서 있었다. 동환산업의 공장 두 동과 삼미금속의 단조 공장이 있었고, 뒤쪽으로 만호제강과 풍성정밀[덴소코리아] 정도가 자리 잡고 있었다. 인근 블록으로 시야를 넓혀 보면, 길 건너의 대림자동차와 교차로 건너에 성철사 정도만 있었고, 지금의 현대모비스, LG전자 창원2공장 등 굵직굵직한 대기업 공장 터에는 잡초만 무성했다.

대도시 부산에 기반을 두고 있던 직원들의 눈에는 막막하기 짝이 없는 풍경이었다. 일자리도, 의리도 좋지만 아무리 따져 봐도 창원은 부산을 대체하기엔 너무 모자라는 도시였다. 당시는 단군 이래 최대 호황이라는 '3저 호황' 한복판이었다.

1988년 1월 센트랄 사원 아파트 첫 입주

기술만 있으면 일자리는 차고 넘쳤다. 직원들이 흔들리는 만큼 강태룡 부사장의 마음은 타들어 갔다. 센트랄 경영진은 직원들의 마음을 붙잡기 위해 말이 아닌 행동에 나섰다. 연 매출 100억을 갓 넘긴 중소기업이 LG전자나 삼성중공업, 한국중공업 정도의 대기업이나 한다는 '사원 아파트' 제공을 약속한 것이다. 회사 매출 대비 엄청난 규모의 투자였다.

아파트 건축은 공장 이주 프로젝트와 함께 시작됐다. 공장에서 2.5㎞ 떨어진 가음정동에 A동과 B동, 총 120호를 마련했다. 부산 직원 거의 모두를 수용할 수 있는 규모였다. 입주는 1988년 1월에 시작했다. 30가구는 독신자용이고, 어른을 모시거나 큰 자녀가 있는 가정에는 방 세 개짜리A타입 14평를, 나머지 가정에는 방 두 개짜리B타입 13평를 배당했다. 보증금은 200만 원이었다. 당시 과장 월급이 40~50만 원 정도였으니, 보너스만으로도(창원으로 이전한 뒤 보너스는 600%로 올랐다) 해결 가능한 금액이었다.

공장 이전과 동시에 부산에서 창원까지 매일 통근 버스를 운영했다. 처음엔 세 대를 돌리다가 사원 아파트가 완공된 뒤엔 한 대로 줄였다. 정년이 얼마 남지 않은 직원들은 창원 이주를 완강히 거부했기 때문에 통근 버스는 10년 넘게 운영됐다.

노태우 정부의 주택 200만 호 공약과 함께 1990년대 중반 아파트 건설 붐이 불면서 적지 않은 직원들이 일반 아파트로 거처를 옮겼지만, 센트랄 사원 아파트는 직원 대상으로 오랫동안 임대되다가 2014년에 최종 매각됐다.

노동자 대투쟁*

센트랄이 창원 이전을 마친 1987년 6월 대한민국은 그 어느 때보다 뜨거운 시간을 통과하고 있었다. 6월 9일 연세대 학생 이한열이 최루탄에 맞아 쓰러지는 사건이 벌어졌고, 10일부터는 전국 각지에서 대대적인 반정부 시위가 일어났다. 이른바 6·10 민주항쟁이다. 피플 파워에 밀린 정부는 6월 29일 민정당의 대통령 후보로 지명된 노태우를 내세워 대통령 직선제를 포함한 일련의 개혁 조치를 내놓았다.

6·29 선언이 군사정부의 항복 선언이나 마찬가지로 받아들여지면서 대학생과 민주화 세력의 시위는 이내 잦아들었다. 그러나 이 상황을 끝이 아닌 시작으로 받아들인 사람들이 있었다. 바로 노동자들이었다. 선언이 있고 일주일 뒤인 7월 5일

* 《경향신문》의 기획물 〈실록 민주화운동〉(2003~2005) 등 참고.

울산의 현대엔진에서 현대 계열사 최초로 노조가 결성된다. 이 불길은 울산의 현대 계열사 전체로 삽시간에 번져 나갔다. 7월 15일 미포조선, 7월 27일 현대중전기에서 잇달아 노조가 결성됐다.

울산에서 시작된 바람은 태풍으로 발전하면서 전국으로 확산됐다. 마산과 창원, 거제를 거쳐 수도권과 대구경북, 광주전남으로, 큰 공장에서 중소 공장으로, 제조업에서 서비스업으로, 모든 지역과 모든 산업에 걸쳐 농성과 파업이 일어났다. 1987년 7월에서 9월까지 석 달 동안 3,311건의 노동쟁의가 일어났다. 피크였던 8월에는 하루 평균 83건을 찍었다. 이 기간에 쟁의에 참여한 노동자가 122만 명이었는데, 당시 10인 이상 사업체 노동자 333만 명의 37%에 달하는 숫자였다.

1987년 기준으로 과거 10년간 통계를 비교해 봤을 때, 단 석 달 만에 벌어진 파업 건수가 두 배를 넘었고, 참가자 수는 다섯 배에 달했다. 쟁의에 참가한 사업장의 55%에서 노조가 결성됐다. 87년 6월 말까지 2,742개였던 노동조합이 6개월 만에 4,104개로 50% 가까이 증가했다. 박정희와 전두환 시대에 억눌렸던 요구들이 이때 다 쏟아져 나오는 듯했다. 현대 사가들은 이 석 달간을 '노동자 대투쟁'의 시기라고 명명했다.

마산·창원 지역에서는 7월 21일에 설립된 동명중공업 노조가 신호탄이었다. 7월 31일에는 현대정공에 노조가 설립됐고,

세신실업은 8월 1일부터 파업에 들어갔으며 대우중공업, 한국중공업, 통일중공업, 기아기공 등 대공장 노동자들이 줄줄이 투쟁에 합류했다. 당시 마산·창원 지역 전체 노동자 15만여 명 중 8만여 명이 투쟁 대열에 참가했고, 투쟁이 절정에 이르렀던 8월 10일 전후에는 창원공단 전체 공장 중 3분의 2 이상이 조업 중단 상태였다. 8월 10일 자 《경남신문》을 보면 그날까지 경남 도내 총 87개 사업장에서 노사분규가 발생했고, 64개 사업장은 노사 협상이 타결돼 정상 조업에 들어간 반면, 23개 사업장은 여전히 진통을 겪고 있다고 보도하고 있다. 그 진통을 겪는 회사 중에 센트랄도 있었다.

다시 노조

1987년 8월 초순 어느 날 저녁 마산역 앞의 한 중국집에 센트랄 생산직 직원 30여 명이 모였다. 센트랄 노조를 설립하기 위한 준비 모임이었다. 1985년 첫 노조의 조합원을 비롯해 부산에서 넘어온 멤버가 7~8명 정도였고, 나머지는 창원에서 새로 입사한 신입 직원 20여 명이었다. 그때 마산·창원 일대는 말 그대로 불타오르고 있었다. 예전 노조원들은 회사가 주저

앉힌 노조를 다시 살리겠다는 의지가 강했고, 창원에서 입사한 신입 직원들은 대투쟁의 바람에 동참하지 않을 이유가 없었다.

이들은 이튿날 회사에서 정식으로 설립 절차를 밟기로 합의하고 자리를 파했다. 부산이 집인 사람들은 일찍 자리를 떴고 창원에 집을 둔 사람들은 술자리 차수를 높이며 결의를 다졌다. 분위기 탓이었는지 술기운 탓이었는지는 알 수 없지만, 마산에 남았던 사람들은 그날 술자리의 마지막 행선지로 집 대신 회사를 택했다. 밤늦게 공장으로 쳐들어간 것이다. 그들은 공장을 점거한 뒤 열처리기와 다른 기계들을 멈춰 세우고 전기를 끊은 뒤 바리케이드를 쳤다.

이튿날 아침 부산의 통근 버스 탑승장은 혼란 그 자체였다. 회사 관리자들이 나와 출근하는 직원들을 집으로 돌려보내는 진풍경이 벌어졌다. 일당은 그대로 쳐 주겠으니 오늘은 그냥 돌아가라며 관리 직원들이 출근길을 막아선 가운데 창원 공장 상황이 입에서 입으로 전달됐다. 순순히 돌아가는 직원도 있었고, 회사에 남아 있을 동료들을 걱정하는 직원도 있었다. 센트랄 노조의 초대 위원장을 지낸 김경관현 혜성정밀 대표은 그때 상황을 이렇게 기억하고 있다.

“시외버스 터미널 앞 탑승장에 도착해 보니 두 패로 갈라져 있었어요. 집으로 돌아가자는 쪽과 공장에 가야 한다는 쪽이었죠. 어젯밤 모임이 끝나고 일이 생겼구나 싶었죠. 같이 갈 사람을 모으니 15명 정도 손을 들어서 함께 택시를 타고 공장으로 갔습니다. 도착하니 정문에서 관리자들과 대치하고 있더라고요."

부산에서 동료들이 합류하면서 농성장의 활기가 살아났다. 전날 마산에서 합의한 노동조합 설립 총회는 일사천리로 진행됐다. 당시 법률상 노동조합은 30인 이상이거나 전체 근로자 수의 5분의 1 이상이 참가해야 했다. 농성장 인원이 30명을 훌쩍 넘었기에 법률적으로 문제 될 게 없었다. 전날 중국집에서 의논했던 대로 조직을 구성하고 규약을 채택한 뒤 초대 위원장으로 김경관을 선출하고 곧바로 창원시청에 신고서를 제출했다. 그리고 공식 파업에 돌입했다. 창원시청에서 교부증이 나온 것은 8월 13일이다. 법률상 신고를 받고 10일 이내에 교부증을 발급하게 되어 있으니 실제 신고는 3일월요일에서 6일목요일 사이에 했을 것으로 추정된다.

센트랄이 설립되고, 아니 신라상회가 만들어지고 노동쟁의가 실제로 일어난 건 그날이 처음이었다. 당황하기는 사 측이나 노 측이나 마찬가지였다. 공장을 점거한 노동자들의 요구는 "노동조합을 인정하라"가 전부였다. 창원공단 전역에 불어

1987년 농성 당시 현수막

닥친 노동운동의 바람 말고는 노사 간에 쟁의를 일으킬 만한 직접적인 사안은, 최소한 센트랄에는 없었다. 예를 들어 임금을 상습적으로 체불했다든지, 부당한 노동 행위를 강요했다든지 하는 구체적인 시빗거리가 없었던 것이다. 심지어 노조 측은 단체 협상을 어떻게 할 것인지, 회사에 무엇을 요구할 것인지 아무것도 정하지 못하고 있었다.

굳이 이유를 찾는다면, 센트랄 경영진의 일관된 무노조 정책이 상황을 악화시키는 원인이 됐다. 1985년에는 설립된 노조를 힘으로 밀어붙여 두 달여 만에 해산시켰고, 1986년에도 같은 움직임을 미리 간파하고 설립 활동을 원천 봉쇄한 적이 있었다. 노조에 대한 강박적인 반대 정서는 1987년 사태 속에서도 관성처럼 유지됐다. 점거 상황 속에서 노조원들과 관리자의 접촉이 없었던 것은 아니다. 그러나 그 접촉을 소통과 신뢰의 과정으로 발전시키는 데는 양쪽 모두 실패했다. 관리자 측은 부산에서처럼 개별 접촉으로 탈퇴를 권유하는 각개격파 전략을 고집했고, 그럴수록 농성 노동자 그룹에서는 강경파의 목소리에 힘이 실렸다.

시간이 흐를수록 양측은 감정적으로 격앙돼 갔다. 경영진 입장에선 바짝바짝 다가오는 납기에 애간장이 타들어 갔다. 강이준 회장 때부터 납기만큼은 목숨처럼 지키며 신뢰를 쌓아 온 센트랄이었다. 현대를 비롯한 완성차 업체의 직원들이 직접 찾아와 물건을 빼 달라고 호소하기도 했다. 더러는 노조 몰래 빼내기도 했고, 그 과정에서 농성단과 부딪혀 험악한 분위기가 조성되기도 했다. 특히 현대자동차에 납품하는 슬리브 기어가 관건이었다. 슬리브 기어는 센트랄이 단독으로 납품하는 품목이었기에 납기를 맞추지 못하면 현대차 라인 전체가 멈출 수밖에 없었다.

노조도 노조대로 지쳐 갔다. 8월 중순이 지나며 대우중공업과 삼미종합특수강 등 인근 기업에서는 협상이 타결됐다는 소식이 들려왔지만, 센트랄은 한 발짝도 앞으로 나가지 못하고 있었다. 한 달 가까이 계속된 점거 농성에 지친 노동자들 사이에서 돌발 행동이 나타났다. 29일 낮술을 마신 일부 노동자들이 몽둥이를 들고 관리직의 승용차와 회사 기물을 다짜고짜 파손하는 사건이 벌어진 것이다. 이 사건이 경영진의 인내심을 한계치로 내몰았다. 경영진은 사태를 종결하기 위한 마지막 카드를 꺼내 들기로 결정했다.

구사대

창원공단의 분규가 절정에 달하면서 농성 현장에 구사대求社

隊가 투입되는 사례가 늘어났다. '회사를 구한다'는 의미의 구사대는 주요 생산 시설을 점거한 노조를 제압하기 위해 기업이 조직한 임의 조직이다. 농성에 반대하는 직원들이 자발적으로 참여하기도 했지만 전문 용역 업체가 동원되는 경우도 적지 않았다. 일단 구사대가 투입되면 거의 모든 상황에서 피 흘리는 전투가 벌어졌다. 센트랄에서 농성이 시작된 지 얼마 되지 않은 8월 10일 밤 10시 40분께 기아기공지금의 현대위아에서 투석전이 벌어졌는데, 농성 노동자 200여 명과 구사대 100여 명이 충돌한 사건이었다. 센트랄 경영진도 그런 충돌을 감수하기로 한 것이다.

디데이는 파손 사건이 일어나고 다음 날인 30일로 정했다. 일요일이었다. 센트랄 사업장에는 대낮부터 전운이 감돌았다. 사업장 상황을 주시하는 시선이 여기저기에서 발견됐다. 오후가 되자 먹구름이 끼면서 날씨마저 험악해지기 시작했다. A급 태풍 '다이너'가 남해안으로 다가오고 있었다. 어둠이 깔리자 바람이 거세지고 빗줄기도 굵어졌다. 밤 아홉 시쯤 노조위원장을 찾는 전화가 걸려 왔다. 자정쯤에 관리자들이 구사대로 들어갈 텐데 가능한 한 안 부딪혔으면 좋겠다, 피할 사람은 미리 피했으면 좋겠다는 내용이었다. 일종의 최후통첩. 하지만 그날 밤 사업장을 지키던 30명 가까운 노동자들 대부분은 강경파였다. 주사위는 던져졌고 충돌은 피할 수 없게 됐다.

장대비가 거센 바람을 안고 쏟아지던 밤 11시 30분. 흰색 러닝셔츠 차림에 쇠파이프와 각목으로 무장한 구사대가 담장을 넘어 세 방향으로 진입했다. 최초 충돌은 경비실에서 일어났다. 양쪽의 쇠파이프가 맞부딪히며 불꽃이 튀고 비명이 교차했다. 숫자에서 밀린 농성단은 후퇴할 수밖에 없었고 부상자도 속출했다. 일부는 어둠을 틈타 포복으로 현장을 벗어난 뒤 대림자동차로 피신했다. 나머지는 사업장에 진을 치고 본격적인 전투에 들어갔다.

독이 오른 농성단은 사업장에 신나[표준어는 시너, thinner]를 뿌리고 "같이 죽자"를 외쳤다. 투척하기 좋은 크기의 부품들이 양쪽 진영의 무기로 둔갑했다. 투석전과 함께 고함과 비명이 공장을 가득 채웠다. 쫓고 쫓기는 추격전은 새벽까지 이어졌다. 전세가 구사대 쪽으로 기울어지며 사태가 진정된 것은 새벽 세 시쯤이었다.

승기를 잡은 구사대는 농성단을 물리적으로 억류해야 한다고 생각했다. 바닥에 흥건한 신나가 추가 사고로 이어질 수 있었기 때문이다. 이런 상황을 미처 예상하지 못한 구사대는 급한 마음에 농성단을 대회의실에 몰아넣고 주변에 널려 있던 철사로 노동자들의 손목을 묶었다. 센트랄에서 벌어진 전투가 정리될 즈음 태풍 다이너도 대한해협을 빠져나가고 있었다.

아침 일곱 시 반쯤 첫 번째 통근차가 도착했다. 철삿줄에 묶인 동료들을 발견한 노동자들은 격분했고, 곧바로 경찰에 신고했다. 여덟 시에 경찰차 두 대와 경찰 버스 한 대가 도착했다. 분노한 노조 간부들은 마산이 지역구인 신민당의 강삼재 국회의원을 찾아갔다. 강 의원은 당시 민주화운동의 지도자였던 김영삼 계로 분류됐다. 강 의원은 센트랄 사건을 창원과 진해 지역구의 민한당 황낙주 의원에게 인계했고, 황 의원이 센트랄을 찾아와 사태 수습에 참여했다. 황 의원은 센트랄 경영진을 불러서 호통쳤다.

"철삿줄로 두 손 꽁꽁 묶인 모습은 단장의 미아리 고개 이후 처음이야. 사업 안 하고 싶어? 콩밥 먹고 싶어?"

경찰 수사가 진행되면서 구사대 측 2명과 노조 측 2명 등 총 네 명의 센트랄 직원이 구속됐다. 모두 마산교도소에 구속된 상태에서 수개월 동안 재판을 받아야 했다. 구사대 측 책임자는 징역 2년에 집행유예 2년을 받았고, 나머지도 일정 기간 징역과 집행유예 판결을 받고 풀려났다.

구사대의 진압 과정에서 입은 상처가 깊었기에 사태 수습은 쉽지 않았다. 협상은 주로 경비실에서 이뤄졌다. 노조는 주동자 해고를 강력히 요구했지만, 사 측은 회사를 위하는 과정에서 빚어진 사고이니 해고는 안 된다는 입장이었다. 협상이 평

행선을 달리자 경영진이 직접 나섰다. 사장 ㄱ씨와 강태룡 부사장은 센트랄 정문 앞에 진을 치고 앉아 있는 노조원들 앞에서 직접 무릎을 꿇고 사과하며 재발 방지를 약속했다. 노조원들은 그 사과를 받아들였고 마침내 농성을 풀었다.

1987년 폭풍우 치는 밤에 벌어진 이 사건은 직원들 사이에서 '8·30사태'라 불린다. 8·30사태는 과연 피치 못할 충돌이었을까? 전 직원이 혜택을 받을 수 있는 사원 아파트를 직접 짓겠다는 사 측을 상대로 노 측은 왜 무단 점거를 감행했을까? 관리자들은 왜 무노조 정책에 강박적으로 집착했을까? 임금 체불이나 부당 노동 행위 같은 심각한 신의 위반 사례가 없었음에도 왜 폭력을 쓰면서까지 부딪혀야 했을까?

역사에 '만약'은 없다고 하지만, 폭풍우 치던 그날 밤을 떠올리면 몇 가지 가정을 해 보게 된다. 먼저 1985년에 설립됐던 최초 노조를 회사가 굳이 나서서 해산하지 않고 인정했다면 어땠을까? 창원 공장 이전 시기가 6개월 정도 뒤로 미뤄졌다면, 다시 말해 7~9월의 노동자 대투쟁 시기를 조금이라도 비켜 갔다면 과연 8·30사태 같은 일이 일어났을까?

세상사를 보면 원인의 무게와 결과의 무게가 항상 같지는 않은 것 같다. 때론 잘못의 크기에 비해 훨씬 큰 멍에를 지기도 하고, 반대로 큰 잘못이 명백한데도 가볍게 앓고 지나가는 경우도 많으니까. 당사자 말고도 당사자를 둘러싼 환경과 자기장이 복잡하게 영향을 주고받기 때문일 것이다.

8·30사태는 지난 30여 년간 센트랄의 노사문화를 결정지은 일종의 '주홍글씨'였다. 대외적으로 센트랄은 '강성 노조'와 '노사분규가 심한 회사'라는 꼬리표를 오랫동안 달아야 했다. 내부 구성원들도 그때 입은 상처를 안고 끊임없이 불신하고 반목해야 했다. 어느덧 한 세대가 지났다. 오늘날의 센트랄은 8·30사태가 남긴 유산을 어떻게, 얼마나 소화하고 있을까? 청산할 것은 청산하고, 해소할 것은 충분히 해소했을까? 아니면 조직문화 어디엔가 아직까지 응어리로 남아 있을까?

1988년 9월 노동조합 창립 1주년 기념 체육대회 개최

08

투명인간

센트랄은 자동차 부문 최초의 한일 합작 회사로 출발했지만 처음부터 강이준 사장의 오너십ownership이 명백한 기업이었다. 그러나 강 사장의 초창기 리더십은 순탄치 않았다. 부사장 직함으로 경영에 참여했던 동업자 최영필의 견제가 심했기 때문이다. 출범 당시 지분 구조를 살펴보면 강이준 사장이 41.3%, 일본 측이 30% 그리고 강이준 사장과 일본 측을 중재한 최영필 부사장이 27.3%를 보유하고 있었다. 삼국지에 빗대자면 센트랄 지분은 '삼분지계'를 이루고 있었다.

경영권 갈등

앞서 소개한 대로 강이준 사장과 최영필 부사장의 경영 철학은 그야말로 '상극'이었다. 두 사람의 차이는 1974년 센트랄 중장기 계획, 즉 완성차 OE 사업 진출을 위한 대규모 투자 건에서 극명하게 드러났다. 강이준 사장은 OE 사업에 대한 비전이 확고했다. 업계 동향과 정부 정책에 밝았던 강 사장은 우리나라 자동차 산업이 완성차 중심으로 발전할 것이라고 굳게 믿었던 것 같다. 반면 최영필 부사장은 지극히 현실주의자였다. 당시 센트랄은 AS 시장 부품을 생산하는 것만으로도 벅찰 정도였다. 모든 자동차가 매년 의무적으로 교체해야 하는 보안 부품 볼 조인트를 센트랄이 거의 독점하다시피 했으니 안정적인 수익은 따 놓은 당상이었다. 쉽게 돈을 벌 수 있는 길을 두고 왜 목적지가 불투명한 모험의 길을 떠나려 하느냐가 최 부사장의 입장이었다.

AS 사업과 OE 사업의 가장 큰 차이는 '품질'이다. 품질을 크게 고민하지 않아도 되는 AS 사업은 그만큼 투입 대비 산출, 즉 효율성이 매우 높았다. 반면 OE 사업은 완성차 기업이 요구하는 품질 수준이 워낙 높았다. 완성차에 들어가는 부품이니 털끝 하나도 하자가 있어서는 안 된다. 최상의 품질을 유지하기 위해서는 시스템 또한 뒷받침돼야 한다. 이 모든 과정에 돈과 인력이 투입돼야 하고 상당한 시간도 필요했다.

예를 하나 들자면, 1970년대 말과 80년대 초 센트랄의 구매본부 안에는 '협력업체실'이란 공간이 있었다. 현대자동차에

센트랄을 방문한 현대자동차 정세영 사장

서 파견된 직원들이 근무하는 공간이었는데, 완성차의 품질을 높이려면 협력사 수준도 함께 올라가야 한다고 생각한 현대차가 자기 직원들을 상주시키며 협력사의 생산 체제를 고도화하기 위해 고안한 묘책이었다. 현대차에서 이 프로젝트를 기획하고 총괄했던 인물이 바로 미쓰비시에서 파견 나온 전설의 '아라이 상무'였다.

현대차 파견 직원들은 센트랄의 생산공정은 물론이고 공장 레이아웃까지 꼼꼼하게 체크하며 완성차 생산에 최적화된 부품 생산 체계를 구축하려 애썼다. 그 과정을 통해 센트랄의 생산 시스템이 업그레이드됐음은 물론이다. 하지만 목표 수준에 도달하기까지 적지 않은 시간과 노력이 투입돼야 했다. 최 부사장은 그 부분을 모험 또는 비효율로 받아들인 것이다.

중장기 계획을 채택하는 과정에서 강 사장과 충돌한 최 부사장은 곧이어 강 사장의 아들 강태룡의 입사를 문제 삼았다. 이때의 갈등으로 자재 창고에서 일하던 평사원 강태룡은 느닷없이 퇴사 조치를 당해 6개월간 백수 신세가 됐다. 클라이맥스는 그해 열린 주주총회였다. 이 자리에서 최 부사장은 강이준 사장의 대표이사 해임안을 정식으로 제출했다. 안정적인 수익 구조를 마다하고 OE 사업에 무모한 투자를 하는 강이준 사장의 경영 방식이 회사에 해를 끼칠 수 있다는 것이 요지였을 것으로 추정된다.

지분 구조상 30%를 보유하고 있는 일본 측이 캐스팅보트를 쥐고 있었다. 그들이 누구 손을 들어 주느냐에 따라 회사 경영권이 결정될 것이었다. 참고로 일본중앙자공과의 인연은 최영필 부사장이 훨씬 길었다. 최 부사장은 오랫동안 일본중앙자공이 유통하는 존슨 브랜드의 한국 총판 역할을 해 온 인물이었다. 신신기계공업사 시절 일본중앙자공의 투자를 유치하는 데 결정적인 역할을 하기도 했다. 둘 사이의 이력만 놓고 보면 일본중앙자공이 최 부사장의 손을 들어 줘도 전혀 이상하지 않았다. 하지만 그들은 최 부사장이 아닌 강 사장 편에 섰다. 강 사장이 제시한 OE 사업에 대한 비전과 여러 차례의 일본 출장 기간에 보여 준 진정성에 신뢰를 보낸 것이다.

강이준 사장은 이 과정을 거치며 회사 발전을 위해서는 안정적인 경영권을 확보하는 것이 중요하다고 판단했다. 그는 증자를 통해 우호 지분을 확대하는 것으로 대응했다. 강 사장은 친구 구본인 상무를 지렛대 삼아 GMB의 구두모 사장 가족을 센트랄의 새 주주로 영입하는 데 성공했다. 1975년 결산서를 보면 구 씨 일가[구석모, 구문모]가 3,800주를 확보해 전체 주식의 19.0%를 차지하고 있다. 든든한 보호막이 형성된 것이다. 물론 경영권 쟁취에 실패한 최영필 부사장은 경영 일선에서 물러났다.

이원화된 리더십

1985년 병세가 악화되어 사장직에서 물러난 강이준 회장은 센트랄의 대표이사로 재일 교포 사업가 ㄱ씨와 강태룡 부사장의 이원 체제를 주문했다. 그때 강태룡 부사장은 갓 마흔이었고, ㄱ씨는 57세였다. ㄱ씨는 영어에 능통해서 세계 곳곳을 다니며 영업을 총괄했던 경력이 있었다.

강이준 회장은 경험 많은 ㄱ씨가 일정 기간 강태룡 부사장의 멘토 역할을 해 주기를 기대했다. 1~2기 정도[3~6년 정도] 이원 체제로 운영한 뒤 강태룡 사장의 단독 대표이사 체제로 전환하면 무난하겠다는 생각이었다. 역할 분담은 자연스럽게 이뤄졌다. 해외 출장이 잦은 ㄱ씨는 센트랄의 울타리 역할을 하고, 강태룡 부사장은 안살림을 챙기는 쪽을 맡았다. 특히 ㄱ씨는 센트랄의 기술력을 업그레이드하는 데 도움이 될 것이라 믿었다. 1980년대 중반 우리나라와 일본의 제조업 기술력은 하늘과 땅 차이였다. 장비도 비교하기 어려운 수준이었다. 대표이사 중 한 명이 일본에 생산 설비를 갖추고 있다는 사실은 기업 경쟁력 면에서 확실히 강점이었다.

예를 들어 완성차 업체가 우연히 일본 차의 부품 도면을 하나 입수했다 치자. 그 부품을 한국에서 만들 수 있는지 확인하기 위해 센트랄로 도면을 보낸다. 센트랄은 그 도면을 ㄱ씨의 일본 기업으로 보낸다. 일본에서 폐차장이든 AS 시장이든 뒤져서 해당 부품의 실물을 찾아낸다. 부품 내외부를 정밀하게 분석해 기존 도면에는 나오지 않는 제조공정과 품질관리공정까지 밝혀내 센트랄로 그 정보를 돌려보낸다. 센트랄은 그 정보를 완성차 업체와 공유하며 새로운 부품 양산 체제를 구축한다. 완성차 기업에서 볼 때 웬만한 자동차 섀시 부품은 센트랄에 부탁하기만 하면 도깨비방망이처럼 뚝딱 나온다. 대표이사 이원 체제였기에 가능했던 센트랄만의 경쟁력이었다.

직원 교육에도 장점이 많았다. 대표이사가 일본 기업의 사장이기도 하니 일본 연수가 더없이 수월했다. 당시 ㄱ씨의 일본 기업에는 19세기 공장, 20세기 공장, 21세기 공장이 공존했다고 한다. 공장별 설비 수준에 따라 별명을 붙인 것이다. 21세기 공장이라 불린 곳에서는 한국에선 절대 볼 수 없는 최첨단 장비들이 돌아가고 있었다. 덕분에 센트랄은 다른 기업보다 훨씬 쉽고 빠르게 신기술을 접할 수 있었고 새로운 장비도 선제적으로 도입할 수 있었다. 1980년대 말 그렇게 도입된 신형 장비는 주로 OE 사업에 투입됐고, 기존 구형 장비는 AS 사업에 할당됐다.

이처럼 강이준 회장이 유산처럼 물려준 이원화된 리더십은 그 효과가 적지 않았다. 그러나 세상사가 그렇듯 선의가 늘 좋은 결과를 보장하지는 않는다. 상황과 조건은 바뀌게 마련이고, 그에 따라 사람 마음도 흔들리기가 십상이다. 이원화는 양면성이 있다. 긍정적으로는 위험을 분산시키는 효과가 있지만, 반대로 혼선을 부추기기도 한다. 강태룡 체제의 연착륙을 견인하기 위해 고안된 리더십의 이원화는, 안타깝게도 시간이 흐르면서 강 회장의 의도와는 다른 방향으로 변질되어 갔다.

당시 센트랄 직원들 사이에선 세대 차이가 제법 선명했다. 강이준 회장과 동고동락한 베테랑 직원들과 강태룡 부사장이 82년 임원이 됐을 때 처음 도입한 공채 출신의 루키 직원들이 크게 두 그룹을 이루고 있었다. 평균 연령으로 따지면 베테랑이 약 50세, 루키가 약 30세로 20세가량 차이가 났다. 강태룡 부사장은 베테랑과 루키 세대의 한가운데 있으면서 양쪽 세대를 중재하고 소통을 촉진하는 역할을 자처했다. 그런데 강이준 회장이 별세한 뒤 두 그룹은 다른 움직임을 보였다. 특히 베테랑 그룹이 연륜 많은 ㄱ씨 가까이로 모여든 것이다.

리더십에 혼선이 생긴 이유는 ㄱ씨가 강이준 회장이 애초 기대했던 멘토 역할에 머무르지 않고 본격적으로 센트랄 경영 전면에 나섰기 때문이다. 베테랑 그룹에게 갓 마흔의 강태룡 부사장은 아무래도 어려 보였을 것이다. 반면 ㄱ씨는 나이와 경험이 충분했고, 한국보다 모든 면에서 월등히 앞선 일본기업을 직접 경영하고 있었다. 그런 ㄱ씨가 센트랄 경영에 적극성을 보이니 자연스럽게 구심력이 작동하지 않았을까? 센트랄이 아직 부산에 있던 1986년 8월 18일 《매일경제》에 실린 〈중소기업의 리더들〉이란 제목의 연재 기사에 ㄱ씨 이름이 등장한다. 기사 내용은 다음과 같다.

> 일본중앙자동차와 합작한 한국센트랄공업의 ㄱ 사장은 볼 조인트 등을 60년대 초부터 생산해 온 기업인으로서 업계의 리더로 빼놓을 수 없는 인물이다.

ㄱ씨의 일본 기업은 볼 조인트를 생산하지 않았다. ㄱ씨에게 볼 조인트는 생소한 분야였다. 물론 기사 자체는 문제가 없다. 센트랄의 엄연한 대표이사 사장이었으니, 회사 속사정을 굳이 알 필요가 없는 기자가 얼마든지 쓸 수 있는 표현이었다. 다만, 이 기사의 뉘앙스는 당시 센트랄의 상황을 절묘하게 표현해 주고 있었다. 대외적으로 센트랄이 ㄱ씨의 회사가 되어가는 듯했고, ㄱ씨 본인도 회사를 차지하고픈 욕심을 굳이 숨기지 않았다.

투명인간

센트랄이 ㄱ씨의 일본 기업으로부터 선진 기술 연수도 받고 최첨단 장비도 도입했지만, 센트랄을 이끌었던 ㄱ씨를 제조업을 이끄는 '공업인'으로 평가하기는 어렵다. 일찍 타계한 형의 자리를 이어받기 전까지 ㄱ씨는 세계 시장에서 영업을 담당한 천상 세일즈맨이었다. 쉽게 말해 쇠 기름을 손에 묻힌 공돌이는 아니었던 것이다. 그는 시장의 수요와 아이템의 수익성을 보고 순발력 있게 치고 빠지는 세일즈맨 스타일의 비즈니스를 선호했다. 예를 들면, 일정한 준비 기간이나 치밀한 분석 없이 "이거 한번 해 보시오"라든지 "이건 그만둡시다"라는 식의 즉흥적인 지시가 많았다. 게다가 센트랄 대표 자격으로 현대자동차와 미팅을 하고 수주한 물량을 센트랄이 아닌 자기 회사로 돌린 경우도 적지 않았다.

ㄱ씨는 센트랄에 대한 지배력을 확대하려고 부단히 노력했다. 강이준 사장 시절 경영권 분쟁의 당사자였던 최영필 전 부사장의 지분을 인수하기 위해 백방으로 뛰었다. 그의 지분을 인수하면 ㄱ씨는 센트랄의 최대 주주로 단번에 올라설 수 있었기 때문이다. 하지만 그 지분은 강태룡 부사장과 인연이 있는 한창섬유의 김종태 형제에게 매각됐다. ㄱ씨는 한창섬유

측도 만나 설득했지만 "팔아도 강 부사장에게 판다"라는 대답만 듣고 발길을 돌려야 했다. 곧이어 일본중앙자공의 지분도 확보하려 애썼지만 우에노 도미조 사장은 "돌아가신 강 회장을 배신할 수 없다"라는 이유로 매각을 거절했다.

ㄱ씨가 경영 전면에 나서는 만큼 강태룡 부사장은 경영 일선에서 밀려났다. 베테랑들이 ㄱ씨 쪽에 모여들면서 자연스럽게 회사 정보 라인에서도 배제됐다. 명색은 안살림을 맡은 대표이사 부사장인데 사장의 일정조차 그에게 공유되지 않았다. 예를 하나 들자면, 해외 출장이 잦은 사장이 회사에 출근하는 부정기적인 일정을 다른 임원들은 다 아는데 강 부사장만 모르는 상황이 빈번했다. 사무실에 갑자기 등장한 모습에 강 부사장이 놀란 표정을 지으면 이런 퉁명스러운 반응이 돌아왔다고 한다.

"오늘 온다 안 했소."

어느새 직접 물어보지 않으면 아무도 회사 돌아가는 이야기를 해 주지 않는 상황까지 만들어졌다. 강 부사장이 회사 안에서 업무 관련 대화를 나눌 수 있는 직원은 공채 1기의 루키 세대 정도가 전부였다. 그나마도 윗선에서 호출이 오거나 다른 지시가 떨어지면 대화가 끊길 수밖에 없었다. 한마디로 투명

인간이나 다름없는 존재였다.

창원으로 이전한 뒤 상황은 더 악화됐다. 아무 연고도 없는, 황량하기 짝이 없는, 공장과 도로밖에 없는 창원은 강 부사장에게 너무나도 낯선 공간이었다. 그저 삭막한 도시랄까. 부산에서 한 시간 넘게 직접, 홀로 운전해야 했던 출근길은 그 자체로 고행길이었다. 게다가 이전하자마자 벌어진 격렬한 노사분규는 회사 경영에 깊은 환멸감을 안겨 주었다. 그날 이후 강 부사장은 상당 기간 생산 현장을 찾지 않았다.

휴가 사용 날짜가 차츰 길어졌다. 전국 방방곡곡 여행을 떠나 보기도 했고, 좋아하는 낚시에 심취하기도 해 봤지만, 헛헛한 마음은 조금도 채워지지 않았다. 하소연할 곳도, 상담할 사람도 없었다. 철저하게 혼자였다. 경영을 포기할까 하는 생각이 하루에 몇 번씩 엄습했다. 그러나 아버지가 설립한 회사다. 스스로 포기할 수는 없다. ㄱ씨의 사장 체제 또한 아버지가 유언으로 남긴 것이기에 함부로 맞설 수 없었다. 이러지도 저러지도 못하는 진퇴양난의 상황에서 강태룡 부사장은 지쳐 갔다. 변화의 바람은 과연 불어올까? 혹시 불어온다면 어디에서 시작될까?

CT.P

4부 글로벌

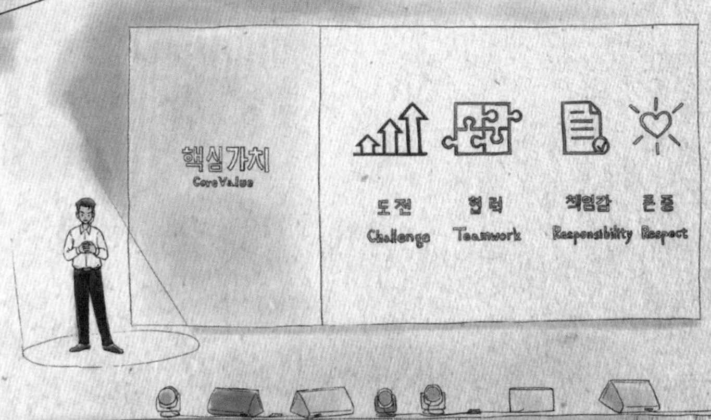
NEW VISION FESTIVAL
핵심가치
CoreValue
도전
Challenge
협력
Teamwork
책임감
Responsibility
존중
Respect

01

돌파구

강태룡 부사장이 회사에서 알게 모르게 고립되어 가던 1990년 현대그룹 내부에서는 경영권을 두고 치열한 각축전이 벌어지고 있었다. 70대 중반을 넘긴 정주영 회장의 경영 일선 퇴진이 현실로 받아들여지고 있었기 때문이다. 주식회사 현대자동차는 1967년 12월 정주영과 정세영 형제의 공동 대표이사 체제로 출범했지만 2세대로 경영권이 넘어가면서도 형제 체제가 유지되리라고 생각한 사람은 아무도 없었다.

1990년대의 현대차를 이끌 차세대 리더로 정주영 회장의 차남 정몽구와 정세영 회장의 장남 정몽규가 물망에 올랐다. 현대차 경영권을 놓고 벌어진 경쟁은 전사적으로 일어났다. 현대차 간부 사원들도 이 경쟁에 동원되면서 자연스럽게 정몽구파와 정몽규파로 나뉘었다. 물론 현대정공을 이끌며 이미 회장 직함을 갖고 있던 1938년생 정몽구와 1988년 현대차에 대리로 입사한 1962년생 정몽규를 동일 선상에 놓고 비교할 수는 없다. 실상은 정몽구 회장과 열 살밖에 차이가 나지 않는 그의 삼촌 정세영 회장 사이의 경쟁이었다.

최종 승리자는 정몽규, 즉 정세영 회장이었다. 정몽규는 입사 3년 만인 1991년 1월 1일 임원 승진과 동시에 현대자동차 대표이사에 취임했다. 경쟁이 치열했던 만큼 후유증도 피할 수 없었다. 곧이어 현대차에 숙청(?)의 바람이 불어닥쳤다. 정몽구 편에서 뛰었던 임직원들이 블랙리스트에 올랐고, 하나둘 회사를 떠났다. 그들 중에 현대자동차 구매 본부의 이희방 부장도 있었다.

이희방은 1973년 1월 현대자동차 연구소의 전신인 기술부에 입사했다. 당시 울산 공장은 생산직 2천여 명에 관리직 90명 정도의 규모였다. 우리나라 제조업 기술로는 볼트와 너트 하나도 제대로 만들지 못하던 시대였다. 그때 현대차는 영국 포드에서 SKD 방식으로 부품을 수입해 코티나와 20M을 조립 생산하고 있었다.

그는 연구소에서 설계 업무를 담당하다가 1978년 구매부로 자리를 옮기면서 센트랄과 인연을 맺었다. 1970년대 말 센트랄 구매 본부 내 협력업체실에 파견된 현대자동차 직원들을 관리하던 본사 직원 중 하나가 바로 이희방 부장이었다. 볼 조인트 수급에 문제가 생겼을 때 센트랄을 직접 방문해 문제를 해결한 적도 여러 번 있었다. 1987년 센트랄 노사분규로 공장이 멈췄을 때 현대차 직원들이 밤에 공장 문을 따고 들어가 농성단 몰래 물량을 가져간 적이 있는데, 그때 현장을 지휘한 인물이기도 하다.

협력 업체와의 '관계'를 중요하게 생각했던 이 부장은 비슷한 연배의 협력 업체 대표들과 더치페이 골프 모임을 조직하기도 했다. 갓 40대에 진입한 그 또래가 향후 수십 년간 우리나라 자동차 산업의 주역이 되리라고 생각해서 만든 일종의 친목 모임이었다. 영남권의 협력 업체 대표 8명 정도가 참여했는데 여기에 강태룡 부사장도 포함돼 있었다. 이 부장과 강 부사장은 같은 대학 출신이기도 해 서로 말을 놓을 정도로 친해졌다.

이희방이 현대를 나왔다는 정보가 돌면서 자동차 업계 여기

저기에서 그를 스카우트하기 위해 움직였다. 그는 명석한 두뇌에 일 욕심으로 똘똘 뭉친 캐릭터로 업계에 정평이 나 있었다. 강태룡 부사장도 그를 주목하고 있었다. 그라면 센트랄의 기술 및 영업 역량을 높이는 데 큰 도움이 될 뿐만 아니라, 어쩌면 꽉 막힌 경영 환경에 돌파구가 되어 줄 수 있겠다고 판단했기 때문이다.

1991년 11월 중순 어느 날, 자유인 이희방은 찬 바람 부는 한강에서 윈드서핑을 즐기고 있었다. 강변에 올라와 장비를 챙기고 있는데 전화가 한 통 걸려 왔다. 강태룡 부사장이었다. 서울에서 전시회에 참여하고 있으니 한번 방문하라는 내용이었다. 그때 서울 코엑스에서는 '91 한국 자동차 부품 및 액세서리전'이 열리고 있었다. 국내외 166개 기업이 참가한 대규모 행사였는데, 여기에 센트랄이 부스를 마련해 참가하고 있었다.

이튿날 전시장을 방문한 이희방은 센트랄 부스에서 낯익은 이름의 명함통 여러 개를 발견했다. 명함 디자인은 분명 센트랄 것인데 직책과 이름을 쓰는 공간에 '상무 이희방'이라고 새겨져 있던 것이다. 물론 입사 제안이 그때가 처음은 아니었다. 퇴사가 확정됐을 때부터 강태룡 부사장이 여러 차례 그의 집을 방문하며 지나가는 이야기처럼 가볍게 제안했더랬다.

"니 그만두는데, 많은 데서 오라 안 하겠나."

"여기저기서 오라 해서 전화 안 받고 들어앉아 있다."

"그 많은 업체 중에 우리 센트랄도 한번 생각해 봐라. 요구대로 해 줄게."

처음에는 거절했다. 현대에서 쫓겨나다시피 한 신분이 오히려 부담을 줄 수 있다고 생각했기 때문이다. 센트랄은 1984년 스텔라 사건으로 현대차와 이미 불편한 관계였다. 그 상태에서 이희방까지 영입하면 현대차에 제대로 미운털이 박힐 수도 있다. 하지만 강태룡 부사장은 물러서지 않았다. 서울 집으로 이사한 그를 위해 서울 사무소에 자리를 마련하고 현대 관련 업무에서는 완전히 배제하겠다고 약속했다. 우선은 서울과 수도권에 본사를 둔 기아와 대우, 쌍용 등의 영업 업무를 맡겼다. 당시 센트랄은 대략 현대 30%, 기아 25%, 대우 25%, 수출 20% 정도로 매출 비중을 관리하고 있었다.

1990년 센트랄은 283억 원의 매출을 올렸고, 1991년 300억 원 돌파를 예상하고 있었다. 자동차 업계 전체를 놓고 보면 큰 매출이라고 보기는 어렵다. 센트랄보다 훨씬 큰 규모의 회사들이 즐비했고, 그들 중 상당수가 이희방을 스카우트하고 싶어 했다. 하지만 그는 마침내 센트랄을 선택했고, 1991년 12월 1일 상무직으로 첫 출근을 하게 된다. 훗날 그는 센트랄을 선택한 이유를 이렇게 밝혔다.

"나는 일을 하고 싶은 사람인데, 센트랄 가면 일을 많이 할 수 있겠더라고."

표준화

이희방 상무가 입사하고 얼마 지나지 않아 신년사업계획 발표회가 있었다. 강 부사장은 이희방 상무에게 참관을 부탁했다. 이 상무가 볼 때 1991년의 사업계획 발표는 엉터리였다. 부서별 목표가 대부분 '작년 대비 ○○% 향상' 이런 식이었다. 재정 분석과 평가 그리고 구체적인 방법론 등이 거의 없다시피 했다. 이 상무는 팔을 걷어붙이고 사업계획서를 하나하나 뜯어고쳤다. 철저한 비용 분석을 주문하고, 목표를 설정하게 된 이유도 명확히 밝히도록 했다. 사업계획이 완성되자 강태룡 부사장은 회사의 기획 업무를 이 상무에게 맡겼다. 시간이 좀 흐른 뒤엔 품질도 담당하게 됐다.

기획과 품질 업무를 관장하게 된 이희방 상무는 서울보다 창원에서 보내는 시간이 많아졌다. 센트랄의 핵심 부품인 볼 조인트를 자세히 들여다보게 된 것도 그때부터였다. 당시 센트랄이 제조하는 볼 조인트는 수천 종에 이르렀다. 상용차에 들어가는 것부터 소형차에 들어가는 것까지 크기가 다 달랐고, 자동차 브랜드별로도 모양이 제각각이었다. 이 상무가 볼 때 '너무 많은 종류를 동시에 생산해야 하는 시스템'이 품질관리를 어렵게 한 핵심 이유였다.

사실 이 상무는 볼 조인트에 관해서는 문외한이었다. 하지만 그는 자동차 섀시 부품을 오랫동안 설계해 본 사람이다. 설계도면 구하기가 하늘에서 별 따기 만큼이나 어렵던 시절, 그는 일본 출장을 갈 때면 늘 주말을 포함시켜 주택가 골목에 주차된 승용차 밑바닥을 관찰하는 데 시간을 보냈다. 사진기와 담배 한 개비를 들고 밑바닥으로 기어들어 가 목표 부품에 담배 개비를 대고 사진 찍기를 반복했다. 담배 길이를 기준으로 정확한 길이를 산출하고, 이를 토대로 도면을 작성하기 위한 고육책이었다.

그렇게 훈련된 눈으로 봤을 때 센트랄의 볼 조인트는 비효율성이 너무 높았다. 비슷한 크기와 같은 기능을 가진 볼 조인트인데 차종과 브랜드가 다르다는 이유로 모조리 따로 생산하고 있던 것이다. 이 상무는 이 문제를 '표준화'로 해결하기로 하고 기술연구소 업무까지 맡았다. 그는 볼 조인트에 처음으로 '시리즈' 개념을 도입했다. 기능과 크기에 따라 범주를 세분

화하고 시리즈별로 기본형을 제작한 뒤 나머지 미세한 부분은 차종과 브랜드별로 차이를 두게 했다. 기술 면에서도 처음으로 '엔지니어링 플라스틱'을 설계에 적용해 강도와 내구성을 높였다. 그때까지만 해도 볼 조인트는 매년 교체해야 하는 소모성 부품이었다. 그러나 이때의 혁신을 계기로 볼 조인트는 자동차와 수명을 거의 같이하는 내구성 부품으로 재탄생하게 됐다.

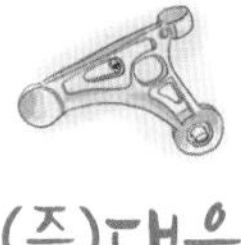

(주)대우

1989년 8월 대한민국 출판 시장을 뒤흔든 책 한 권이 출간됐다. 대우그룹 김우중 회장의 《세계는 넓고 할 일은 많다》가 그것이다. 초판 2만 부가 이틀 만에 매진되더니 6개월 만에 100만 권을 판매하는 신기록까지 세웠다. 이 책은 대우그룹이 천명한 '세계경영'의 비전을 보여 주는 밑그림이었다. ㈜대우는 대우그룹의 대표 상사로, 세계경영을 견인하는 개척자였다. ㈜대우의 활동은 김우중 회장의 스타일을 그대로 옮겨 온 듯 매우 공격적이었다. 품목과 지역을 가리지 않고 팔 수 있는 모든 상품을 모든 지역에 팔고야 말겠다는 각오가 대단했다. 자동차 부품도 당연히 그 대상에 속해 있었다.

이희방 상무가 입사하고 얼마 뒤 서울 여의도 사무실로 ㈜대우의 직원 두 사람이 찾아왔다. 센트랄의 부품을 수출하자는 제안이었다. ㈜대우의 제안은 그때가 처음은 아니었다. 이 상무 입사 전에도 여러 차례 제안이 있었지만 번번이 퇴짜를 놓았다. 센트랄에는 설립 초기부터 일본중앙자공이라는 수출 파트너가 있었기 때문이다.

센트랄은 당시 전체 매출의 약 20%를 수출에서 올리고 있었지만, 그 상품들은 모두 일본중앙자공의 브랜드인 '존슨'이나 ㄱ씨의 기업 브랜드를 달고 나갔다. 세계 부품 시장에서 센트랄이라는 브랜드는 그때까지 존재하지 않았다. 게다가 수출에는 중요한 제약이 하나 걸려 있었다. 일본중앙자공만이 센트랄의 수출을 대행할 수 있다는 일종의 '전속 조항'이 있던 것이다.

이 상무는 일본중앙자공과의 계약서를 꼼꼼하게 검토했다. 계약서를 3년마다 갱신하게 되어 있었는데 만료 시한이 1992년 3월이었다. 곧바로 일본중앙자공과 협의에 들어가 문구를 바꿨다. "기존 거래처는 존중하지만 신규 거래처는 먼저 개척하는 회사가 주관한다"라는 내용이었다. 일본 측은 당연히 반발했다. 하지만 일본 측이 가진 지분은 30%가 전부였다. 센트랄은 새로운 조항을 관철시켰고 마침내 ㈜대우를 새로운 수출

파트너로 맞이했다.

일본중앙자공이 센트랄 수출에 적극적이었다고 평가하기는 어려웠다. 일본 기업 특유의 관행이 있었기 때문이다. 예를 들어 동종 경쟁 업체가 특정 시장에 먼저 들어가 있으면 다른 업체는 진입 자체를 포기하는 관례가 있었다. 게다가 일본중앙자공은 볼 조인트 말고도 취급하는 부품이 다양했다. 센트랄의 볼 조인트를 수출하기 위해 특별히 애쓸 이유가 크지 않았던 것이다.

하지만 ㈜대우가 보기에 자동차 부품은 매력적인 아이템이었다. 그때까지만 해도 ㈜대우의 주력 수출품은 섬유 상품이었고, 그중에서도 속옷류가 큰 비중을 차지했다. '메리야스 파는 회사'라는 별명도 있었다. 섬유 상품은 쉽게 수출할 수 있고 물량도 많은 편이지만, 거래선이 다양하고 복잡해서 영업 활동에 품이 많이 들었다. 이에 비해 자동차 부품은 계약을 따내기가 어려운 대신, 거래선이 단순하고 상품도 명확했기 때문에 한 번 영업에 성공하면 그 인프라를 10년이고 20년이고 써먹을 수 있는 장점이 있었다.

게다가 ㈜대우와 센트랄이 의기투합한 1992년에는 완전히 다른 세상이 열리고 있었다. 1989년 11월 베를린 장벽이 무너지고, 1991년 12월에는 냉전의 한 축을 담당하던 소련이 해체됐다. 우리나라의 노태우 정부도 1988년부터 이른바 '북방 정

제 105 호

등 록 증

사업자등록번호 : 609-81-07866

업 체 명 : 한국 센트 랄자동 차공 업주 식회사

대 표 자 : 강 백 룡

당사의 신규업체로 등록을 필하였으므로
본 증서를 드립니다.

19 91 년 5 월 일

대우조선공업(주) 자동차사업본부
대표이사 김 우 중

대우조선공업㈜ 자동차사업본부 신규 업체 등록증

책'으로 공산권과 교류할 수 있는 문턱을 이미 크게 낮춘 상태였다. 여기에 김우중 회장의 세계경영 깃발이 우뚝 솟아올랐다. 센트랄도 이 거대한 변화의 파도를 타고 오른 것이다.

창업자 강이준 회장은 우리나라 산업화의 첫 파도가 밀려올 때 한국자동차공업협동조합과 손잡고 신신기계공업사라는 배를 띄웠다. 1992년 이희방을 영입한 센트랄은 ㈜대우와 손잡고 새롭게 펼쳐지는 세계 시장을 향해 진격의 닻을 올렸다. 이젠 더 멀리, 더 넓게 나아가는 것 말고는 다른 선택이 없었다.

새로운 균형

이희방 상무의 입사와 함께 투명인간처럼 고립된 존재였던 강태룡 부사장의 입지가 변화하기 시작했다. 표준화를 통해 기술적으로 새로운 리더십을 형성했고, ㈜대우와 손잡으면서 영업 면에서도 새로운 전기가 마련됐기 때문이다.

사실 이희방 영입전에 뛰어든 회사 중에 ㄱ씨의 회사도 있었다. 강태룡 부사장은 이희방 스카우트 건을 사전 보고 없이 먼저 저지른 뒤 사후에 ㄱ씨의 승인을 받는 방식으로 진행했다. 이희방이 입사를 결심한 후 강 부사장은 사장에게 이 사실을 보고했다. ㄱ씨의 대답은 예상대로였다.

"안 돼!"

강태룡 부사장은 물러날 생각이 전혀 없었다. 회사 발전을 위해 꼭 필요한 인물이라고 강하게 밀어붙였다. 단호한 의지에 놀란 ㄱ씨는 물러설 수밖에 없었다. 그는 돌아앉으며 혼잣말을 되뇌었다.

"우리가 데려가려고 했는데……."

여기서 '우리'는 물론 센트랄이 아닌 그의 회사였다. 이희방 상무가 자리를 잡는 만큼 ㄱ씨의 또 다른 회사가 덕을 볼 이유들이 하나둘 사라지거나 약화됐다. 기술 면에서 일본보다 이희방 상무가 한 수 위였기 때문이다. 센트랄 수출을 독점했던 일본중앙자공의 역할도 축소 조정됐다. 세계 시장 제패를 꿈꾸는 ㈜대우와 손잡았으니 ㄱ씨 개인의 경험과 네트워크에 의지할 이유도 사라졌다.

센트랄 경영에서 ㄱ씨의 역할이 줄어드는 만큼 그가 사무실에 출근하는 횟수도 줄어들었다. 매주 한 번 이상 오다가 격주에 한 번이 되는가 싶더니 두어 달에 한두 번 정도로 드물게

90년대 중반 남미 출장 중의 강태룡과 이희방

출근했다. ㄱ씨 편에 섰던 베테랑 임직원들도 서서히 제자리로 돌아왔다. 강태룡 부사장은 다시 현장을 찾으며 회사 경영을 차근차근 장악해 나갔다. 강이준 회장 사후 흔들렸던 리더십이 새로운 균형을 찾고 다시 자리를 잡는 데 만 5년이 걸린 것이다.

02

슬로건

1992년 한국 대중음악계에 서태지가 등장한 것은 우연이 아니었다. 서태지는 우리 사회가, 나아가 세계가 근본적으로 바뀌고 있음을 상징적으로 보여 주는 하나의 현상이었다. 1990년대는 '냉전 종식'과 함께 시작됐다. 1989년 11월 베를린 장벽이 무너지고 1991년 12월 소련이 해체되면서 2차 세계대전 이후 45년간 세계 질서를 규정했던 냉전 체제가 역사의 뒤안길로 사라졌다. 이념과 체제 경쟁이라는 거대한 긴장이 사라지면서 어떤 사상과 생각도 표현할 수 있는 자유가 확대됐고, 그 결과 서태지와 힙합, 인디 음악 같은 새로운 모습의 대중문화가 꽃피게 된 것이다.

새로운 리더십

새로운 세계 질서는 새로운 리더십을 호출했다. 유일의 강대국으로 부상한 미국은 히피 출신의 40대 후반 빌 클린턴을 대통령으로 뽑았다. 클린턴 행정부는 21세기를 준비하는 젊은 리더십, 유연한 리더십을 표상했다. 거의 같은 시기 대한민국의 리더십에도 큰 변화가 있었다. 30년 넘게 유지돼 온 군사정부가 막을 내리고 민주화운동에 헌신했던 민간인 김영삼이 대한민국의 새로운 지도자로 등극했다. '신한국 창조'를 국정과제로 내걸었던 김영삼 대통령은 취임하자마자 다양한 개혁조치들을 내놓았다. 그의 개혁은 과감했고, 그만큼 우리 사회를 뿌리부터 뒤흔들었다.

경제 분야에서 김영삼 정부가 처음 내놓은 신경제 정책의 핵심은 '업종 전문화'였다. 타이틀은 온건해 보이지만 실상은 '재벌 개혁' 조치였다. 특히 재벌가의 2, 3세로 이어지는 무분별한 계열사 확장은 기존 중소기업의 산업 생태계를 심각하게 교란할 뿐만 아니라, 미래 먹거리 사업의 투자 규모를 위축시켜 산업 전체의 미래 성장 동력을 약화시킨다는 비판이 많았다. 김영삼 정부는 재벌 그룹들이 각자의 주력 분야를 선택하고 나머지는 정리할 것을 강력히 주문했다.

정부의 개혁 조치에 가장 민첩하게 움직인 재벌은 삼성이었다. 1993년 대외 활동을 극도로 삼가던 삼성그룹의 이건희 회장이 경영 일선에 나서면서 일련의 임원 회의를 직접 주재했다. "마누라와 자식 빼고 다 바꾸라"라는 말로 유명한 6월 프랑크푸르트 선언과 거의 동시에 삼성그룹은 모기업이자 알짜 중의 알짜로 평가받던 제일제당을 과감히 매각했다. 아침 7시에 출근하고 오후 4시에 퇴근하는 '7·4제'가 도입된 것도 이때다. 이러한 혁신 과정을 삼성그룹은 '신경영' 혹은 '질質 경영'이라고 부른다.

대우그룹은 같은 해 '세계경영'을 슬로건으로 내걸었다. 김우중 회장의 3년 전 베스트셀러 《세계는 넓고 할 일은 많다》를 기업 슬로건으로 공식화한 것이다. 대우그룹은 각종 대중매체에 세계경영을 주제로 한 장기 광고캠페인에 돌입했다. 6개월 단위로 3년간 진행키로 한 광고캠페인은 대우그룹이 관장하는 전자통신, 자동차, 건설 등의 산업 분야를 모두 망라할 예정이었다. 첫 번째 전자통신 부문 캠페인에서 대우그룹은 광개토대왕비 이미지를 전면에 내세우며 세계경영의 각오를 다졌다.

현대그룹은 같은 해 10월 '기술의 현대, 세계의 현대'라는 슬로건을 채택했다. 구체적으로는 향후 5년 안에 매출 총액의 8%기존 3%를 기술 개발에 투자하고, 우수 연구 인력을 1만 명 이상 채용한다는 계획도 발표했다. 현대그룹이 꿈꾸는 기업상은 기술 도입료 없는 '완전 기술 자립'이었다. 그밖에 럭키금성은 '고객 만족 경영'을, 선경그룹은 슈퍼Super와 엑설런트Excellent의 조합어인 '슈펙스SUPEX 추구'를 슬로건으로 내세웠다.

이처럼 1993년 한국 경제를 대표하는 재벌 기업들이 앞다퉈 슬로건을 만들어 발표했다. 표면적으로는 단순 유행이나 정부 규제에 대한 눈치 보기 대응처럼 보일 수도 있지만, 그 밑바닥에서는 글로벌 차원의 엄청난 변화가 일어나고 있었다. 대기업들이 슬로건만 발표한 게 아니라 경영 일선에서 실제로 세대교체를 진행하고 있었다는 사실을 주목해야 한다. 1990년대 초반 변화의 압력은 엄중했고 우리나라 기업들은 슬로건이라는 형태로 자신들의 각오를 다졌다고 평가해야 할 것이다.

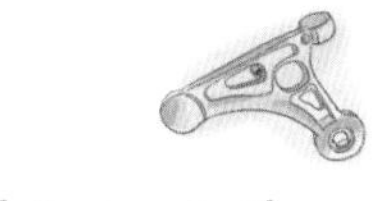

'CTR 27'의 탄생

센트랄은 대기업의 변화가 본격화되기 1년여 전인 1991년 12월 이희방 상무가 합류하면서 본격적으로 세대교체가 시작됐다. 강태룡 부사장이 경영 일선에 나서면서 업무 전반의 주도권도 베테랑 세대에서 루키 세대로 옮겨 갔다. 선배들의 경험과 지시가 지배하던 회사는 어느새 새로운 아이디어와 다양한 시도가 이루어지는 활기찬 조직으로 바뀌었다. 그 중심에는 사실상 기획실 역할을 하는 '업무개선실'이 있었다.

회사 업무에 컴퓨터가 처음 도입되던 그 시절 업무개선실에는 8비트 컴퓨터 한 대가 놓여 있었다. 엑셀의 존재도 잘 몰랐던 그때 업무개선실 직원들은 로터스 프로그램으로 겨우 재무를 분석하고 임단협 자료를 만들었다. 그렇다고 업무개선실이 컴퓨터와 씨름만 하는 부서는 아니었다. 회사의 경영 실적을 분석하고 정교한 사업계획을 세우는 기획 업무가 핵심이었다.

이희방 상무 덕분에 센트랄의 사업계획 과정이 크게 바뀌었다는 사실은 이미 밝혔다. 변화는 단순히 지적하고 비판한다고 일어나지는 않는다. 냉정한 현실 진단은 기본이고 나아가야 할 방향도 함께 제시해야 한다. 업무개선실 직원들은 머리를 싸매고 고민에 고민을 거듭했다. 센트랄 구성원 전체가 단번에 공감할 수 있는, 단순하면서도 명쾌한 메시지가 필요했기 때문이다.

당시 업무개선실에는 도영민과 임호성, 조재관 이렇게 세 사람이 근무하고 있었다. 그들은 당시 언론을 수놓은 대기업들의 '슬로건 경영'에 주목했다. 슬로건은 중요한 변화의 갈림길에서 구성원 전체가 함께 바라볼 수 있는 깃발 역할을 훌륭하게 해낼 수 있다. 그들은 센트랄만의 슬로건을 도출하고자 머리를 맞댔다. 이 과정을 주도한 도영민의 기억에 따르면 6~7개월이나 걸린 만만찮은 여정이었다.

슬로건은 1994년 사업계획 발표가 있기 전에 완성해야 했다. 수많은 토론과 고민이 거듭되면서 센트랄 최초의 슬로건이 윤곽을 드러냈다. 사업계획 발표회를 앞두고 공개된 센트랄의 슬로건은 'CTR 27'이었다. 센트랄CENTRAL 영문에서 자음을 따오면서 거기에 도전Challenge, 도약Take off, 개혁Reform이라는 의미를 담았다. 숫자 27에는 원가 절감 20%, 생산성 향상 20%, 97년까지 매출 700억 원 달성이라는 구체적인 목표를 새겼다.

물론 구호에만 머문 것은 아니다. 매년 성과 지표를 만들어 원가 절감과 생산성 향상, 매출 목표치를 차근차근 달성해 나갔다. 슬로건이 발표된 지 1년이 지난 1994년 연말 경영 분석에서 센트랄의 실적은 'CTR 27'의 기준을 초과 달성했다. 창사 이래 처음 만든 지표를 제대로 달성했을 때의 성취감은 말로 표현하기 힘들 정도였다. 그날 밤 업무개선실, 즉 기획실을 책임지던 백낙림 실장은 부서원 전체를 대동하고 창원호텔 지하 나이트클럽으로 향했다. 그곳에서 센트랄 임원들을 모조리 호출해 질펀한 축하 파티를 열었다. 당시 창원호텔 나이트에는 1만 원을 내면 '빵빠레표준어는 팡파르'를 울려 주는 이벤트가 있었는데, 그날 밤에만 센트랄 직원들이 수십 번을 울렸다는 전설이 내려오고 있다.

1993년 8월 CTR 27 관리자 워크숍

한마음 대행진

자기 행동이 목표한 결과를 낳을 것이라는 기대가 충만한 마음가짐을 심리학에서는 '자기 효능감Self-efficacy'이라고 부른다. 짐작건대 1993년의 센트랄 기획실은 자기 효능감으로 똘똘 뭉쳐 있었던 것 같다. 1993년 말에 선보인 CTR 27 슬로건이 실제로 효과를 발휘하자 내친김에 다른 일을 벌이기로 작정한 것이다. 그 첫 번째 과외 프로젝트는 바로 전 직원이 함께하는 축제 '한마음 대행진'이었다.

왜 '한마음'이었을까? 1987년 8월 30일 폭풍우 치는 밤에 일어난 사건을 의식한 이름 짓기였을까? 그날의 충돌에서 비롯된 불신의 상처를 치유할 절호의 타이밍이라고 판단했던 것 같다. 처음에 노조는 한마음 대행진을 반대했다고 한다. 하지만 직원들의 참여 의사가 높은 것으로 나타나면서 센트랄의 첫 번째 공식 축제는 계획대로 추진될 수 있었다.

행선지는 양산시에 있는 해운자연농원이었다. 이슬비가 흩뿌리는 궂은 날씨였지만 단 한 명의 직원도 이탈하지 않고 횃불이 타오르는 축제 마당을 끝까지 지켰다고 전해진다. 흥겨운 분위기가 고조됐음에도 안전에 만전을 기한 탓에 사소한 사고 하나 일어나지 않았다. 공식 행사가 무사히 끝난 뒤 숙소

1993년 '한마음 대행진' 축제

에서 뒤풀이가 이어졌다. 강태룡 부사장과 이희방 상무는 방방이 불려 다니며 직원들의 술잔을 받아 마셔야 했다. 해운자연농원 매점의 알코올은 물론 바닥이 났다. 밤새 자연농원에선 센트랄 직원들의 행복한 구호가 울려 퍼졌다.

"센트랄 최고다! 우리가 최고다!"

슬로건과 함께 한마음 대행진 기획을 주도한 도영민 과장은 그래도 뭔가 아쉬웠다. 회사 경영이 바로 서고 직원들의 사기도 한껏 올라간 그 분위기를 어떤 형태로든 붙잡아 두고 싶었다. 그런 그가 고안한 두 번째 과외 프로젝트는 바로 '사보 제작'이었다. 〈센트랄〉이라는 타이틀을 단 사보는 50~60페이지 분량에 총천연색으로 제작됐다. 매회 제작비는 700만 원 수준이었고, 500부 안팎을 찍어 사원들과 기타 거래처 등에 배포했다. 흥미로운 점은 사보 제작에 노조 편집국이 함께 참여했다는 사실이다. 한마음 대행진처럼 사보 〈센트랄〉도 노사가 함께 활동하는 상징적인 공간이었다.

1990년대 초 우리나라 기업들 사이에 '사보' 붐이 일었다. 사내 커뮤니케이션은 물론이고 기업 이미지와 브랜드 가치를 높이는 데 효과적인 수단이라는 평가가 많았기 때문이다. 쌍용그룹의 〈여의주〉나 태평양화학의 〈향장〉, 선경그룹[현 SK그룹]의

1995년 겨울호 사보 <센트랄>

입사를 축하합니다

신입사원 소개코너

● ● ● 배 국 한

● ● ● 유 경 규

'95년 하반기 신입사원을 여러분께 소개합니다. 비록, 서툴고 실수투성이라 하더라도 우리 동생이요, 동료인 새내기들을 따뜻하고, 정감 있게 감싸 주도록 합시다.

1. 성명, 나이
2. 최종 졸업학교
3. 출생지, 고향
4. 종교 & 취미
5. 결혼유무(애인소개, 공개구혼), 거주지
6. 입사동기
7. 입사기간중 가장 기억에 남는 사람 & 사무
8. 현재부서 및 담당업무, 각오
9. 10년후 센트랄은 어떤 모습이라 생각하십니까
10. 장래의 포부
11. 전사원에게 하고 싶은 말이나 자기소개

● ● ● 황 종 식

● ● ● 박 동 숙

● ● ● 이 미 숙

배국한 유경규 황종식

편집후기

- 12월말의 바쁜 와중에서 겨우 겨울호의 편집이 끝났다. 사보편집위원 모두 수고하셨고, 사원 여러분께서도 사보 기다리다고 시겁하셨습니다.
- 그렇게 닦내면 카메라 렌즈는 억수로 비싸게 샀다. 열심히 찍어 여러분께 전해드렸니다.
- 새해 복 많이 받으시고 감기 조심하세요.
- 기나긴 작업이 이제 끝났다.
새벽의 이슬속에 마친 편집작업, 오래 오래 기억에 남으리라.
- 이번 겨울호는 내사랑 현주에게 바친다.
돈 안들고 생색낼 수 있으니까 기분 짱이네

● 센트랄 사보제작 4대원칙

사원들이 자신의 천직을 찾는 소리를 부담없이 담을 수 있고 경영진의 솔직한 고백이 공존하는 사보 '센트랄'

1. 높은 사람의 글이니까 앞에 실어야 한다는 발상을 버리고 인물보다는 뉴스밸류에, 간부진보다는 사원의 목소리를 담아야 한다.
2. 단골 필자나 단골 등장인물을 배제하고, 임직원과 그 가족을 귀빈으로 모셔야 한다.
3. 하루하루 일과에 쫓기어 바삐 살아가는 사원들은 기업의 추구하는 목표가 무엇인지, 때로는 자신의 삶의 방향조차 잊고 살아가는 경우가 많다. 그들에게 현재 기업이 서 있는 위치, 그것이 존재하는 뿌리, 그리고 미래를 향해 노 시기 일에 지침해야 할 명확한 목표를 제시해 주어야 한다.
4. 무조건 읽어라는 일방적인 강요가 아니라 읽지 않으면 손해라는 인식을 독자에게 심어주는 사보를 만들어야 한다.

센트랄 사보 기자명단

자동차 첨단부품 전문메이커 주식회사 센트랄 ISO 9002 인증 획득!!

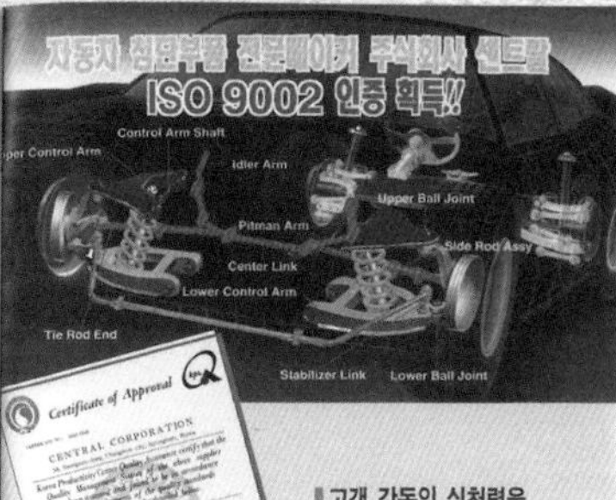

고객 감동의 실천력을 세계적으로 인정받았습니다.

품질과 기술에 대한 땀과 눈물의 결실이 이제 세계적으로 인정 받았습니다.

이번 인증을 계기로
국가와 민족의 자긍심을 대변하는
고품질 기술개발과 첨단부품 연구에
센트랄 전사원은 승부수를 띄웠습니다.

21C를 향한 무한경쟁시대,
저희는 큰 마음과 큰 행동으로
세계가 경악하는 장인의 기질로,
세계 자동차 부품기술을 선도해 나가겠습니다.

■ ISO 9002란?

CTR 주식회사 센트랄 CENTRAL CORPORATION

〈지성과 패기〉 등은 헌책방에서 사서 보는 잡지로도 인기를 끌었다. 창원에서도 사보를 제작하는 기업들이 몇몇 있었다. 본사가 창원에 있는 한국중공업현 두산중공업과 기아기공현 현대위아이 대표적이다. 하지만 대기업이 아닌 중소기업 규모에서 풀 컬러 사보를 직접 제작한 사례는 센트랄이 유일했다.

도영민 과장은 센트랄 사보 10년 치가 쌓이면 그 자체로 센트랄의 역사가 되리라고 믿었다. 노사 간 화합 분위기를 만드는 데도 사보 제작 활동이 일조할 것으로 기대했다. 그러나 그의 희망은 생각보다 오래가지 못했다. 계절이 세 번 바뀌며 세 차례 발간된 사보 〈센트랄〉은 더 이상 호수를 늘려 갈 수 없었다. 센트랄과 독일의 자동차 부품 기업 베어톰슨사와의 합작 프로젝트가 추진되면서 그 책임자로 도 과장이 차출됐기 때문이다.

사람이 빠진다고 프로젝트가 멈춘다면 제대로 기획됐다고 말할 수 없다. 시스템이 아닌 개인기에 의존하는 기업 활동에 높은 점수를 주긴 어렵다. 하지만 당시 센트랄에서 시도한 한마음 대행진과 사보 편찬 등은 현재 관점에서도 충분히 재평가할 만한 활동들이다. 오로지 생산성 하나에만 목숨을 걸던 당시 제조업 분위기 속에서 센트랄은 노사 불문 '한마음'을 지향하는 감성적인 활동을 성공적으로 펼쳤다. 비록 그 기간이 짧아서 기대한 만큼의 효과를 냈는지는 물음표이지만, 그때의 기억이 사라지지 않고 센트랄의 유전자 어딘가에 새겨졌을 것이다.

1993년에 처음 채택한 '한마음'이란 단어는 매년 가을에 펼쳐지는 전사적 체육 활동의 타이틀로 여전히 살아 있다. 특히 기업별 노조 체제 전환과 무분규 임단협에 성공한 2012년 4월 전직원 450여 명이 제주도에서 가진 '노사 한마음 선언'과 그 소식을 시작으로 창간된 〈센트랄 뉴스〉(격월간)는 정확하게 1993년의 '한마음 대행진'과 사보 〈센트랄〉(계간)의 오마주였다. 현재 센트랄에서 가장 중요시하는 경영 과제 중 하나인 '조직 문화' 활동의 씨앗이 1993년에 처음 뿌려졌다고 주장할 수 있겠다.

03

대항해의 시작

이희방의 합류 이후 센트랄은 ㈜대우와 손잡고 본격적으로 해외 시장 개척에 나섰다. 그 이전에 센트랄 수출을 독점했던 일본중앙자공도 자동차 부품 분야의 유력한 무역상사였지만, 당시 한국 산업계가 기대한 것만큼 역동적이지는 않았다. 특히 새롭게 부상하는(예를 들면 사회주의권 같은) 시장에 대해서는 거의 손을 놓다시피 하고 있었다. 이에 비해 ㈜대우는 자동차 부품 수출을 새로운 성장 동력으로 판단하고 전사적 차원에서 공격적으로 영업에 임했다. 김우중 회장의 관심도 지대했다. ㈜대우는 센트랄과 손을 잡자마자 해외 출장지 리스트를 들이밀었다. 센트랄 버전의 대항해 시대가 열린 것이다.

지식 영업

이희방 상무가 입사한 뒤 수천 종의 볼 조인트에 시리즈 개념을 도입해 표준화했다는 사실은 앞서 밝혔다. 이 상무는 본인이 볼 조인트를 이해하는 과정에서 머릿속에 그렸던 '그림'을 영업 분야에도 활용하기로 마음먹었다. 볼 조인트 낱개를 파는 게 아니라 볼 조인트에 대한 '지식'을 팔자는 것이었다. 이 상무의 논리는 간단했지만 정곡을 짚었다. 바이어가 센트랄의 영업 활동 덕분에 볼 조인트 지식을 얻게 되면 센트랄의 볼 조인트를 구매할 가능성이 크게 높아진다는 것이다.

이 상무는 동남아 지역 영업맨들을 모아 집중 교육에 들어갔다. 볼 조인트의 구조와 기능, 변천사를 일목요연하게 정리한 자료집을 만들었다. 이 상무는 직접 강의하면서 어떤 볼 조인트가 좋고 나쁜 것인지, 신기술이 적용된 볼 조인트와 그렇지 않은 구형 볼 조인트는 어떻게 구분하는지 등을 상세히 가르쳤다. 영업 사원들도 이 상무와 똑같이 강단에 서서 이 상무를 상대로 볼 조인트를 강의하게 했다. 습득한 지식을 완전히 자기 것으로 만들게 하기 위해서였다.

사실 영업 사원들은 그때까지만 해도 부품의 세세한 기능과 구조를 굳이 알 필요가 없었다. 최대한 많은 바이어를 만나 가격 경쟁을 이겨 내면 그만이었다. 하지만 이 상무는 영업맨들도 기술직 못지않게 볼 조인트에 관한 지식을 갖춰야 한다고 믿었다. 새로운 수요를 일으키려면 바이어와 신뢰를 쌓아야 하는데, 전문 지식만큼 좋은 통로는 없다고 생각했다.

1990년대 초반만 해도 한국이 만든 자동차 부품의 존재감은 제로에 가까웠다. 특히 동남아 시장에선 일제 부품이 최고였고, 나머지는 짝퉁 정도의 지위만 얻을 수 있었다. 바이어들이 "일본산과 똑같이 만들어서 'made in Japan'만 새겨 주면 가격을 더 쳐주겠다"라고 노골적으로 요구하던 시대였다. 그런 시장에 순응하기만 하면 새로운 기회가 생길 리 없다. 이 상무는 바이어들의 생각을 뜯어고치기 위해 그들에게 볼 조인트에 관한 지식을 제공한 것이다. 당시 이 상무가 바이어들에게 던진 메시지는 이런 내용이었다.

"우리는 물건을 팔러 온 게 아니다. 볼 조인트의 기능과 품질을 팔러 왔다. 예전에 당신들은 일본 회사에 'made in USA'라고 새겨 주면 돈을 더 쳐주겠다고 요구했을 것이다. 지금은 한국 회사에 'made in Japan'을 새겨 달라고 한다. 하지만 조금만 지나면 중국 회사에 'made in Korea'를 새겨 달라고 요구할 때가 올 것이다. 우리는 실력이 있다. 한국을 팔러 왔고 품질을 팔러 왔다."

영업은 공격적이었다. 현지 택시 기사들에게 프로모션용 볼 조인트를 무상 제공하는 방법도 있었다. 운행 거리가 긴 택시 운전사들은 1년에 한두 차례 볼 조인트를 교체해야만 했다. 그런데 엔지니어링 플라스틱의 신기술이 적용된 센트랄 볼 조인트는 교체할 필요가 없었다. 입소문이 날 수밖에 없는 상황을 만든 것이다. 동남아와 중동, 새로운 시장으로 부상한 러시아와 사회주의 국가들 그리고 일본중앙자공이 들어가지 않았던 오세아니아 지역에서도 반응이 오기 시작했다. 이희방의 '지식 영업'이 효과를 발휘한 것이다.

1990년대 중반 오스트레일리아의 대표적인 자동차 부품 유통기업 렙코Repco가 센트랄에 감사패를 보내온 적이 있다. 렙코가 '라운드 오스트레일리아 트라이얼The Round Australia Trial'이라는 자동차 랠리rally 대회에 참가했는데, 기존 부품 대신 센트랄의 볼 조인트를 장착한 덕분에 우수한 성적을 올릴 수 있었다는 내용이었다. 랠리는 일반적으로 시판되는 자동차를 개조해 정해진 구간을 달리는 장거리 경주 게임이다. '라운드 오스트레일리아 트라이얼'에서는 약 2만㎞에 달하는 거리를 주파해야 한다. 엄청난 주행거리 때문에 참가자들은 대부분 마모된 볼 조인트를 두세 차례는 갈아 줘야 했다. 하지만 렙코 차량은 센트랄의 볼 조인트 덕분에 부품 교체 시간을 절약할 수 있었다.

1996년 오스트레일리아의 자동차 부품 유통사 렙코와의 미팅

센트랄 로고의 변천사

자기 브랜드

센트랄 설립 목적 중 하나는 수출이다. 1971년 당시 정부는 일본 자본의 30% 투자를 허용하면서 전체 매출의 30% 이상을 수출을 통해 내야 한다는 조건을 내걸었다. 1973년에는 그 조건을 충족하지 못해 각종 조세를 추징당하는 중징계를 받기도 했다.

하지만 그때까지 센트랄의 수출은 '직접 수출'로 보기는 어려웠다. 수출 업무를 거의 독점으로 위탁받았던 일본중앙자공은 센트랄이 생산한 부품에 자기 브랜드인 '존슨'을 부착해 수출했고, 10년간 해외 시장 영업을 주도했던 ㄱ씨는 추가로 자신의 다른 회사 상표를 부착하도록 했다. 센트랄이 제조한 수많은 부품이 전 세계로 팔려 나갔지만, 정작 해외 시장에서 센트랄은 없는 기업이나 마찬가지였다.

1990년대 중반 ㄱ씨 사장 체제가 막을 내리고 강태룡 사장 체제가 새로 출범하면서 센트랄은 비로소 '자기 얼굴'을 갖게 됐다. 애프터마켓 수출 포장에 부착되는 'CTR' 브랜드가 이때 개발돼 1995년부터 공식적으로 사용되기 시작한 것이다. 센트랄은 23년 만에 비로소 해외 시장에 자기 이름과 존재를 알리게 됐다. 직원들 명함에 사용되는 회사 이름의 영어 약자도

KCC(Korea Central Company)에서 CTR로 바뀌었다.

글로벌 OE

센트랄의 경영 환경이 정리된 그 시점에 ㈜대우가 완전히 새로운 아이템을 가져왔다. 파워 트레인과 트랜스미션에 강점을 가진 미국의 보그워너(BorgWarner)사 물량이었다. 애프터서비스 시장용이 아닌 완성차에 들어가는 OE 부품이었다.

기존에 거래하던 미국 내 업체가 가격 인상을 요구하며 주문 수량을 반납했고, 이에 다급해진 보그워너가 ㈜대우에 SOS 신호를 보낸 것이다. 1992년부터 ㈜대우가 센트랄과 손잡고 꾸준하게 미국 부품 산업계와 네트워크를 형성한 결과였다. 보그워너가 요청한 부품은 트랜스미션에 들어가는 플랜지와 요크, 샤프트 휠 등이었다.

주어진 시간은 8개월. 단순 가공품이었기에 기술적 난이도는 그리 높지 않았다. 그러나 미국 기업의 OE 부품이다. 요구하는 품질 수준이 애프터서비스 시장과는 완전히 달랐다. 강태룡 사장은 보그워너 물량 수주 건이, 다시 말해 글로벌 OE 사업에 발을 담그는 그 순간이 센트랄의 미래를 완전히 바꿔

놓을 것임을 직감했다. 과거 강이준 회장이 갖은 반대를 무릅쓰고 완성차 OE 사업에 진출했던 그 장면이 이제 글로벌 차원에서 재현되고 있었다.

강태룡 사장의 특별 지시로 곧바로 비상 체제에 돌입했다. 회사의 모든 역량을 이 프로젝트에 집중했다. OE 부품의 품질 수준을 맞추기 위해 투자를 아끼지 않았다. 수익성은 차후에 생각하기로 했다. 설령 수익이 나지 않더라도 글로벌 OE 사업에 첫발을 내딛는 것이 중요하다고 생각했다.

강 사장의 굳은 의지는 사원들에게도 고스란히 전달됐다. 생산직과 관리직 구분 없이 수개월을 이 프로젝트에 매달렸다. 회사에서 숙식을 해결한 날도 헤아리기 어려울 정도였다. 신년 휴가도 거의 반납했다. 그 결과 보그워너 프로젝트는 성공적으로 마무리됐고, 덕분에 미국 자동차 부품 업계에 센트랄의 존재가 알려지기 시작했다.

2년 뒤인 1996년에는 또 다른 미국 기업 델코레미Delco Remy의 모터 샤프트 물량을 수주하게 된다. 그 규모가 보그워너 때와는 비교할 수 없을 정도로 컸기 때문에 센트랄은 별도로 장비를 구매하고 전용 라인을 깔았다. 라인을 가동하는 날, 기계 앞에는 고사상이 놓였다. 사장부터 사원까지 그 앞에서 절하며 간절한 마음을 모았다.

델코레미 또한 OE 수출이었기에 품질 이슈가 민감했다. 특히 모터 샤프트는 단순 가공품이 아니었기에 품질을 일정하게 유지하기가 쉽지 않았다. 설계도에 제시된 제품 가공 공정을 정확히 지켜도 계속 불량이 발생했다. 그 원인을 밝히려면 장님 코끼리 만지는 심정으로 다양한 시도를 반복하는 수밖에 없었다.

강태룡 사장부터 이 프로젝트에 매달려 꼼꼼히 체크해 나가기 시작했다. 기름을 며칠 만에 바꿔야 하는지, 윤활유는 얼마나 자주 분사해야 하는지, 펌프는 몇 시간마다 청소해야 하는지, 펌프가 공급하는 수량은 얼마 정도가 적당한지 등등 장비를 둘러싼 복잡한 환경들이 미세하게 품질에 영향을 미친다는 사실을 숱한 시행착오를 반복하며 밝혀낼 수 있었다. 예전 같았으면 무조건 작업자 잘못이라고 단정했을 상황들을 보다 과학적이고 논리적으로 해석할 수 있게 된 것이다.

물론 이러한 시행착오 과정은 엄청난 비용을 발생시킨다. 불량이 거의 나오지 않아야 손익을 겨우 맞추는 수준이었고, 불량이 나오면 그만큼 손실이 나는 구조였다. 초창기에는 불량률이 30%에 육박했다. 모조리 손실로 잡혔다. 하지만 이 과정을 통해 센트랄의 기술 역량이 발전하고, 그만큼 세계 시장에서 새로운 기회를 찾을 수 있다고 믿었기에 고객사가 제시한 품질 기준을 맞추는 데 사력을 다했다. 다행히 불량률은 점차 줄어들었다. 10%대로 낮아지나 싶더니 한 자릿수까지 줄

1995년(위), 1997년(아래) 서울모터쇼 참가

어들었다. 그만큼 미국 시장의 신뢰가 쌓이고 비즈니스 네트워크도 형성됐다.

새옹지마라 했던가? 이처럼 수익을 기대하기 어려웠던 델코레미 물량은 2년 정도 시간이 흐른 뒤 뜻밖에도 센트랄을 지켜 내는 든든한 울타리로 둔갑했다. 이 물량이 IMF 사태가 터졌을 때 환율 효과를 톡톡히 보게 해 준 것이다. 애초 델코레미와 계약할 때 환율은 달러당 720원이었다. 그 환율이 1997년 12월 23일 최고치인 1,962원을 기록한 뒤 오랫동안 1,000원대 중반을 유지했다. 대한민국 제조업 전체가 휘청거린 그때, 센트랄은 델코레미 덕분에 큰 충격을 받지 않고 비교적 무사히 혼란의 터널을 통과할 수 있었다.

보그워너로 시작해 델코레미로 이어진 글로벌 OE의 첫 경험은 센트랄의 미래에 정확한 좌표를 제시했다. 해외 시장을 개척한다고 했을 때 누구를 만나 무슨 이야기를 해야 할지가 명확해진 것이다. 기존의 애프터서비스 시장과 완성차 OE 시장을 선순환 구조로 연결하는 큰 그림도 이때 나왔다. 이제는 변두리가 아닌 본진本陣에 도전장을 내밀 때가 됐다. 1996년 어느 날 센트랄 사람들은 자동차 산업의 메카랄 수 있는 미국 디트로이트로 향했다.

제너럴모터스

보그워너 물량을 계기로 글로벌 OE 사업에 자신감을 얻은 센트랄은 1996년 미국의 자동차 산업 현장을 본격적으로 답사하기로 했다. 행선지는 세계 자동차 산업의 메카랄 수 있는 미시간주 디트로이트 시티였다. 먼저 들른 곳은 미국을 대표하는 부품 기업 다나Dana와 페더럴 모굴Federal-Mogul이었다. 두 곳 모두 100년이 넘었거나 거의 다 되어 가는 역사적인 기업들이다. 물론 둘 다 볼 조인트를 생산하고 있었다.

현장에서 확인해 보니 두 기업 제품 모두 기술 수준이 그렇게 높지는 않았다. 센트랄 영업팀의 볼 조인트 분류표에 따르면, 하나같이 과거 세대 모델에 머물러 있었다. 뚜렷한 특징은 볼 조인트 내부에 그리스grease, 윤활유를 주입하기 위한 장치 '니플'이 있다는 것이었다. 정기적으로 그리스를 주입하지 않으면 안 될 정도로 당시 미국의 볼 조인트 마감 기술은 높지 않았다.

답사팀은 자신감이 생겼다. 엔지니어링 플라스틱 기술을 적용한 센트랄의 최신 설계가 미국 시장에서 먹힐 수 있겠다는 희망이 생겼다. 물론 니플을 없앤 일체형 볼 조인트 기술을 센트랄이 최초로 개발한 것은 아니다. 일본 도요타가 먼저 개발했지만 기술적 완성도가 높지 않아 현장에서 클레임이 자주 발생했고, 미국의 메이저 자동차 기업들도 그런 이유로 자신들의 차량에 채택하지 않고 있었던 것이다. 하지만 센트랄은 이 기술에 자신이 있었다. 미국 시장을 공략할 중요한 무기를 확인한 것이다.

즉석 강의

자동차 좀 안다는 사람들에게는 꿈의 공간인 제너럴모터스GM의 워런 테크니컬 센터GM Warren Technical Center 일정이 잡혔다. 그때는 GM SUV의 대표 모델인 블레이저Blazer가 2세대 생산을 막 시작한 시점이었다. 전 세계 21개 디비전division에서 블레이저를 생산하는데, 각각의 현장에서 스태빌라이저 링크Stabilizer Link를 어떻게 하면 효과적으로 연결할 수 있을지 아이디어를 구하는 자리였다.

안내를 받아 회의실로 가는 도중 이희방 전무는 누군가의 책상 위에 놓인 볼 조인트 하나를 발견하고 걸음을 멈췄다. 일행들도 함께 멈춰 섰다. 워런 센터에 동아시아 사람 여럿이 등장한 것 자체가 낯선 장면이었다. 사무실 여기저기서 힐끔힐끔 쳐다보는 시선들이 느껴졌다. 볼 조인트를 요모조모 뜯어보며 한참을 만지작거리던 이희방 전무가 안내해 주던 GM 직원에게 질문을 던졌다.

"여기 볼 조인트에 니플이 왜 있니?"
"그거야 그리스를 주입해야 하니까."

이 전무는 답답하다는 듯한 표정을 살짝 짓더니 주변을 두리번거리며 뭔가를 찾기 시작했다. 사무실 벽에 걸린 화이트보드가 눈에 들어왔다. 그는 일행을 데리고 보드 앞에 섰다. 그렇게 볼 조인트에 대한 즉석 강의가 시작됐다. 볼 조인트의 발전 역사가 칠판에 그려지기 시작했다. 단계별로 구조와 기능이 어떻게 변화되고 발전했는지 일목요연하게 정리됐다. 이 전무의 강의에 따르면 니플이 달린 GM의 볼 조인트는 시대에 뒤떨어져도 너무 뒤떨어진 모델이었다.

호기심이 발동한 직원들이 하나둘 다가오더니 어느새 보드 앞에 20여 명이 모여들어 이 전무의 강의에 몰입하고 있었다. 난생처음 들어 보는 볼 조인트 강의였다. GM 직원들은 볼 조인트 하나에도 역사와 발전 방향이 있다는 사실을 그때 처음 알았다. 당연히 질문들이 이어졌다.

"당신은 볼 조인트를 언제부터 만들었나?"

"몇 년 안 됐다."

"그런데 어떻게 그렇게 잘 아나?"

"우리는 꼴찌다. 후발 주자다. 1등을 따라가야 하니까 엄청나게 노력했다. 당신들은 원래 1등이었다. 그런데 안주했고, 나태했다. 이대로 가면 1등도 꼴찌 되는 건 한순간이다."

뜻밖의 즉석 강의로 GM 직원들에게 강렬한 인상을 남긴 이희방 일행은 원래 용건이던 스태빌라이저 링크 연결 아이디어를 교환하기 위해 시작실로 자리를 옮겼다. 블레이저 2세대 모델에 적용될 스태빌라이저 링크는 기존 것과 구조가 달랐다. 로어 암Lower Arm에 부싱bushing을 부착한 스틸 일체형이었다. 차체와 연결하기 위해서는 새로운 연결 부품이 필요했다. 모양과 기능에 관한 설계도는 나와 있지만 샘플을 만드는 데 드는 시간과 돈이 문제였다.

기존 절차대로 현지 협력사에 요청하면 최소 3개월은 걸릴 프로젝트였다. 금형부터 새로 제작해야 하기에 담당 부서의 비용 부담도 만만찮게 들었다. 당시 GM을 비롯한 미국의 메이저 자동차 기업들은 1980년대 일본 자동차에 빼긴 시장을 되찾으려고 대대적인 경영 혁신에 매달리고 있었다. 효율성과 효과성만 입증된다면 그 어떤 시도도, 그 어떤 파트너도 마다하지 않을 '열린 마음'을 갖고 있었다. 바로 그 시점에 센트랄이라는 낯선 한국 기업이 등장한 것이다. 이희방 전무는 이렇게 말했다.

"아르헨티나로 출장 갔다가 한국에 돌아가기까지 보름 정도 걸릴 거 같다. 아르헨티나 숙소로 정확한 규격을 (팩스로) 보내 주면 한국에 전달해 샘플을 제작하도록 하겠다. 우리가 출장 일정을 마치기 전에 이곳에 샘플이 도착할 것이다."

일주일 안팎으로 샘플을 보내 주겠다고? GM 담당자의 눈이 휘둥그레졌다. 그게 가능해? 금형 제작 등에 소요되는 비용 청구도 따로 없었다. 그렇게 짧은 시간에 희망하는 샘플을 아무 대가 없이 보내 줄 수 있는 기업이 지구상에 존재한다는 사실이 믿기지 않았을 것이다. 하지만 센트랄은 가능했다. 센트랄은 단조부터 가공, 조립까지 원스톱으로 제조 가능한 시스템을 오랫동안 운영하고 있었다. 창립 때부터 해 온 AS 사업도 든든한 데이터베이스 역할을 했다. 수많은 종류의 부품 데이터가 축적돼 있었기 때문에 GM이 원하는 규격과 모양을 뽑아

내는 것이 그렇게 어려운 과업은 아니었다.

센트랄이 만든 샘플은 DHL을 타고 약속한 시간 안에 GM 시작실에 도착했다. GM 입장에선 경이로운 장면이었다. GM 담당자는 내친김에 다른 샘플들도 부탁했다. 이런 거 가능한지, 저런 것도 가능한지 등등 설계도를 팩스로 보내면 1~2주 안에 센트랄이 만든 샘플이 어김없이 도착했다. 그 횟수가 거듭되는 만큼 센트랄에 대한 GM의 신뢰도 두터워졌다.

QS-9000

이희방의 즉석 강의 이후 GM과의 관계가 급속도로 가까워지면서 본격적인 거래 가능성도 커졌다. 그러나 GM과 공식적으로 거래하기 위해선 넘어야 할 산이 하나 있었다. 바로 'QS-9000'이라는 품질 기준 인증을 받아야 했던 것이다. QS Quality System-9000은 미국의 자동차 3사인 포드, GM, 크라이슬러가 1994년에 공동 개발한 것으로, 3사에 납품하는 업체는 반드시 받아야 하는 강제 인증 규정이었다. 달리 표현하자면 대미 수출 전선에 새로운 '비관세 장벽'이 등장한 것이다.

미국의 자동차 3사는 매년 7월과 12월에 인증 심사를 진행했고 1997년 7월부터 산업 현장에 이 제도를 공식 적용했다. 특히 GM은 1998년부터 2차 부품 업체까지 인증 대상에 포함시켰다. 우리나라에서는 만도기계가 1996년 7월에 QS-9000 인증을 받으면서 첫 테이프를 끊었다. 센트랄은 1997년 7월 여섯 명의 QS-9000 전담팀을 꾸렸다. 6개월간의 준비 과정을 거쳐 같은 해 12월 마침내 인증을 획득했다.

그사이 GM의 구매 본부도 움직이기 시작했다. 연구소에서 센트랄 신세를 톡톡히 진 담당자가 구매 본부와 연결해 준 것이다. 구매 본부 담당자는 존 그로스키John Grosky였다. 폴란드계인 그로스키는 한국과도 제법 인연이 깊었다. 부친이 한국 전쟁에 참전한 군인이었고, 전쟁 중 서울 명동성당을 배경으로 찍은 아버지의 흑백사진도 보관하고 있었다.

그로스키는 수량이 많지 않은, 1년에 2천 대 정도 생산하는 스포츠카 모델의 부품을 시범적으로 센트랄에 할당했다. 그로스키가 센트랄과 거래하며 놀란 부분은 바로 가격 경쟁력이었다. GM은 그때까지 부품 대부분을 계열사인 델파이Delphi Automotive를 통해 수급했다. 센트랄이 제시한 가격은 델파이의 절반 수준에도 미치지 않았던 것이다.

GM의 경영 혁신이 강도 높게 진행되던 그 시기에 그로스키는 센트랄을 통해 업무 실적을 높일 수 있는 절호의 기회를 잡았다. 구매 직원에게 실적은 '원가 절감' 말고 다른 기준이 없었다. 50% 이상 원가 절감이 가능한 옵션을 마다할 구매 직원이 과연 있을까? 물론 가격이 전부는 아니다. 품질이 확인되지 않으면 싼 가격은 오히려 화가 될 수 있다.

그로스키는 본인이 직접 센트랄의 생산 역량과 품질 수준을 확인하고자 한국의 창원 공장을 찾았다. 눈에 띄는 부품 아무거나 집어들 때마다 센트랄 직원들은 해당 부품의 도면을 대령했다. 그로스키는 도면과 제품을 꼼꼼하게 체크하며 안면 가득 만족의 미소를 머금었다.

서울에서는 ㈜대우가 그로스키를 밀착 마크했다. 아버지 사진의 배경인 명동성당을 구경시켜 주고, 아버지가 특히 좋아했다는 한국 반찬 멸치조림을 선물했다. 이런 과정을 거치며 사업적으로 그리고 인간적으로 가까워졌다. 그렇다고 센트랄이 무리하게 가격을 낮춰 제시한 것은 아니었다. 당시 GM과의 거래가는 국내 현대차 납품가보다 훨씬 높은 수준이었다.

최초의 설계 제안

QS-9000 인증을 마친 뒤 센트랄은 GM의 정식 거래처가 됐다. 조금씩 물량을 늘려 가던 중 1999년 GM으로부터 새로운 제안이 왔다. 중형 트럭 플랫폼 GMT 360에 적용될 요크yoke를 센트랄이 직접 설계해 달라는 내용이었다. 현가suspension 파트의 쇼크 업소버shock absorber, 일명 쇽업쇼바에 부착되는 부품이었다.

센트랄은 이전까지 글로벌 OE 사업에서 완성된 설계도면을 받아 그대로 제작하는 수준에 머물러 있었다. 완성차 기업이 제공한 설계도면에만 충실하면 추가 책임을 질 필요가 없었다. 하지만 설계에 참여하는 순간 그 지위와 책임이 달라진다. 설계 역량을 인정받는 대신 책임져야 할 영역은 넓어지기 때문이다. GM의 설계 제안은 센트랄에 한 단계 더 높은 수준을 요구하는 도전이자 기회였다.

원래 해당 요크는 빌스타인Bilstein과 삭스Sachs가 GM에 납품하던 물량이었다. 하지만 블레이저 모델에 들어가는 빌스타인 쪽 제품이 너무 크고 무거워서 양측 간에 지속적으로 이견이 발생했다. 빌스타인은 안전도를 유지하려면 그만큼의 크기와 중량은 불가피하다는 입장이었고, GM은 안전도를 유지하면서도 중량과 크기를 줄일 수 있다고 생각했다. 빌스타인과의 협의가 원활히 이루어지지 않자 그 대안을 센트랄에 문의해 온 것이었다.

다행히 센트랄은 그즈음 준비를 마친 상태였다. '컴퓨터 이용 공학CAE, Computer Aided Engineering'과 이를 해석하는 '유한 요소 해석FEA, Finite Element Analysis' 기법을 마스터한 전문 인력이 연구소에 배치된 지 얼마 지나지 않은 시점이었다. GM의 설계 제안은 이들 인력의 설계 및 해석 역량과 프로그램 운영을 위해 처음 도입한 워크스테이션 시스템을 실전에서 테스트할 수 있는 첫 번째 사례이기도 했다.

연구진은 빌스타인의 설계도면을 전달받고 분석 작업에 들어갔다. 재료와 강도를 시뮬레이션하면서 온종일 컴퓨터에 매달렸다. 하지만 처음 내디딘 발걸음이었기에 담당자들의 사기는 하늘을 찌를 듯했다. 아침 일곱 시 반에 출근해 밤 열 시 너머까지 컴퓨터와 씨름하며 데이터를 집어넣고 프로그램을 돌려도 시간 가는 줄 몰랐다. 결과 또한 만족스러웠다. 요크의 무게를 20~30% 정도 줄이는 데 성공한 것이다. 태평양 건너 GM의 엔지니어 파트 매니저도 고맙다는 메시지를 보내왔다.

첫 해외 사무소

GMT 360 요크를 설계하는 과정에서 센트랄과 GM 간의 소통은 질적인 변화를 겪게 된다. 설계도를 전달하면 그대로 제작하기만 하는 일방향 소통에서 미완성 설계도를 놓고 서로 의견을 교환하는 양방향 소통으로 발전한 것이다. 디트로이트와 창원을 오가는 팩스의 양도 하루가 다르게 많아졌다. 신뢰가 쌓이는 만큼 문의하거나 요구하는 내용도 폭발적으로 늘어났다. 급기야 GM이 센트랄을 재촉하는 상황이 연출됐다. 직접 직원을 파견해 달라고 요구해 온 것이다.

㈜대우의 글로벌 네트워크를 이용하는 것과 직접 직원을 해외로 파견하는 것은 전혀 다른 차원의 문제다. 비용 문제도 있지만 누구를 보내고, 무슨 임무를 부여할지 모두 백지 위에 그림을 그려야 한다. 기대 못지않게 모험도 감수해야 한다. 1999년 6월 센트랄은 과감하게 모험을 선택했다. 초대 파견 직원으로 선택된 인물은 연구소 3년 차 사원 서선민이었다. 경력이 많지 않은 그였지만 요크 설계 과정에서 GM 측의 요구에 효과적으로 대응한 능력이 높게 평가되었다.

사무소는 ㈜대우의 디트로이트 사무실에 책상 하나를 마련하는 것으로 갈음했다. 명함에는 센트랄과 대우 마크가 함께 찍혔다. GM 본사 말고도 디트로이트에는 잠재 고객사들이 즐비했다. 그들에게 센트랄을 알리는 것이 급선무였다. ㈜대우의 현지 에이전시에서 근무하는 데이브 코스그로브Dave Cosgrove가 파트너로 지정됐다. 야간에 센트랄 제품 카탈로그를 만들어 주간에 발품을 팔았다. 데이브가 다리를 놓고, 서 주재원이 홍보했다. 요청이 오면 무조건 달려갔고, 요청이 없어도 핑곗거리를 만들어 찾아갔다.

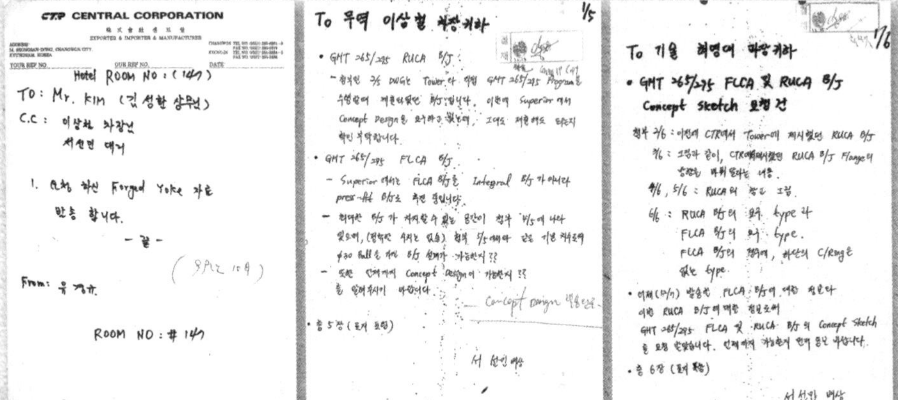

CTP CENTRAL CORPORATION

EXPORTER & IMPORTER & MANUFACTURER

Hotel ROOM NO : (147)

TO : Mr. KIM (김성한 상무님)

C.C : 이상철 차장님

서선인 대리

1. 요청하신 Forged Yoke 자료 받음 합니다.

- 끝 -

From : 유 ...

ROOM NO : # 147

To 무역 이상철 차장귀하 1/5

• GMT 265/295 RUCA B/J

- 첨부된 2/5 DWG는 Tower가 이번 GMT 265/295 Program을 수행함에 제출하였던 B/J입니다. 이번에 Superior에서 Concept Design을 요구하고 있는데, 그대로 제출해도 되는지 확인 부탁합니다.

• GMT 265/295 FLCA B/J

- Superior에서는 FLCA B/J를 Integral B/J가 아니라 press-fit B/J로 하면 좋겠답니다.

- 최대한 B/J가 차지할 수 있는 공간이 첨부 4/5에 나와 있으며, 첨부 5/5에 ... φ30 Ball을 가진 B/J 설계가 가능한지 ??

- 또한 언제까지 Concept Design이 가능한지 ?? 를 알려주시기 바랍니다.

• 총 5장 (표지 포함)

서선인 배상

To 기술 최영대 과장귀하 1/6

• GMT 265/295 FLCA 및 RUCA B/J Concept Sketch 요청 건

첨부 2/6 : 이전에 CTR에서 Tower에 제시했던 RUCA B/J

3/6 : 그림과 같이, CTR에서 제시했던 RUCA B/J Flange의 방향을 바꿔 달라는 내용.

4/6, 5/6 : RUCA의 참고 그림.

6/6 : RUCA B/J의 요구 type과 FLCA B/J의 요구 type. FLCA B/J의 경우에, 하단의 C/Ring은 없는 type.

• 어제(2/7) 발송한 FLCA B/J에 대한 질문과 이번 RUCA B/J에 대한 질문으로써 GMT 265/295 FLCA 및 RUCA B/J의 Concept Sketch를 요청 드립니다. 언제까지 가능한지 연락 주시기 바랍니다.

• 총 6장 (표지 포함)

서선인 배상

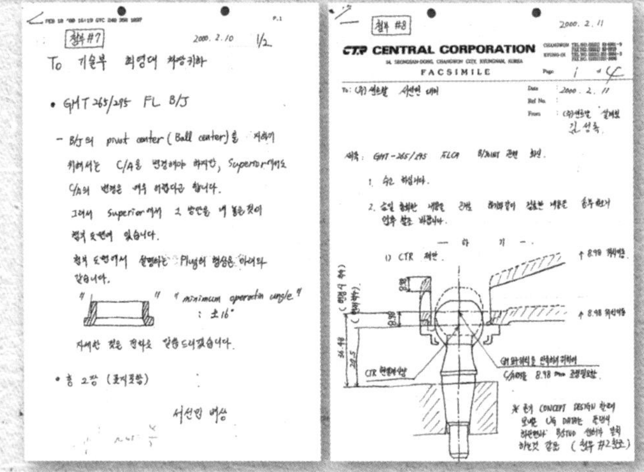

첨부 #7 2000. 2. 10 1/2

To 기술부 최영대 차장귀하

• GMT 265/295 FL B/J

- B/J의 pivot center (Ball center)를 지키기 위해서는 C/A를 변경해야 하지만, Superior에서는 C/A의 변경은 매우 어렵다고 합니다. 그래서 Superior에서 그 방안을 내 놓은 것이 첨부 도면에 있습니다. 첨부 도면에서 설명하는 Plug의 형상은 아래와 같습니다.

"minimum operating angle" : ±16°

자세한 것은 첨부로 알려 드리겠습니다.

• 총 2장 (표지포함)

서선인 배상

첨부 #8 2000. 2. 11

CTP CENTRAL CORPORATION

FACSIMILE Page 1 of 4

To : (주)센트랄 서선인 대리

Date 2000. 2. 11

From : (주)센트랄 설계실 김성욱

제목 : GMT-265/295 FLCA B/JOINT 관련 회신.

1. 수고 하십니다.

— 하 기 —

1) CTR 제안

디트로이트 사무소와 창원 본사가 주고받은 팩스

발품 파는 과정에서 한국에서는 구하기 힘든 자료들이 수집됐다. 날마다 업그레이드되는 GM의 요구 사항은 3~5쪽 분량으로 정리됐다. 중요한 자료와 GM의 요구 사항은 오후 다섯 시쯤 ㈜대우의 팩스를 이용해 창원으로 전송했다. 이튿날 아침 출근하면 한국에서 답변을 보내온 팩스가 수북이 쌓여 있었다. 서 주재원은 그 자료를 바탕으로 GM에 들어가 피드백하고 다시 요구 사항을 정리해 한국에 전달하기를 반복했다.

디트로이트에서 오후 다섯 시에 보낸 팩스는 한국 시간으로 오전 일곱 시에 창원에 도착했다. 당시 김성환 기술연구소장의 출근 일성은 "서선민이 보낸 팩스 갖고 와"였다. 출근과 함께 GM의 요구 사항을 최우선으로 검토한 뒤 곧바로 응답 자료를 작성했다. 설명이 필요할 때는 직접 통화했다. 국제전화비가 많이 나올 때는 월 100만 원이 넘기도 했다. 응답 자료 작성에는 1차적으로 연구소 전체가 움직였고, 필요한 경우 다른 부서도 가세했다. GM의 요구에 가히 전사적으로 대응했다 해도 과언이 아니었다. 질문 한 개가 도착하면 답변 열 개가 미국에 전달될 정도였다.

사무소 개소 효과는 오래지 않아 나타났다. GM의 중형 고급 승용차 라인 미드럭스[Mid-Lux] 플랫폼에 볼 조인트를 독점 공급하던 델파이가 경영상의 이유로 철수하게 된 것이다. 센트랄은 이때 델파이의 대안으로 급부상했다. 매일같이 얼굴을 맞대며 의견을 교환하고 아이디어를 제시한 결과였다.

물론 미드럭스 볼 조인트가 자동으로 센트랄 물량이 된 것은 아니다. 미드럭스 플랫폼은 GM 승용차 중에서도 가장 많은 모델과 생산 대수를 자랑하는 핵심 라인이었다. 델파이에서 센트랄로 거래처를 교체하기 위해선 GM 내부에서도 광범위한 공감대가 형성되어야 한다. 그때까지도 GM 직원들 대다수에게 센트랄은 극동 어디엔가 본사가 있다는 물음표투성이의 자그마한 부품 회사일 뿐이었다.

센트랄이 통과해야 할 시험대는 매주 1회 열리는 PDT[Product Development meeting]였다. 섀시 부문 관계자 20여 명이 모여서 매주 이슈 사항을 점검했다. 미드럭스 볼 조인트 공급자로 내정되면서 서 주재원도 이 회의에 참석할 수 있는 자격을 얻었다. 회의를 이끄는 브라이언 바우는 엄청나게 치밀한 사람이었다. 시험 결과는 어떻게 나왔는지, 결과가 나쁘면 그 이유는 무엇인지, 시험을 반복할 때 차이가 나타났는지, 기술적으로 어떤 한계가 있는지, 개선 포인트는 무엇인지, 양산은 언제쯤 가능한지 등등 매주 체크리스트를 쏟아냈다. 체크해야 할 이슈 숫자만 따지면 센트랄이 항상 상위권이었다. 그만큼 관심이 많았다.

물론 창원 본사도 PDT가 열리는 날에는 비상근무 체제에 돌입했다. 쏟아져 들어오는 체크리스트는 연구소를 비롯한 여

타 부서에 분배돼 응답 자료로 재탄생했다. 양산을 앞두고 시험 이슈가 부각되자 기존 시험실을 확대 개편하기 위한 대대적인 투자가 이뤄졌다. GM의 요구에 부응하는 과정은 녹록지 않았지만, 그만큼 센트랄의 역량은 글로벌 기준에 도달하고 있었다.

05

출구 전략

1990년대는 매우 특별한 시대였다. 미소 간 냉전 체제가 해체되면서 새로운 세계 질서가 역동적으로 형성되던 시기였다. 경제적으로는 사회주의 국가들이 새로운 시장으로 부상했다. 자본주의 시장 관점에선 신대륙 하나가 새로 발견됐다고 봐도 될 정도였다. 특히 오랫동안 소련 치하에 있던 동유럽이 주목받았다. 상당한 수준의 산업 기반을 갖추고 있으면서 서유럽과 육로로 바로 연결되는 장점이 있었기 때문이다.

제2의 칭기즈칸

'세계경영'이 핵심 슬로건이던 대우그룹이 동유럽을 간과할 리 없었다. 김우중 회장은 대우자동차를 선봉에 세워 폴란드 공략에 나섰다. 전통적인 농업 국가였던 폴란드는 공산주의 정권을 거치며 상당한 수준의 공업 기반을 갖춘 나라로 변신해 있었다(물론 효율성은 논외로 하고). 그단스크의 조선업, 크라쿠프의 철강업, 루블린의 자동차 공업이 대표적이다.

자유노조의 상징인 레흐 바웬사가 1990년 대통령에 취임하면서 폴란드는 해외 자본 유치를 위한 시장 개방에 적극적으로 나섰다. 정부가 직접 외국 기업과 지방 정부를 연결하는 지원사업을 진행했다. 폴란드에 투자한 해외 기업에는 최대 50%까지 법인세를 감면해 주고, 그 기간도 최대 15년까지 유지하는 파격적인 조건을 제시했다. 그 와중에 폴란드의 국영 자동차 기업 FSO(Fabryka Samochodów Osobowych)가 매물로 나왔다.

FSO가 매물로 나온 1995년 당시 폴란드의 자동차 시장은 연간 60만 대 규모였다. 이탈리아의 피아트가 41%, FSO가 16%, 미국의 GM이 7%로 전체 시장을 삼분하고 있었다. FSO 인수전에는 대우자동차 외에 GM을 비롯해 유럽의 내로라하는 자동차 기업들이 모두 뛰어들었다. 그만큼 매력적인 회사였다.

결과는 대우자동차의 승리였다. 다른 기업들이 대부분 '부분 인수'와 '구조조정'을 인수 조건으로 내건 것과 달리 대우는 2만여 명에 이르는 전체 직원의 고용을 고스란히 승계하겠다는 파격적인 약속을 내걸었다. 노동자를 중요하게 생각하는 사회주의권 정서를 제대로 공략한 것이다. 대우차는 1995년 10월 1억 4천만 달러에 FSO의 지분 60%를 인수하는 계약을 체결했다.*

대우의 FSO 인수가 갖는 상징성은 대단했다. 김우중 회장의 세계경영이 어떤 것인지 잘 보여 주는 핵심 사례였기 때문이다. 김우중 회장은 폴란드 자동차 시장이 5년간 30% 이상 성장할 것으로 내다보고 FSO를 지렛대 삼아 유럽 시장 진출을 꿈꿨다. 2000년까지 폴란드에 승용차 50만 대, 상용차 15만 대의 생산 라인을 구축해 유럽의 핵심 자동차 거점으로 육성하겠다는 계획이었다. 이를 발판 삼아 카자흐스탄, 우즈베키스탄 등을 거쳐 궁극적으로 러시아 시장에 진출하는 것을 목표로 세웠다.

대우차는 더없이 공격적으로 폴란드 시장을 파고들었다. 1995년 당시 16%에 불과했던 FSO의 점유율은 '대우-FSO'로 변신한 1996년 29%로 크게 뛰어올랐다. FSO의 주력이었던 폴란드 국민차 폴로네즈Polonez 외에 대우의 티코와 에스페로가 선풍적인 인기를 끌면서 나온 결과다. 특히 티코의 인기가 상상을 초월할 정도였다. 주문이 3개월 이상 밀리면서 현지 공장에서 조립한 물량으론 도저히 감당할 수 없는 수준에 이르렀고, 소비자들의 성화에 못 이겨 35% 관세를 물고 완성차를 한국에서 수입하는 경우까지 발생했다.**

티코 열풍은 사회주의 체제에 익숙한 폴란드 국민 입장에서는 난생처음 보는 경제적 활력이었다. 폴란드 언론이 김우중 회장을 “동아시아에서 온 제2의 칭기즈칸”이라고 부른 것도 무리는 아니었다. 김우중 회장의 꿈은 2000년까지 해외에서 100만 대, 국내에서 100만 대, 연간 200만 대를 생산하는 ‘세계 10대 메이커’가 되는 것이었다. 폴란드의 ‘대우-FSO’는 그 꿈을 이루기 위한 결정적인 구름판이었다.***

타당성 조사

김우중 회장의 원대한 꿈은 대우자동차 한 회사만으로는 이룰 수 없다. 1, 2만 대도 아니고 50만 대, 100만 대를 안정적으로 생산하려면 조립 공장뿐만 아니라 부품 생산 생태계도 함께 구축되어야 한다. 다행히 국영 기업이던 FSO는 전국에 걸

---

* 〈대우, 폴란드 국영자동차 FSO社 인수〉, 《경향신문》, 1995년 11월 16일 자, 11면.

** 〈“티코 사자” 직영점 앞 장사진〉, 《조선일보》, 1997년 9월 24일 자, 11면.

*** 〈‘진단 한국 車산업(22) 해외진출(上)’ 대우 10개국 상륙 “고속질주”〉, 《동아일보》, 1996년 7월 24일 자, 11면.

쳐 방대한 자기 네트워크를 이미 보유하고 있었다. 사회주의 특성상 효율성이 낮아서 그렇지, 웬만한 계열사는 모두 거느리고 있는 종합 자동차 기업이었던 것이다.

대우차 입장에서 FSO의 계열사들은 기회인 동시에 부담이었다. FSO가 소유권을 가진 계열사의 숫자와 범위가 너무 방대했기 때문에 대우그룹 혼자 힘으로는 감당하기 어려웠다. 그 안에는 자동차 사업과는 무관한 600만 평에 이르는 농장, 각종 리조트와 호텔, 심지어 고성castle 같은 부동산 자산들도 포함돼 있었다. 대우는 이 부담을 협력사들과 나눠 지기로 결정하고 설득 작업에 돌입했다. 대우차와 거래하고 있는 부품 기업들이 우선 대상이었고, 센트랄도 당연히 그 리스트에 포함됐다.

대우의 제안은 한국의 부품 기업들이 FSO의 계열사에 각자 투자하고 지분의 49%를 갖는 것이었다. 쉽게 말해서 소유권은 대우가 가지면서 국내 협력사들을 참여시켜 폴란드 내 계열사들을 활성화하려는 전략이었다. 국내 협력사들은 대우의 이런 제안을 거절하기가 쉽지 않았다. 국내 자동차 시장에서 2, 3위를 다투는 핵심 거래처이기도 했고(눈치), 그 짧은 시간에 실제로 폴란드에서 성공 신화를 써 내려가고 있기도 했기 때문이다(기대).

센트랄은 폴란드 남부의 인구 10만 도시 오폴레Opole의 부품

공장을 할당받았다. 오폴레 공장과 투자의향 양해각서를 작성하고 1997년 2월 선발대 두 명을 파견했다. 고문구 상무는 주재원 역할을, 김영일 차장은 생산 기술을 총괄하는 책임을 맡았다. 대우가 마련한 이상적인 그림은 폴란드에서 생산되는 대우차들, 예를 들어 티코, 마티즈, 라노스 등에 들어가는 부품들을 오폴레 공장에서 직접 생산, 공급하는 것이었다. 이 시스템을 구축하기 위한 각종 장비와 설비 내역 그리고 견적이 이들의 손에 쥐어져 있었다. 대우는 센트랄이 100억 원 정도 투자하기를 원했다. 물론 지분은 49%만 가지고.

오폴레는 폴란드에서 가장 오래된 도시 중 하나이면서 가장 작은 도시이기도 하다. 부품 공장이 있기는 하지만 산업적인 인프라가 상대적으로 잘 갖춰진 도시는 아니었다. 인수 대상인 공장을 방문했을 때의 첫인상은 1960년대의 부곡동 신신기계공업사를 보는 듯했다(선발대 두 사람 모두 부곡동 공장 근무 경험이 있었다). 기계와 장비는 2차 세계대전 때 쓰던 것을 그대로 사용하고 있었다. 한마디로 가내수공업 수준이었다. 게다가 옮기기로 예정된 공장은 사회주의 시절 방직 공장으로 쓰던 곳이었다. 모든 라인과 시스템을 백지 위에 새로 깔아야 하는 상태였다.

현장을 파악한 두 사람은 머리를 맞대고 사업 타당성을 분석했다. 현지 고용을 100% 보장하는 조건으로 꼼꼼하게 따져 보

센트랄에 할당된 오폴레 공장

니 투자금을 회수하는 데만도 최소 40년은 걸린다는 결론이 나왔다. 2037년은 돼야 본전을 찾을 수 있다는 말이다. 40년이면 강산이 네 번 바뀌는 세월이다. 그사이 세상이 어떻게 바뀔지도 모른다. 자칫하면 돈과 기술만 넘겨주고 빈손으로 돌아와야 할 수도 있다. 선발대는 부정적인 의견을 담아 창원으로 분석 결과를 보냈다. 며칠 뒤 본사에서 메시지가 도착했다.

"고생은 많겠지만, 원수지지 않고 물러서는 방법을 연구해라."

출구 전략

센트랄과 대우그룹은 일종의 '특수 관계'였다. 센트랄이 단순 수출 기업에서 명실상부한 글로벌 기업으로 성장하는 과정에 종합 무역상사인 ㈜대우의 역할을 빼놓을 수 없다. 그들의 방대한 네트워크와 적극적인 열정이 있었기에 센트랄은 자동차 산업의 핵심 시장인 미국에 교두보를 구축할 수 있었다. 물론 ㈜대우도 센트랄 덕을 적지 않게 봤다. 센트랄 덕분에 ㈜대우는 자동차 부품을 핵심 카테고리 중 하나로 안착시킬 수 있었으니까. ㈜대우에서 센트랄을 담당했던 인원을 모두 합치면 100명이 넘을 정도로 각별히 공을 들였다.

이처럼 막역한 사이였기에 현장에서 철수하는 과정이 간단할 수가 없었다. 대우 직원들은 센트랄 선발대를 만날 때마다 '빠른 행동'을 요구했다. 투자의향서대로 투자를 추진하라고 촉구한 것이다. 하지만 센트랄도 순순히 따를 수는 없었다. 100억 원이면 당시 매출의 10분의 1에 해당하는 엄청난 금액이다(1997년 센트랄 매출은 1,022억 원이었다). 대우그룹이 아무리 고마운 존재라 해도 회사 명운을 그들에게 맡길 수는 없었다.

선발대의 대응 전략은 한마디로 '시간 끌기'였다. 최대한 의심을 덜 받기 위해 두 사람은 '열심히' 일했다. 일단 사무실 리모델링부터 했다. 방이 많던 사무실을 터서 개방된 공간으로 디자인했다. 김영일 차장은 공장 개선 활동에 매진했다. 라인 위치를 옮기고 기계를 정비하며 생산성 향상에 힘썼다. 마치 머지않아 실투자가 있을 것처럼 분주하게 움직였다. 대우 쪽에서 보면 일종의 '희망 고문'이랄까?

물론 대우도 바보가 아니다. 그 정도로 넘어가진 않았다. 기회가 있을 때마다 대우는 센트랄의 결심을 확인하고 싶어 했다. 그때마다 고문구 상무는 센트랄의 일본 지분을 핑계 댔다. "우리 회사로 봐선 엄청난 규모의 투자다, 센트랄에 일본 지분이 있지 않냐, 일본 주주 승인을 받아야 하는데 의견이 좀 갈린다, 시간이 걸릴 것 같다, 기다려 달라"라는 식으로 순간순간을 모면했다. 강태룡 사장과 직접 통화하겠다고 우기면 "지금 한국에 안 계신다"라며 잦은 해외 출장이 핑계가 됐다. 그렇게 하루를, 일주일을, 한 달을, 한 분기를 버텨 냈다.

그사이 대한민국에서 IMF 사태가 터졌다. 나라가 부도 나는 상황이 벌어진 것이다. 한국 경제가 IMF 체제로 편입되면서 대기업의 경영 환경도 급격히 바뀌었다. 1998년으로 넘어가면서 대우그룹이 흔들리기 시작했다. 4월에 3조 5천억 원에 달하는 회사채를 발행하는가 싶더니 가을에 본격적으로 구조조정에 들어갔다. 마흔 개가 넘는 계열사를 열 개 안팎으로 줄이고, 살아남은 계열사도 고유 사업에만 전념한다는 조건이 달렸다.*

폴란드 시장에서 대우그룹을 바라보는 시선도 싸늘하게 식어 갔다. 한때는 칭기즈칸을 떠올리게도 했지만 IMF 상황은 한국을 '망한 나라'로 바라보게 했다. 폴란드 현지의 대우 직원들도 흔들리기 시작했다. 만날 때마다 투자를 닦달하던 아무개 직원은 98년 하반기부터 센트랄에 필요한 정보를 솔직하게 제공했다. 대우의 미래가 불투명한 상황에서 더 이상 협력사

* 〈大宇그룹 구조조정 채권단이 직접 추진〉, 《조선일보》, 1999년 7월 24일 자, 1면.

1998년 폴란드의 대우-FSO 관계자들과 회의하는 모습(오른쪽에서 세 번째가 김영일 차장, 네 번째가 고문구 상무이다)

의 투자를 종용할 수 없었던 것이다.

센트랄 선발대는 1998년 10월 마침내 폴란드에서 철수했다. 센트랄의 결정이 아니라 새로운 가능성을 찾을 수 없었던 대우그룹의 요청에 따른 것이었다. 직접적인 투자가 없었기 때문에 센트랄은 선발대가 쓴 경비 말고는 추가 손실이 없었다. 하지만 대우그룹만 믿고 투자를 감행했던 10여 개의 다른 협력사들은 대부분 부도가 나는 등 막대한 경영 손실을 입고 말았다. 회사 운명을 힘센 기업에 맡긴 대가는 치명적이었다.

챕터 11

한편 대우그룹은 1999년 내내 구조조정 상황에 놓였다. 8월 12개 계열사가 워크아웃에 돌입한 데 이어 11월 김우중 회장을 비롯한 사장들 모두가 자리에서 물러나면서 본격적으로 해체 수순을 밟게 된다. 그 여파는 바다 건너 미국에도 고스란히 전달됐다.

㈜대우의 미국 현지 법인이자 센트랄의 미국 사무소 공간을 제공하던 대우 아메리카가 2000년 3월 17일 미국 뉴저지주 법원에 미국 파산법에 근거한 '챕터 11Chapter 11'을 신청했다. 챕

터 11은 우리나라의 기업 개선 작업[워크아웃]과 유사한 절차로, 법원의 보호 아래 채무자가 자산과 사업을 그대로 유지하게 하면서 채무 내용과 사업 구조를 조정하기 위한 절차다. 신청과 동시에 자동으로 채권자의 권리 행사가 중지되며 채무자가 계속 경영할 수 있다는 장점이 있다.

㈜대우의 상황은 절박했다. 하드웨어 중심의 다른 계열사와 달리 ㈜대우는 소프트 파워가 중요한 기업이다. 네트워크와 노하우가 핵심 경쟁력이었기에 대우 이름을 그대로 두고 살려볼 만하다고 생각한 거의 유일한 기업이었다. 하지만 국내 은행의 시각은 냉정했다. 종합 무역상사가 ㈜대우 말고도 여럿 있었기 때문에 굳이 살려야 할 이유가 없다고 본 것이다. 따라서 미국 법정에 의뢰한 챕터 11 상황에서 ㈜대우가 어떤 평가를 받고 채권단과 어떻게 협상하느냐가 매우 중요했다.

하지만 챕터 11이 발동되면서 자금 흐름에 문제가 생겼다. 당시 미국 거래의 계약 당사자는 센트랄이 아니라 대우로지스틱스였다. 돈이 입금되면 대우가 수수료를 제한 금액을 센트랄에 지급하는 방식이었다. 그런데 챕터 11 상황에서는 대우가 자의로 자금을 운용할 수 없었다. 법원이 지정한 은행의 동의를 거쳐야 했고, 이 때문에 센트랄에 가야 할 돈이 묶이는 상황이 자주 발생했다. ㈜대우와 거래한 다른 기업들의 상황도 마찬가지였다. 채권단에 압류되는 순간 돈을 못 받을 수도 있는 상황이 예견되자 하나둘 ㈜대우를 떠나기 시작했다.

악순환 구조가 만들어지고 있었다. ㈜대우를 떠나는 기업이 늘어날수록 채권단의 평가는 박해질 수밖에 없었고, 채권단의 평가가 박해지는 만큼 관계 기업들의 탈출에 가속도가 붙는 형국이었다. ㈜대우는 브레이크가 필요했다. 그들을 떠나지 않고 신뢰하는 기업이 있어야 채권단을 상대로 설득할 수 있었다. 다행히 대표적 기업 두 곳이 ㈜대우 편에 섰다. 대기업은 포스코가, 중소기업은 센트랄이 끝까지 남겠다고 약속한 것이다.

채권단에게 센트랄 카드는 매우 매력적으로 보였다. ㈜대우를 통해 수주한 센트랄의 물량 상당수가 OE 사업이다. 주문 시점부터 짧게는 2~3년, 길게는 5~6년은 걸려야 성과가 나오는 중장기 프로젝트들이다. 그중에는 계약 기간이 10년에 육박하는 것도 있었다. 그만큼 ㈜대우의 역할도 연장될 수 있다. 물론 센트랄 경영진의 의지가 워낙 분명했다. 강태룡 사장은 ㈜대우에 "우리가 앞장서 주겠다"라고 약속했고, 이희방 전무는 채권단에게 "대우가 먼저 우리와 함께하지 않겠다고 말하지 않는 이상 우리는 계속 간다"라고 확언했다. 어렵던 시절에 도움을 받았기 때문에 ㈜대우가 어려울 때 도와야 한다는 것이 센트랄의 공식 입장이었다.

2000년 11월 대우자동차는 최종 부도 처리가 됐다. 하지만 그해 12월 ㈜대우는 무역 부문만 분할해 ㈜대우인터내셔널로 새 출발을 하는 데 성공했다. 2003년 12월에는 워크아웃을 졸업했고, 2010년 11월 포스코 그룹에 편입되면서 오늘날 우리가 아는 '포스코인터내셔널'이란 이름을 갖게 됐다.

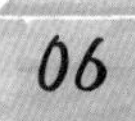

티핑 포인트

2000년 GM의 주력 모델은 중형 고급 승용차를 지향한 '미드럭스' 라인이었다. 이 플랫폼에 볼 조인트를 공급하던 델파이가 경영상의 이유로 철수하면서 센트랄이 핵심 후보로 급부상했다는 사실은 앞서 밝혔다. 센트랄은 GM 본사에서 매주 1회 열리는 PDT Product Development meeting에 전사적으로 대응하면서 주어진 기회를 붙잡는 데 성공한다.

GM 전용 공장

GM은 엄청난 물량을 약속하면서 동시에 전용 생산 체제를 요구했다. 그들이 요구한 생산 체제의 핵심은 '선입선출 방식 FIFO, First-In First-Out'이었다. 먼저 생산한 것을 먼저 출하하는, 즉 생산 순서대로 출하하는 방식이다. GM이 이 방식을 요구한 이유는 부품 하나하나를 추적할 수 있게 하기 위해서였다. 모든 부품에 생산 단위인 로트Lot 넘버를 새겨 품질을 철저히 관리하겠다는 의지의 표현이었다. 예를 들어 어떤 제품에 고객 클레임이 발생했다면, 해당 로트를 추적하여 선제적으로 대응할 수 있게끔 한 것이다.

당시 센트랄에는 만만찮은 도전이었다. 그때까지 센트랄은 주문 수량에 따라 (좋게 표현하면) 융통성 있게 공급하는 방식을 취했다. 납기에 맞출 수만 있다면 오늘 만든 것과 일주일 전에 만든 것, 한 달 전에 만든 것들을 섞어 공급해도 아무 문제가 없었다. GM이 요구한 선입선출 방식은 재고 관리 관점에선 경직되게 보일 수 있다. 그러나 공장 경영 관점에선 단기간에 글로벌 수준으로 혁신을 이룰 수 있는 절호의 기회이기도 했다.

강태룡 사장은 GM 전용 공장을 신축하기로 결정하고, 1999년 창원 차룡단지에 부지를 마련했다. IMF 직후 도산한 기업이 적지 않아 부지를 확보하기는 어렵지 않았다. A동에는 본사 공장에서 냉간 단조 설비를 옮겨 왔고, B동 1층에는 가공, 2층에는 조립 설비를 구축했다. 공장 설계와 시공 과정에 GM도 적극 개입했다. 완공을 앞둔 시점에는 직접 직원을 파견해 현장을 확인했다.

2000년 8월 마침내 센트랄의 GM 전용 공장이 차룡단지에

2000년 4월 GM 미드럭스 볼 조인트 첫 출하 기념

문을 열었다. 차룡 공장 혹은 센트랄 2공장이라 불렸던 이곳에서는 GM 미드럭스 라인에 공급될 볼 조인트와 컨트롤 암 등을 전문으로 생산했다.

GM과의 거래가 본격적으로 시작되면서 센트랄의 영업력도 한층 강화됐다. 2000년대에 들어서면서 센트랄은 ㈜대우라는 우산에서 벗어나 독자적인 영업망을 구축하기 시작했다. 미국 사무소에 파견된 서선민 주재원을 중심으로 새로운 비즈니스 네트워크가 하나둘 만들어졌다. 특히 ㈜대우의 현지 에이전시인 GT 소속의 데이브 코스그로브가 센트랄을 전문으로 담당하며 가교 역할을 톡톡히 했다. 그는 2000년대 후반 GT에서 독립해 센트랄을 전담하는 마케팅 회사 CS[Central Sales]를 설립했다.

글로벌 OE 파트너

GM의 혁신이 성공하면서 매우 보수적이라고 알려진 포드도 글로벌 소싱에 관심을 보이기 시작했다. 포드의 1차 벤더사[vendor company]인 비스테온[Visteon]에 볼 앤드 너트[ball & nut] 형식의 스티어링 기어[steering gear]를 공급하는 물량이 경쟁입찰로 전환되면서 센트랄에도 기회가 왔다. 입찰 시각은 한국 시간으로 새벽 한

시. 이창희 과장을 비롯한 무역부 직원들은 대회의실에 콘퍼런스 콜Conference Call 시스템을 갖추고 입찰에 응했다.

입찰을 끝낸 뒤 이창희 과장은 곧바로 미국 출장길에 올랐지만 성과가 바로 나오지는 않았다. 한 차례 더 출장을 다녀온 뒤에야 비스테온에 견적을 낼 수 있었다. 처음 수주한 물량은 포드의 SUV 모델인 익스플로러의 ITRInner Tie Rod이었다. 처음에는 물량이 많지 않았으나 센트랄의 견적이 본격적으로 들어가면서 수주 물량도 폭발적으로 늘었다. 2004년에는 포드 픽업트럭과 SUV 모델에 들어가는 OTROuter Tie Rod 200만 개를 수주했다.

크라이슬러와는 2000년 중반 엘리베이터로도 유명한 티센크루프ThyssenKrupp를 통해 거래가 성사됐다. 대표적인 지프 모델인 그랜드 체로키Grand Cherokee에 센트랄의 ITR과 OTR이 공급됐다. 이로써 미국의 빅스리Big Three, 즉 GM, 포드, 크라이슬러와 거래하게 됐다.

비스테온과 쌓은 신용은 곧바로 유럽 자동차 시장으로 이어졌다. 1990년대 말 자동차 업계의 인수합병은 전 지구적 차원에서 진행되고 있었다. 스웨덴의 볼보, 영국의 재규어와 랜드로버 등이 모두 포드와 합병되면서 비스테온이 공급하는 부품 시장 또한 유럽 전역으로 확대되었다. 포드의 유럽 진출 모델인 EUCD 플랫폼이 본격화되면서 140만 개의 물량이 센트랄에 떨어졌다.

당시 비스테온 유럽 내부에서는 독일의 자동차 부품사인 'ZF' 파와 미국의 자동차 부품사인 'TRW' 파가 팽팽하게 경쟁하고 있었다. 하지만 센트랄은 유럽 본토의 강호들과 경쟁하면서 기회를 잡아냈다. 미국에서의 실적이 중요한 판단 근거였음은 물론이다. 독일을 중심으로 한 유럽 시장 개척은 독일 아헨공대 출신 박영규 사장이 센트랄에 영입되면서 탄력을 받았다.

비스테온과 티센크루프 외에도 넥스티어[Nexteer]와 ZFLS 등의 글로벌 1차 벤더사들과 차례로 연결되면서 센트랄의 OE 시장은 폭넓게 확대됐다. 미국의 빅스리 브랜드를 비롯해 대다수 유럽 자동차 브랜드에도 센트랄 부품이 들어가게 됐다. GM 미드럭스 라인을 유치한 지 20여 년이 지난 오늘날 센트랄은 전기차 브랜드 5개사를 포함해 전 세계 43개 완성차 브랜드에 OE 부품을 공급하고 있다.

알루미늄 단조

센트랄이 1990년대 중반 이후 글로벌 OE 시장에 진출하면서 얻은 부가 효과는 바로 '정보'였다. 세계 자동차 시장이 어떻게 변화하고 흘러가는지 현장에서 실시간으로 정보를 수집할 수 있게 된 것이다. 변화의 트렌드 중에 가장 먼저 눈에 띈 것은 '경량화'였다. 특히 아우디, BMW, 벤츠 등 유럽산 고급 자동차들이 부품 재질로 알루미늄을 사용하는 사례가 빠르게 늘고 있었다.

당시만 해도 알루미늄은 주조 외에는 다른 가공 방법이 없다고 생각했다. 그런데 유럽에서는 알루미늄 단조 기술을 확보해 일부 완성차에 적용하고 있었다. 전기차가 아직 가시화되기 전이었지만 차량 경량화가 대세가 되리라는 전망은 충분히 가능했다. 환경 문제가 심각해지면서 연료 효율성을 확보하는 것이 무엇보다도 중요한 기술로 부각됐기 때문이다. 국내에서는 알루미늄 단조 기술을 보유한 곳이 없었다. 따라서 이 기술을 센트랄이 확보한다면 미래 먹거리가 될 것이 분명했다.

센트랄은 1990년부터 기술연구소를 보유하고 있었다. GM의 요구에 적극적으로 대응하면서 연구소 규모가 커지고 역량이 몰라보게 강화됐다. 게다가 타이밍도 좋았다. 21세기가 막 시작된 그 시점에 경상남도는 새로운 세기의 주력 산업으로 집중 육성할 '지식집약형 기계산업육성 5개년 계획'을 수립하고 있었다. 사업 명칭은 '메카노 21'로, 기계Mechanics와 지식Knowledge을 결합한다는 뜻이다. 경상남도는 이 사업에 국비 478억 원을 유치하고 지방비 147억 원을 보태 전체 사업비 625억 원을 확보했다.*

센트랄은 알루미늄 단조 기술 개발을 경상남도의 국가 기술 과제로 제안했다. 산업자원부 산하 생산기술연구원과 재료연구소가 이 프로젝트에 동참했다. 2001년에 사업을 시작해 2005년까지 기술 개발을 완성한다는 계획이었다. 당시 연구소는 김성환 소장상무이 이끌었고 메카노 21 프로젝트에는 정순종 차장과 김주현 차장, 정순철 대리가 참여했다.

기술 개발은 순조롭게 진행됐다. 기술을 상용화할 수 있는 체계도 이 기간에 구축됐다. 현대모비스와 독일 ZF 그리고 강태룡 사장이 합작한 알루미늄 부품 가공 조립 회사인 'ZFLK'가 2003년에 출범했다. 기술 확보에 어느 정도 성공한 시점인 2004년 센트랄은 밀양에 알루미늄 단조 전문 공장을 세웠다. 기술 개발과 동시에 센트랄이 생산한 알루미늄 단조 부품이 ZFLK에서 조립돼 현대기아차 등에 납품되는 시스템이 가동된 것이다.

알루미늄 단조 기술은 예상했던 대로 오늘날 센트랄의 핵심

---

* 〈경남 주력산업 재편 '메카노 21 프로젝트' 본격 추진〉, 《부산일보》, 2001년 1월 3일 자.

글로벌 OE 사업의 주역들(왼쪽부터 시계방향으로 김성환 소장, 박영규 사장, 서선민 팀장, 이창희 팀장)

성장 동력으로 자리 잡았다. 특히 2010년대부터 전기차가 본격적으로 출시되면서 경량화를 위해 없어서는 안 될 기술로 자리매김했고, 그 수요 또한 세계적으로 급증하고 있다. 센트랄은 2011년부터 이 부품들을 수출하기 시작해 가파른 성장세를 거듭하고 있다.

러시아 애프터마켓

1990년대 중반 센트랄이 글로벌 OE 사업에 진출할 즈음 애프터마켓 시장에서도 새로운 기회가 찾아왔다. 1996년 어느 날 블라디슬라프Vladislav라는 이름의 러시아 무역상이 센트랄 사무실을 방문했다. 무역과의 홍영표 대리와 마주 앉은 그는 센트랄의 애프터마켓용 제품 카탈로그를 보고 6만 달러어치를 체크한 뒤 그 자리에서 현금 3만 달러를 선급금으로 내놓았다. 명함도 없던 그는 블라디보스토크로 약속한 물량을 보내 주면 나머지 잔금을 지급하겠다고 말한 뒤 사라졌다.

느닷없는 그의 방문에 센트랄 경리과와 주거래 은행이었던 외환은행은 잠시 혼란에 빠졌다. 혹시 러시아 마피아와 연계된 위폐가 아닐까 의심했던 것이다. 다행히 돈은 진짜였고, 블

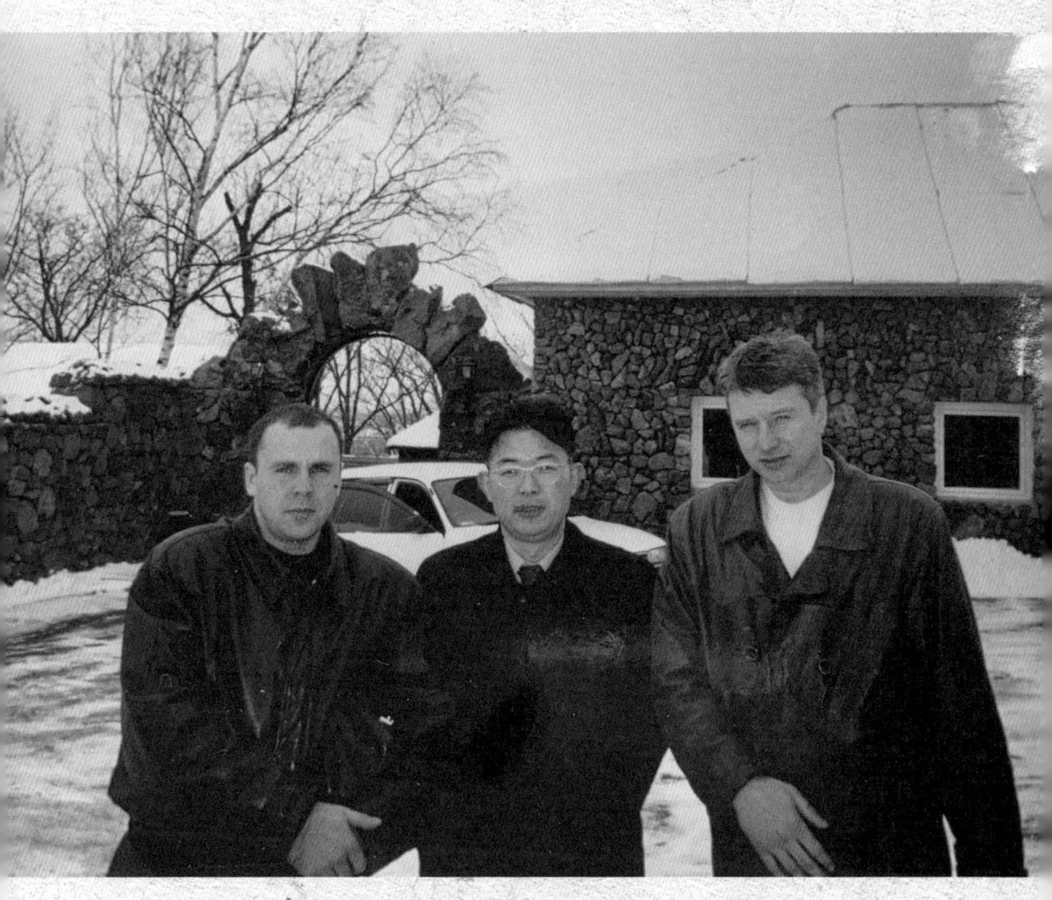

러시아 자동차 부품 무역상 블라디슬라프(맨 왼쪽)와 홍영표(가운데)

라디슬라프도 자동차 부품 무역상을 꿈꾸는 신참 사업가임이 밝혀졌다. 하지만 의문은 쉽게 풀리지 않았다. 그는 센트랄을 어떻게 알았을까? 뭘 믿고 적지 않은 현금 3만 달러를 선뜻 내놓았을까?

센트랄의 경영이 안정을 찾은 1994년 애프터마켓 수출을 확대하기 위해 독자 브랜드 'CTR'이 제작됐다. 이때부터 센트랄의 부품은 일본중앙자공의 '존슨'이 아닌 CTR 마크를 달고 해외 시장으로 퍼져 나갔다. 이희방 전무가 주도한 공격적인 마케팅 활동지식 마케팅도 조금씩 입소문이 나고 있었다.

아랍에미리트 두바이의 애프터마켓 시장이 입소문의 허브로 추정되었다. 그곳은 중동과 아프리카는 물론 러시아까지 유통망이 뻗어 나가는 중요한 요충지로, 일본중앙자공 시절부터 센트랄 부품들이 많이 수출되던 곳이었다. 그곳에서 CTR이라는 새로운 브랜드가 현지 딜러들 사이에서 가격 경쟁력이 있으면서 품질도 믿을 만한 제품으로 높이 평가받았다. 그 소문이 러시아 극동에서 신사업을 구상하고 있던 블라디의 귀에까지 들어간 것이다.

센트랄 무역부는 1996년 6만 5천 달러의 실적을 올린 러시아 거래선을 새로 추가했다. 그해 전체 6억 1,845만 원의 실적에서 약 9%에 해당하는 5,540만 원 수준이니 썩 괜찮은 성과였다. 러시아 시장에서 이 정도 규모가 한동안 유지되다가

2001년에 새로운 분기점을 맞게 된다. 러시아 극동 지역에서 실적을 쌓은 블라디가 우랄산맥 너머의 모스크바 시장에 야심차게 진출한 것이다. 당시 러시아 부품 시장에서는 일본의 '스리파이브555'가 압도적 1위를 차지하고 있었는데, 블라디는 이에 도전하겠다는 취지로 회사 이름을 '스리나인999'으로 지었다.

러시아 전체 시장을 향한 그의 도전은 제대로 성공했다. 5~6만 달러에 머물던 실적은 2001년 23만 7천 달러로 훌쩍 뛰나 싶더니, 2004년에 110만 달러를 돌파했고 2010년에는 그 열 배에 가까운 1,011만 달러라는 놀라운 실적을 올렸다. 물론 그사이 센트랄 영업팀이 블라디에게만 의존했던 것은 아니다. 센트랄이 자체 개발한 라인을 포함하면 2011년 러시아 시장에서만 2,136만 달러라는 경이로운 실적을 달성했다. 러시아 영업을 시작한 지 15년 만에 329배에 이르는 성과를 올린 것이다.

물론 러시아 시장이 평화롭게 성장만 한 것은 아니다. 2014년 우크라이나 혁명 직후 크림반도가 러시아 수중에 떨어지면서 서방 세계가 러시아를 제재하게 되는데, 그 여파가 루블화 폭락으로 이어졌다. 1달러에 40루블 하던 환율이 60~70루블까지 오르며 루블화의 가치가 거의 반토막이 났다. 이 과정에서 기존 거래선이 대혼란에 빠졌다. 센트랄의 러시아 거래선은 스리나인과 로스코Rossko가 대표적이었는데, 로스코가 환율 폭락을 이유로 주문을 대량 취소하면서 뒤죽박죽돼 버린 것이다.

이때 스리나인과 센트랄 사이에 신뢰가 깨지면서 860만 달러약 94억 원의 미수금이 발생하게 된다. 이 금액을 그대로 두면 고스란히 손해가 되기 때문에 당시 센트랄은 미수금 반환 소송을 진행하기 위한 법인을 러시아 현지에 세우기로 했다. 2017년 12월 법인이 만들어지고 시작된 수금 작업은 아직도 진행 중이다(2019년 기준 50% 정도 회수했다고 한다). 하지만 전화위복이라고 해도 될까? 이 법인은 2018년부터 '판매 법인'으로 전환되어 본격적인 비즈니스 거점으로 활용되고 있다.

마케팅 이론 중에 '티핑 포인트Tipping Point'라는 개념이 있다. 눈에 띄지 않을 정도로 미미하게 진행되던 변화가 폭발적으로 일어나면서 모든 현상을 바꿔 버리는 순간을 가리킨다. 센트랄의 티핑 포인트는 언제일까? 글로벌 OE 사업에서는 GM의 미드럭스 라인을 수주한 순간이, 글로벌 애프터마켓에서는 러시아 모스크바 시장에 진출한 순간이 아닐까?

07

경착륙

1997년 말 IMF 사태 이후 한국 자동차 산업은 큰 변화를 겪는다. 쌍용자동차는 중국 상하이자동차에 팔렸다가 인도계 마힌드라에 넘어갔고, 삼성자동차는 르노에 매각됐다. 한때 현대자동차를 위협할 정도로 기대를 모았던 대우자동차는 흑자도산을 한 뒤 부침을 거듭하다 2006년 주력 생산 부문은 한국GM에, 버스와 상용차는 분할 매각되면서 파편화 수순을 밟았다. 기아자동차는 현대자동차에 인수·합병됐다. 현대차 그룹을 제외하면 기존 완성차 기업들은 사라지거나 해외 완성차 기업의 '생산 기지'로 전락하고 말았다.

글로벌 정체

현대자동차는 기아와의 인수합병을 기업 성장의 기회로 적극 활용했다. 동일 플랫폼에서 공급하는 제품군을 늘리며 생산 호환성을 크게 높였다. 생산 공정에 로봇을 도입해 숙련 노동자에 대한 의존도는 크게 낮췄다. 1999년에 발표한 '품질경영선언'은 현대를 글로벌 메이커로 성장시키는 중요한 발판이 됐다. 만 5년 만인 2004년 미국 시장에서의 품질 비교 지표인 초기품질지수IQS(신차 출시 후 3개월간 100대당 결함 수)에서 도요타와 유사한 수준을 달성했고, 내구품질지수VDS도 2000년대 후반 획기적인 개선이 이뤄지면서 국제적인 산업 평균에 도달했다.*

1997년의 IMF가 대한민국의 자동차 산업을 뒤흔들었다면, 11년 뒤인 2008년에 불어닥친 세계 금융 위기는 세계 자동차 산업의 문법을 근본적으로 바꿔 놓았다. 성장 일로를 걷던 자동차 산업이 눈에 띄게 정체 국면에 접어든 것이다.

2010년대 들어서는 국가별 환경 기준이 강화되면서 내연기

---

* 남종석 등, 《한국자동차산업과 미래 자동차의 도전》 중 1장 '한국 자동차산업의 현황 및 위기', 형설출판사, 2019 참고.

관 자동차에 대한 규제가 심화하고, 전기자동차 등 미래 자동차에 대한 기대와 수요가 빠르게 확대되면서 글로벌 완성차 업체들은 엄청난 혁신 압력을 받게 된다. 전기차와 자율주행 등 모빌리티 혁신 분야에 투자를 확대하는 것과 반비례로 기존 내연기관 분야에서는 수천 명 단위의 인원 감축과 공장 폐쇄가 잇따르고 있다. 게다가 2020년 전 세계를 덮친 코로나 팬데믹은 이미 시작된 변화에 가속 페달을 밟았다.

움츠러든 세계 경제가 구조조정에 돌입하면 수출 주도산업은 직접적인 타격을 받을 수밖에 없다. 매출은 정체되고 수익률은 악화된다. 2016년 이후 현대차 그룹의 자동차 생산 대수 감소폭이 세계 주요 자동차 메이커 가운데 가장 크게 나타난 것은 우연이 아니다. 문제는 그 영향이 완성차 기업에 머물지 않고 수많은 협력 기업들에 고스란히 전파된다는 사실이다. 예를 들어 선도 기업이 수익률을 방어하기 위해 협력 기업들에 대해 중간재 매입을 줄이고 납품 단가 인하를 압박하게 되면, 협력 기업들은 매출액이 감소하고 수익성이 악화되면서 신규 투자를 축소할 수밖에 없다.

한국의 수출 주도 선도 기업들이 지난 20여 년간 추진한 혁신은 상당 부분 협력 기업에 그 부담을 떠안기는 방식으로 진행됐다. 자동차 분야만 좁혀 본다면, 핵심 부품을 협력 기업에만 의존하지 않고 수직계열화를 통해 자체 조달하는 체계를 구축한 것이 가장 큰 변화였다. 이른바 '모듈화'란 이름으로 진행된 이 혁신으로 선도 기업의 핵심 부품 공급 체계는 안정화됐지만, 계열사에 속하지 않는 협력 기업들의 협상력은 크게 약화되는 부작용이 일어났다. 선도 기업은 가치 사슬에서 부가가치가 높은 제품 개발과 마케팅에 집중하고, 부가가치가 낮은 공정은 외부 협력 업체들이 떠안게 된 것이다.

《한국자동차산업과 미래 자동차의 도전》이라는 책에서 남종석 박사는 "자동차 산업의 거래 네트워크는 거래 단계별 위계적 구조를 지니고 있으며, 거래 형태는 전속 거래의 성격을 강하게 띠고 있다"라고 진단했다. 전속 거래 방식은 선도 기업의 경쟁력을 강화하는 만큼 협력 기업의 예속성 또한 강화시켰다. 협력 기업들은 제품 혁신을 위해 노력하기보다는 선도 기업에 납품하는 중간재 단가를 낮추기 위해 공정 혁신에 매달렸다. 신제품을 개발해 판로를 개척하려는 노력은 전속 거래 시스템 아래에서는 시도조차 하기 어렵게 된 것이다.

2015년 통계에 따르면, 국내 부품 시장에서 현대차 그룹이 차지하는 비중이 79%로 압도적이다. 현대차 그룹이 독과점에 가까운 지위를 갖고 있기에 협상력이 취약한 협력 업체들의 수익성은 매우 낮을 수밖에 없다. 현대차를 제외한 외국계 완성차 기업들의 상황도 크게 다르지 않다. 그들에게 한국 공장은 여러 생산 기지 중 하나일 뿐이다. 한국 자동차 산업 전체를 생각할 이유가 없다. 그들에게 국내 협력 업체들은 부가가치가 낮은 중간재를 가능한 한 저렴하게 공급받는 통로 그 이상도 이하도 아니기 때문이다.

협력 업체가 선도 기업을 상대로 협상력을 확보하려면 연구 개발 활동을 통해 제품 개발 능력과 설계 능력을 갖추고 거래선 또한 다양하게 보유하고 있어야 한다. 그러나 위계적 전속 거래 시스템에 포섭된 경우 연구 개발에 투자하기 어렵고, 자체 영업 활동도 상당 부분 제약을 받을 수밖에 없다. 시간이 흐를수록 선도 기업에 의존하는 사업 구조가 강화되면서 자생력은 약해지는 악순환 구조에 빠지게 된다. 이 구조가 갖는 가장 큰 위험은 완성차 기업의 위기가 곧바로 협력 업체의 위기로 전가된다는 사실이다.

마지막 걸림돌

센트랄은 이러한 예속적인 산업 구조 속에서 매우 독특한 지위를 확보하고 있다. 설립 초기부터 특정 완성차 기업에 의존하지 않는 사업 구조를 만들기 위해 의식적으로 노력한 결과다. 현대차가 최초로 양산 체제를 완성했을 때도 하나의 거래처가 전체 매출 비중의 30%를 넘지 않게 관리한 역사를 가지고 있다.

제5공화국의 자동차 산업합리화 정책이 종료된 1989년 현대자동차 등 완성차 기업들이 센트랄에 지분 투자20%를 제안한 적이 있었다. 돌이켜 보면 '위계적 전속 생산 체계'를 만들기 위한 첫 움직임이었다. 센트랄은 그 제안을 거절했다. 특정 대기업의 우산 속에 편입되기보다는 경영의 자율성을 택한 것이다.

국내 완성차 기업들이 폭발적으로 성장하던 1990년대에 센트랄이 오히려 해외 영업에 매진한 것은 대기업의 전속 생산 체제에 포섭되지 않고 독자 생존하기 위한 몸부림이기도 했다. 특히 보그워너를 필두로 글로벌 OE 사업을 본격적으로 전개하면서 자체 연구 개발 역량을 글로벌 수준으로 끌어올렸다. 그 기술력을 바탕으로 GM을 비롯한 주요 글로벌 완성차 기업들과 거래하는 성과를 올렸고, 비슷한 시기에 애프터마켓 시장 개척에도 공을 들여 수익률을 보완하는 창구도 마련했다. 독립 경영을 확보하기 위한 일련의 노력은 1997년 외환 위기와 2008년 세계 금융 위기 사태를 무사히 넘길 수 있게 한 중요한 자산이 됐다.

하지만 그 정도로 충분하지는 않았다. 2010년대부터 본격화된 환경 규제 강화와 모빌리티 혁명은 완전히 다른 종류의 도전이었기 때문이다. 글로벌 차원에서 휘몰아치는 도전에 효과적으로 응전하기 위해서는 내적으로 전열을 정비하는 것이 급선무였다. 하지만 센트랄은 바로 이 부분에서 고질적인 약점 하나를 가지고 있었다. 바로 경직된 노사 문화였다.

1987년의 8·30사태 이후 센트랄은 '상습 노사분규 기업'이라는 꼬리표를 떼어 내지 못했다. 임금과 단체 협상 시즌이 다가오면 어김없이 파업과 시위가 반복되는 사업장 중 하나였다. 센트랄 노조가 2002년 산별노조인 민주노총 산하 금속노조에 가입하면서 상황은 더 험악해졌다. 센트랄 임단협에 금속노조 관계자가 참여하게 되고, 임단협 시즌 외에도 센트랄과 무관한 금속노조 차원의 연대 파업과 시위에 센트랄 노조가 참가하게 되면서 노조와 경영진 사이의 갈등은 악화 일로를 걸었다.

갈등의 결과는 실적으로 나타났다. 센트랄은 IMF 직후인 1998년 797억 원으로 마이너스 성장을 한 뒤 이듬해 1,018억 원으로 곧바로 실적을 회복했다. 최초로 매출 1천억 원을 돌파한 시점이다. 이후 완만한 성장세를 유지하다가 2002년부터 1,500~1,600억 원대의 박스권에 갇힌다. 바로 센트랄 노조가 금속노조에 가입한 시점이다.

2002년 1,626억 원을 찍은 뒤 1,684억 원(2003년), 1,574억 원(2004년), 1,625억 원(2005년), 1,684억 원(2006년), 1,691억 원(2007년),

1,663억 원(2008년)으로 횡보하다가 글로벌 금융 위기를 겪은 2009년에는 1,424억 원으로 다시 마이너스 성장을 한다. GM 전용인 차룡 공장이 본격적으로 가동되던 기간임을 고려하면 이 기간 창원 공장의 생산성이 어느 정도였을지 미루어 짐작할 수 있다.

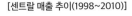

[센트랄 매출 추이(1998~2010)]

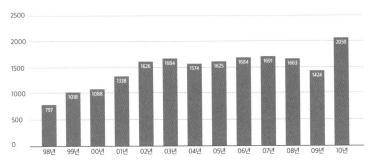

98년	99년	00년	01년	02년	03년	04년	05년	06년	07년	08년	09년	10년
797	1018	1088	1338	1626	1684	1574	1625	1684	1691	1663	1424	2059

1987년 여름 한국의 노동운동이 결정적으로 폭발할 때 센트랄은 그 한복판인 창원공단으로 이주해 왔다. 노동자 대투쟁 바람을 타고 설립된 센트랄 노조는 곧바로 공장을 점거하고 농성에 돌입했다. 농성은 장기화됐고, 납기는 닥쳐왔다. 회사는 구사대를 투입하는 초강수를 뒀고, 결국 유혈 폭력 사태로 마무리됐다.

유혈 사태로 무너진 신뢰는 쉽게 회복되지 못했다. 노사 양

측은 서로를 대화 파트너로 인정하지 않았다. 사 측은 기회가 있을 때마다 노조를 무력화하려고 애썼고, 노 측은 사사건건 쟁의를 일으켜 사 측의 발목을 잡았다. 겉으로는 강대강으로 부딪히는 듯하면서도 뒤로는 갖은 회유와 이면 합의가 심심찮게 일어났다. 협상장에선 얼굴을 붉히며 헤어진 당사자들이 저녁 술자리에서 따로 만나 은밀한 거래를 주고받는 경우도 드물지 않았다.

이처럼 센트랄의 노사 관계가 건강하게 발전하지 못한 것이 오롯이 당사자들 탓이라고 말할 수는 없다. 대한민국의 노사 문화는 1980년대 권위주의 정권에 상당 부분 빚지고 있다. 민주화운동이 여러모로 불편했던 당시 정부는 노동운동에도 너그러울 수 없었다. 대학생과 시민단체의 저항만으로도 골치가 아팠던 정부는 노동계만큼은 하루빨리 안정화시키고 싶었다. 그래서 선택한 방법이 재벌 총수를 청와대로 불러 윽박지르는 것이었다. 재계에 전해 내려오는 이야기를 묘사해 보면 대충 이러했다.

"영감, 조용히 좀 못 시켜? 은행 문 닫아 버리는 수가 있어!"

1985년 재계 7위였던 국제그룹이 하루아침에 해체된 적이 있다. 전두환 정권은 국제그룹의 주거래 은행인 제일은행을 앞세워 돈줄을 틀어막아 버렸다. 제일은행은 "재무 구조가 부실한 국제그룹에 더 이상 자금을 지원할 수 없다"라고 밝혔지만, 그 말을 곧이곧대로 믿는 사람은 없었다. 마음만 먹으면 대기업 하나쯤은 우습게 해체할 수 있는 힘이 당시 대통령에겐 있었다.

청와대를 다녀온 대기업 총수는 직원들에게 똑같은 지시를 하달했고, 그 지시는 그대로 협력 기업에 전달됐다. 노사 간 갈등을 본질적으로 '해결'하는 게 아니라 어떤 방법을 동원해서든 '조용히' 만드는 게 중요했다. '조용히'가 절대 가치가 되는 순간 방법은 두 가지밖에 남지 않는다. 노조의 요구를 그대로 들어주든지, 아니면 힘으로 억누르든지. 힘으로 누르는 구사대 방법이 실패했을 때 사 측의 선택은 하나밖에 남지 않는다. 오랫동안 노사 협상 테이블에 올라온 안건에 대승적이거나 건설적인 내용이 드물었던 이유가 여기에 있다.

2002년 센트랄 노조의 금속노조 가입은 또 하나의 분수령이 됐다. 금속노조는 IMF 이후 개별 기업 노조로는 글로벌 차원에서 이뤄지는 구조조정에 대응할 수 없다는 각성에서 만들어진 대표적인 산별노조다. 노동계 입장에선 한라그룹이 부도가 나면서 만도기계가 해체되는 과정을 목도한 것이 결정적이었다. 조합원 8천여 명의 생사가 걸린 고용 협약이 순식간에 휴지 조각으로 바뀌는 모습을 보고 더 큰 조직이 필요하다고 생각한 것이다.

하지만 센트랄 사 측에게 금속노조는 어디까지나 '제3자'였다. 단체 교섭에 금속노조 관계자가 참관하는 장면을 회사 측은 받아들일 수 없었다. 금속노조 가입 이후 센트랄 노사 간은 더 경색됐고, 그 불신이 쌓이며 생산성도 크게 후퇴했다. 2000년대 후반 센트랄 경영진은 경직된 노사 문화를 끌어안고서는 더는 앞으로 나아갈 수 없다고 결론 내렸다. 어떤 형태로든 '정리'가 필요하다고 판단했다.

강성 노조에 대응하는 강태룡 사장의 초기 대응법은 '분산'이었다. 1994년 김해시 진례면에 삼진정기를 설립한 뒤 1998년 ㈜세주로 확대하면서 센트랄의 공작 파트가 이곳으로 옮겨 가게 된다. 기술적인 숙련도가 필수인 핵심 아이템을 안정적으로 제조할 공간이 필요하다고 생각한 것이다. 대신 창원 공장은 조립 공정 위주로 구성했다. 기술적 숙련도가 높지 않은 인력으로도 어느 정도 운영 가능한 시스템만 남겨 놓은 것이다.

물론 고객사인 완성차 기업의 요구가 상당 부분 반영된 해결책이었다. 센트랄의 노사분규는 완성차 기업의 라인 운영과도 직결돼 있었다. 분규가 발생할 때면 완성차 기업의 구매 본부 직원들은 센트랄에 상주하다시피 하며 물건을 실어 날라야 했다. 심지어 완성차 담당자가 직접 노조사무실에 찾아가 사정하는 웃지 못할 상황이 벌어지기도 했다.

하지만 2002년 센트랄 노조가 금속노조에 가입하면서 '분산'만으로는 대응하기 어려운 상황에 이르렀다. 강태룡 사장은 센트랄의 밑그림을 완전히 새롭게 그리기로 마음먹었다. 그 대표적인 움직임이 바로 '센트랄모텍CENTRAL MOTEK'이다. 진례에 있던 ㈜세주를 2003년 6월 진영읍으로 옮기며 '센트랄모텍'이라는 새로운 이름으로 부르기 시작했다. '모텍'은 어미 모母에 집 택宅에서 따온 말로, 쉽게 말해 센트랄의 새로운 지주회사로 키우겠다는 의지의 표현이었다. 이후 기회가 있을 때마다 센트랄의 투자는 창원이 아닌 다른 곳에서 이뤄졌다.

창원 공장에 더 이상 투자가 이뤄지지 않자 이런저런 소문이 돌기 시작했다. 이른바 '공장 매각설'이다. 강태룡 사장의 실제 생각도 이 소문과 크게 다르지 않았다. 노사분규가 손쓸 수 없을 만큼 악화된다면 창원 공장을 닫겠다는 생각까지 했으니까 말이다. 그즈음 진영의 센트랄모텍은 현대 싼타페의 리어 어퍼 암일명 갈치을 대량 수주하면서 하루가 다르게 성장하고 있었다. 1984년 스텔라 볼 조인트 사건이 있고 20여 년 만에 수주한 현대자동차의 승용차 신규 물량이었다. 애프터마켓 사업부도 센트랄모텍으로 옮겨 모듈화 작업에 들어갔다. 당시 센트랄모텍을 이끌던 사람이 바로 이희방 사장이다.

그런데 2010년, 센트랄이 글로벌 기업을 지향한다면 창원 공장을 포기해선 안 된다고 주장하는 사람이 나타났다. 바로 센트랄 고문으로 영입한 한규환 전 현대모비스 부회장이었다. 한 부회장은 엔지니어 출신으로 현대로템의 전신인 현대정공에서 일을 시작했다. 현대차가 기아차를 인수했을 때는 기아정기를 맡아 공장 매각을 성공시킨 뒤 현대모비스 사장과 부회장으로 오래 일한 경력이 있다. 센트랄과는 '알루미늄 단조' 프로젝트로 인연이 만들어졌다.

2000년대 초반 현대모비스의 고민 중 하나가 바로 부품 경량화였다. 유럽 차에 적용되고 있는 알루미늄 단조 부품을 국내에서 생산, 공급하는 새로운 과제였다. 품질관리와 노하우를 담당할 글로벌 파트너로 독일의 ZF가 선정됐지만, 실제 생산을 담당할 국내 파트너를 찾기가 쉽지 않은 상황이었다. 그때 마침 센트랄은 알루미늄 단조 기술 개발을 위한 국가 기술 과제인 '메카노 21'을 진행하고 있었다. 한 부회장은 센트랄에 공동 투자를 제안했고, 강태룡 사장이 이에 응하면서 'ZFLK'라는 기업이 탄생하게 된다. 이때의 인연으로 2010년 현대모비스를 떠난 한 부회장은 센트랄 고문으로 초빙됐고, 1년 가까이 센트랄 상황을 파악할 시간을 가진 뒤 2011년 1월 센트랄의 부회장으로 취임했다.

센트랄에서 일을 시작한 한 부회장의 입장은 선명했다. 본사는 반드시 창원에 있어야 한다는 것이다. 그 이유는 센트랄이 글로벌 기업을 지향하고 있기 때문이다. "매출의 절반 이상을 수출에서 올리는 기업이 본부를 시골로 옮기는 건 말이 안 된다, 김해공항에서 한 시간 안에 도착하는 곳에 본사가 있어야 한다, 본부와 연구센터는 대도시에 있어야 인력 수급이 원활하다, 생산 라인도 최소한 파일럿은 창원에 있어야 한다, 고객이 원스톱으로 기업 전반을 확인하고 느낄 수 있게 해야 한다"라는 것이 그의 확고한 주장이었다. 물론 조건이 있었다. 창원 공장을 유지하기 위해서는 노사 문화가 예전과는 완전히 달라져야 했다. 회사와 노조가 기존의 대결 구도에서 벗어나 같은 목표를 향해 상생하는 관계가 만들어져야 했다.

한 부회장의 첫 번째 과제는 노조와의 관계를 재설정하는 것이었다. 이를 위해 한 부회장이 강태룡 회장(센트랄모텍이 체계를 갖춘 2004년부터 강태룡 사장은 그룹 회장에 추대된다)에게 요청한 것은 일절 간섭하지 말아 달라는 것이었다. 옛정을 이유로 사적인 연락을 받고 혹시라도 의견을 표명하게 되면 한 부회장이 추진하려는 개혁이 흔들릴 수 있다는 것이 이유였다.

한 부회장은 직원들을 제대로 설득하기 위해 센트랄의 지분

약 8%를 매입했다. 월급쟁이 임원 신분으로는 직원들의 신뢰를 얻을 수 없다고 생각했기 때문이다. 이때 강 회장은 수술 등의 치료 일정을 이유로 경영 일선에서 잠시 물러났다. 회사 경영의 전권을 한 부회장에게 맡긴 것이다. 한 부회장은 강 회장에게 출사표 같은 다짐을 이렇게 전달했다.

"혹시라도 제가 무너지면 그때는 가차 없이 저를 버리십시오. 그래야 회사가 삽니다."

격동의 2011년

2011년 당시 창원 공장은 A, B, C 세 동으로 구성돼 있었다. A동은 사무실과 조립 라인이 주를 이뤘고, B동은 열처리와 단조 시설이, C동은 기계 가공 시설이 있던 곳이다. 수년간 투자를 하지 않은 공장은 허점이 많았다. 특히 비가 오면 지붕 여기저기가 새서 곳곳에 양동이를 받쳐야 했고 몇몇 기계에는 비닐을 덮어야 작업할 수 있을 정도였다. 한 부회장은 창원 공장의 열악한 상태가 협상의 중요한 지렛대가 될 수 있다고 판단했다.

한 부회장은 취임하자마자 작업복 차림으로 출근했고, 그 복장을 끝까지 고수했다. 한 달이 지나지 않아 생산직 254명과 관리직 150여 명의 이름을 모조리 외웠다. 점심 식사는 반별로 돌아가면서 함께했다. 그 시간에는 업무 이야기가 아니라 직원들의 신변에 관한 대화를 나누며 인간적인 이해의 폭을 최대한 넓혀 갔다. 주말에는 등산 모임을 주도했다. 그 모임에는 반드시 노조원을 포함시키려고 애썼다. 직원들의 모든 경조사에 빠지지 않는 것은 기본이었다. 한 부회장은 직원 모두에게, 특히 현장직 노동자들 개개인에게 각별한 관심을 갖고 있다는 사실을 각인시키고 싶어 했다.

매달 첫 근무일에는 어김없이 전 직원 조회를 열었다. 한 부회장이 직접 나서서 파워포인트를 띄우고 회사 경영 상황을 브리핑했다. 재무 실적부터 수주 상황, 향후 전망까지 상세히 발표했다. 이 자리에 생산직 직원도 모두 초대했다. 구체적인 숫자도 중요하지만 회사의 핵심 정보를 가리지 않고 투명하게 공유한다는 인식을 심어 주고 싶었다.

한 부회장은 조회 시간을 통해 직원들을 안심시키는 한편 새로운 비전도 제시했다. 2011년 3월 3일 조회에서 일명 '창원 공장 살리기 방안'으로 발표된 내용은 다음과 같았다.

"2014년까지 해마다 150억 원, 총 450억 원을 신규 사업 개발과 공장 증축에 투자해 매년 20% 매출 증대를 도모하겠다. 2014년에 센트랄을 주식시장에 상장해 시설 투자금을 확보하고, 2020년에 연 매출 1조 원을 달성하겠다."

물론 이런 약속들이 '무조건'은 아니었다. 민주노총 산하 금속노조 탈퇴가 첫 번째 조건이었다. 한 부회장은 생산직 직원들을 만날 때마다 금속노조 탈퇴를 권유했다. 과도하게 정치화된 민주노총 체제는 센트랄의 상생 파트너가 될 수 없다는 것이 경영진의 생각이었다. 그렇다고 삼성처럼 노조 자체를 부정한 것은 아니다. 민주노총 같은 상급 단체의 개입 없이 노와 사가 직접 협상할 수 있어야 한다고 믿었다.

4월 초에 반응이 왔다. 노조 내부에서 상급 단체를 기존 민주노총에서 한국노총으로 바꾸자는 움직임이 생겨났다. 이들 교체파는 내부 설득을 위해 한 부회장에게 '확실한 약속'을 요구했다. 한 부회장은 "1) 2011년 3월 3일 전 종업원 조회 시 한규환 부회장이 발표한 창원 공장 살리기 방안에 대해 차질 없이 수행한다. 2) 전 종업원에 대해 구조조정을 하지 않으며 총고용을 보장한다. 3) 노동조합 와해 및 탈퇴를 조장하는 어떠한 행위도 하지 않는다. 4) 2011년 7월 1일부로 복수노조가 시행되더라도 사무관리직 노조를 만들지 아니한다. 5) 한국노총 전환 시 1, 2, 3, 4번 내용을 센트랄 노동조합과 별도 합의서로

조회를 열어 직원들과 회사 정보를 공유한 한규환 부회장

작성한다.” 등 다섯 가지 내용을 담은 확약서에 사인했다.

이 확약서는 4월 13일 수요일 자 지역신문에 일제히 보도됐다. 금속노조의 제보로 보도된 기사 내용의 핵심은 ‘노조 활동에 대한 지배 개입’이었다. 금속노조 경남지부는 곧바로 법적인 대응에 나섰다. 센트랄의 한규환 부회장을 부당노동행위로 고용노동부 창원지청에 고소한 것이다. 금속노조 센트랄지회는 총회를 열어 ‘민주노총 탈퇴’ 안건을 반대 173명, 찬성 62명으로 공식 부결시켰다. 고용노동부 창원지청은 조사 과정을 거쳐 5월 초 “일부 사용자의 지배 및 개입 혐의를 인정하고 기소의견으로 검찰에 송치”했다.

하지만 7월 1일부터 복수노조가 제도적으로 허용되면서 상황이 급변했다. 확약서 작성을 주도했던 교체파를 중심으로 한국노총 산하 센트랄 노조가 공식 출범하게 된 것이다. 한 지붕 두 노조가 현실화되면서 분열은 피할 수 없는 상수가 됐다.

한 부회장은 7월 조회 석상에서 당시 회사가 제안한 내용이 임단협의 최종안이고 더 이상의 조정은 없다고 선언했다. 이른바 ‘원타임 교섭안’으로 기본급 5.69% 인상과 생산장려금 250만 원, ‘우리사주 20주’ 배당을 제시했다. 금속노조는 이에 파업으로 대응했지만, 그 효과는 예전 같지 않았다. 노조원 상당수가 파업 대열에서 이탈했고, 관리직 상당수가 생산 현장에 투입되면서 라인 자체가 끊기는 일은 발생하지 않았다.

금속노조 측의 파업은 달을 거듭하면서 계속됐다. 한쪽에선 농성하고 한쪽에선 조업하는 어색한 풍경이 이어졌다. 그러다 10월 28일 금요일 노와 사가 다시 정면충돌하는 사건이 벌어졌다. 대방동 공설운동장 대방체육공원에서 열린 회사 체육대회에 금속노조 소속 일부 직원들이 불참했고, 회사는 이를 무단결근으로 간주하고 무급 처리한 것이다. 단협에 따르면 회사는 1년에 한 번 체육대회를 개최하고, 그때 트레이닝복 한 벌씩을 제공한다는 내용이 있다. 물론 체육대회는 유급 일수에 포함되는 일정이었다.

금속노조원들은 11월 2일 아침 회사 정문에서 회사의 조치를 규탄하는 기자회견을 개최한 뒤 회사 경내로 진입했다. 기자회견을 허가받지 않은 불법 집회라고 판단한 사 측이 캠코더로 현장 촬영에 나서자 금속노조 측에서 강하게 반발했고, 그 과정에서 금속노조원과 직원 간에 충돌이 일어났다. 캠코더가 파손되고 센트랄 직원이 부상을 입는 상황이 벌어졌고, 회사는 그 사안을 폭행 사건으로 간주해 경찰에 수사를 의뢰했다.

체육대회 불참 문제로 일어난 노사 간 갈등은 치킨 게임 양상을 보이며 극한으로 치달았다. 회사는 12월 23일 금속노조 센트랄지회 집행부와 조합원 여덟 명에 대해 징계위원회 소집 통지서를 발송했고, 이듬해인 2012년 1월 10일 징계위원회를 열어 회사의 명예 훼손, 신용 손상, 무허가 집회, 근무지 무단이탈, 지시 사항 불이행 등을 이유로 세 명을 해고하고, 다른 조합원 다섯 명은 정직 처리하는 초강수를 뒀다.

금속노조는 즉각 반발하면서 경남지방 노동위원회에 부당해고 구제 신청서를 제출했다. 경남지방 노동위원회는 3월 판정회의를 열어 세 명에 대한 징계가 부당 해고 및 부당노동행위에 해당한다고 판정했다. 7월에는 중앙노동위원회도 같은 결론을 낸다. 곧이어 고용노동부 창원지청이 센트랄의 부당노동행위 혐의를 인정하면서 당시 대표이사였던 박영규 사장을 기소 의견으로 검찰에 송치하면서 재판 절차를 밟았다. 이 재판은 3년 가까이 시간을 끌다가 2015년 5월 센트랄의 부당노동행위를 인정하면서 "원직 복직과 밀린 임금을 지급하라"는 대법원 판결로 막을 내렸다.

다시 '한마음'

금속노조와 회사가 재판정에서 본격적인 힘겨루기를 시작할 즈음 센트랄 내부에서는 또 다른 변화가 일어났다. 2012년 1월 4일 금속노조 산하도, 한국노총 산하도 아닌 제3의 노조가 탄생한 것이다. 이른바 '기업노조'인 ㈜센트랄노조가 출범하면서 센트랄에는 세 개의 복수노조가 공존하는 상황이 벌어졌다. 이때 노조별 분포는 금속노조 센트랄지회 122명, 한국노총 산하 센트랄노조 70여 명, 기업노조인 ㈜센트랄노조 29명으로 나뉘었다. 초창기에는 ㈜센트랄노조가 열세였지만 시간이 흐르면서 빠르게 세력을 불려 갔고, 8월이 되자 140명에 달하는 최대 노조로 성장했다.

그사이 센트랄 내부에서 중요한 이벤트 하나가 열렸다. 4월 26일부터 28일까지 2박 3일에 걸쳐 진행된 '노사 한마음 선언'이다. 금속노조의 영향력이 상당히 약화된 그 자리에 센트랄의 새로운 구심점이 필요하다고 판단한 한 부회장은 한마음 선언 행사를 열고 450여 명의 센트랄 전 임직원이 함께 참여토록 했다. 6천 톤짜리 배를 대절하여 26일 오후 다섯 시 부산항을 출발해 27일 하루를 제주도에서 보내고 다시 저녁 배를 타고 28일 새벽 부산항에 도착하는 일정이었다.

한 부회장의 행사 콘셉트는 "무조건 섞인다"였다. 임원과 직원 구분 없이, 관리직과 생산직 구분 없이 함께 섞이면서 서로를 새롭게 발견하자는 기획 의도가 명확했다. 프로그램도, 방 배치도, 조별 활동도 모두 이 목표를 이루기 위해 세심하게 구성됐다.

부산항을 떠난 배에서 만찬을 즐긴 뒤 곧바로 화합의 장이 펼쳐졌다. 한 부회장이 직접 마이크를 잡고 분위기 메이커를 자처했다. 한바탕 파티가 펼쳐진 뒤 숙소에서 2차가 시작됐다. 너 나 할 것 없이 방방이 오가며 술잔을 기울였다. 그날 밤 배 안 매점에 있는 음식은 술을 포함해 모두 동이 났다. 스텝들은 만일의 사고에 대비하기 위해 불침번을 서며 순찰을 돌았다. 평소 만나기 어려웠던, 만나도 데면데면했던 동료들이 술의 힘을 빌려(?) 마음을 열었다.

이튿날 새벽 제주항에 도착한 일행은 해장국으로 속을 푼 뒤 각자 희망에 따라 한라산 팀과 올레길 팀으로 나누어 제주 걷기에 나섰다. 4월 말 제주의 봄기운을 만끽한 센트랄 사람들은 사우나를 마친 뒤 다시 제주항연안여객터미널에 모여 이벤트의 하이라이트인 '노사 한마음 선언'을 발표했다. 사 측 대표로 박영규 사장이, 노 측 대표로 한국노총 산하 센트랄노조의 조유환 위원장과 기업노조 ㈜센트랄노조의 최영현 위원장이 나섰다. 세 사람은 센트랄 구성원들 앞에서 "상호 신뢰를 바탕으로 동반자로서 책임과 의무를 다해 2012년 임단협 교섭을 생산적 교섭으로 마무리하겠다"라고 선언했다.

'노사 한마음 선언'은 6월 26일에 열린 2012년 센트랄 임단협에 고스란히 반영됐다. 두 노조가 임단협의 결과를 회사에 무교섭 위임한다고 선언했기 때문이다. 이때부터 센트랄은 매년 '무분규 임단협'을 새로운 전통으로 만들어 가고 있다. 회사

2012년 전 직원이 함께한 '노사 한마음 선언'

2016년 노사 상생 선언

는 경영 정보를 최대한 투명하게 공유하고 노조는 분규가 아닌 협상을 통해 목표를 달성한다는 센트랄의 새로운 조직 문화가 현재까지 이어지고 있다.

산업 평화

21세기 복지의 대명사로 칭송받는 스웨덴은 원래 계급 간 갈등이 극심한 나라였다. 19세기 말에 시작된 산업화 국면에서 왕-귀족 계급과 자본가 계급은 노동자 계급을 같은 민족으로 생각하지도 않을 정도였다. 스웨덴에서 전국 노조LO와 산별 노조가 강세를 보이는 것도 이와 같은 극심한 계급 갈등이 배경이 됐다. 전 세계가 대공황의 늪에서 허덕이던 1931년에는 경찰이 시위하는 노동자들을 향해 발포해 5명이 사망하는 '오달렌Ådalen 사건'까지 터졌다.

노동자 계급을 대변하던 사회민주당은 이 사건에도 불구하고 투쟁 방법으로 폭력 대신 정치를 선택했다. 봉기를 일으키자는 강경파를 만류한 지도부는 1932년 총선거를 승리로 이끌었다. 이 선거에서 사민당은 '국민의 집Folkhemmet'이라는 개념을 앞세워 선거 캠페인을 전개했다. 국가를 큰 집으로 가정한 뒤 특정 계급이 아니라 모든 국민에게 좋은 집이 돼야 하고, 이 목적을 위해 노동자 계급부터 앞장서겠다고 선언한 것이다.

집권에 성공한 사민당은 1938년 자본가 대표를 초대해 '살트셰바덴Saltsjöbaden 협약'을 체결했다. 최초의 노사정 합의로 평가받는 이 협약은 기업과 노동자가 단체 협상을 어떻게 할지에 대한 기본 규약프로토콜을 정한 것이다. 이 규약 덕분에 스웨덴에는 분규보다는 평화적으로 협상하고 타협하는 문화가 자리 잡았다. 이런 성과에 힘입어 스웨덴 사민당은 40년 넘게 장기 집권했고, 오늘날 우리가 잘 알듯이 세계 최고 수준의 복지사회를 만들었다.

홍기빈 칼폴라니사회경제연구소장은 스웨덴 경제를 꿀벌에 비유했다. 날개만 보면 도저히 날 수 없을 것 같지만 실제로는 잘 날아다니는 꿀벌처럼, 스웨덴 경제도 전통 경제학 관점에선 벌써 망했어야 하는 시스템인데 현실에선 지속해서 발전하고 있다는 것이다. 세금을 많이 거두고, 높은 수준의 복지를 제공하고, 노동 시간은 짧고…… 시장주의 관점에선 비효율의 극치지만, 스웨덴 경제는 노동자의 복지와 기업의 생산성이 서로를 배척하는 가치가 아니라는 사실을 입증했다. 그 비결에 대해서는 다양한 해석이 가능하겠지만, 살트셰바덴 협약이 보여 준 신뢰와 합의의 정신이 중요한 기초가 됐음은 분명하다. 요컨대 경제 주체들 사이의 '산업 평화'가 궁극적으로 높은 생산성과 혁신 역량을 이끌어 낸 것이다.

조금 거리를 두고 보면 센트랄의 2011년은 '산업 평화'를 이루기 위한 중요한 분기점이었다고 평가할 수 있다. 급변하는 글로벌 산업 환경에 능동적으로 대응하기 위해선 산업 평화라는 조건이 무엇보다 시급했다. 하지만 앞서 살펴봤듯이 그 과정은 매끄럽지 않았다. 연착륙보다는 경착륙에 가까웠다. 기후는 나빠지고 연료는 동이 나는 상황에서 상당한 충격을 감수하고 힘겹게 착륙할 수밖에 없었던 것이다.

경착륙을 통해 이룬 센트랄의 산업 평화는 곧바로 실적으로 나타났다. 창원 공장만 놓고 봤을 때 2011년 2,348억 원을 기록한 매출이 2년 뒤인 2013년에는 3,319억 원으로 껑충 뛰었고, 다시 2년이 지난 2015년에는 4,322억 원으로 처음 4천억 원대를 돌파했다. 분규가 멈추며 현장의 생산성이 몰라보게 향상된 결과였다. 분산 설립했던 법인들도 성과를 올리기 시작했다. 센트랄모텍은 현대자동차와의 관계 개선을 계기로 2006년부터 매출 1천억 원대에 올라섰고, 2010년 이후부터는 2천억 원대 중반 이상의 매출을 꾸준하게 올렸다.

원래 창원 공장에 있다가 2000년대 초반 모텍으로 소속을 옮겼던 애프터마켓AM 사업부는 2011년 별도 법인 '네오씨티알NEOCTR'로 독립한 뒤 2014년에 100억 원, 2016년에 1천억 원대의 매출을 올리며 급성장했다(NEOCTR은 2020년 10월 다시 CTR과 통합

됐다). 그밖에 르노삼성을 전문으로 대응하는 센트랄CMS와 프로펠러 샤프트Propeller Shaft 전문인 센트랄DTS 등의 실적까지 합쳐서 2015년 센트랄그룹 전체 매출은 처음으로 1조 원1조 338억 원을 달성했다.

해외 거점

한규환 부회장이 전 직원 조회에서 발표한 '창원 공장 살리기' 방안은 대체로 실현됐다. 2012년부터 당장 창원 공장 리모델링에 들어갔다. 열처리 및 단조 설비가 있던 B동을 철거하고 A동을 확장했다. 지붕과 내장 모두를 바꾸는 대형 공사였다. 차룡 공장에 있던 GM 라인 중 상당 부분을 옮겨 오는 것을 시작으로 해외 완성차 브랜드에 공급하는 부품 조립 라인들이 하나둘 자리를 잡았다. 2020년 매출 1조 원 달성 약속은 그룹 전체로 보면 5년이나 앞당겨 달성됐다. 주식시장 상장 약속은 5년 늦은 2019년 센트랄 대신 센트랄모텍이 주인공이 됐다.

한 부회장이 추진한 여러 가지 정책 중 또 하나의 중요한 분기점을 만들어 준 것은 바로 최초로 해외 생산 기지를 건설한 것이다. 2011년 10월 센트랄은 중국 상하이에서 북서쪽으

2019년 센트랄모텍 코스피 상장

로 100㎞ 정도 떨어진 '장가항张家港 경제기술개발구'에 첫 해외 생산 기지인 CAC(Central Automotive Components의 약자) 법인을 설립했다. 2012년 1월 말에 첫 삽을 뜨고 10월에 준공했다. 한 부회장이 부임한 지 1년도 안 돼서 중국에 생산 기지를 만들 수 있었던 것은 그가 현대모비스 부회장으로 있을 때 중국에 공장 여러 개를 건설한 경험을 갖고 있었기 때문이다. 장가항 개발구에는 현대기아차를 비롯해 ZF, TRW, 넥스티어 등의 글로벌 완성차 및 부품 기업들이 입주해 있었다.

애초에 수출 기업으로 시작한 역사를 고려할 때 2012년에 이르러서야 해외 생산 기지를 확보한 것은 상대적으로 느린 행보인 게 사실이다. 현대자동차가 2002년 처음으로 중국에 생산 공장을 지은 뒤 계열사인 모비스와 위아 그리고 관련 부품사들도 2000년대 중반부터 잇따라 현지 공장을 건설한 사례와 비교해 보면 더욱 그렇다. 센트랄은 현지 생산 기지 개척 사업을 현대자동차 같은 국내 대기업의 우산 아래로 들어가지 않고(혹은 못하고) 독자적으로 추진하다 보니 늦어질 수밖에 없었다.

하지만 노하우를 쌓은 다음의 수순은 신속하게 진행됐다. 4년 뒤인 2016년에는 미국 국경에서 200㎞ 떨어진 멕시코 몬테레이에 두 번째 생산 기지인 CAN(Central Automotive Parts North-America의 약자)을 설립했다. CAN 공장은 2016년 2월에 착공해 10월 말에 완공됐고, 2017년 6월부터 양산에 들어갔다. CAN은 일차적으로 미국 시장을 겨냥하지만, 중장기적으로 중미와 남미, 즉 아메리카 대륙 전체를 커버하기 위한 전진 기지로 기획됐다.

2018년 12월에는 베트남 땀끼에 애프터마켓 사업의 허브가 될 'CTR VINA' 공장을 세웠다. CTR VINA의 목표 시장은 동남아시아 및 서남아시아 그리고 러시아와 그 인근 국가까지 광범위하다. 1차 고객이 완성차나 글로벌 부품 회사들이 아니라 부품 자체를 유통하는 애프터마켓 딜러들이기 때문이다. CTR VINA는 NEOCTR과 센트랄CMS 그리고 일본중앙자공의 합작 법인으로 만들어졌다. 센트랄의 기술력과 일본중앙자공의 영업력 그리고 베트남의 풍부한 노동력이 시너지를 낼 것으로 기대하고 있다.

2017년 12월에는 러시아 모스크바에 애프터마켓 영업을 전문으로 하는 판매 법인 'CTR RUS'를 설립했다. 애초에는 미수금을 받기 위한 조치로 기획됐지만, 판매 법인으로 활동하게 되면서 센트랄 애프터마켓 비즈니스의 성공적인 모델로 자리 잡았다. 2018년 6월에는 독일 아헨에 센트랄 최초의 해외 기술연구소인 '유럽연구센터'가 문을 열었다(연구센터는 곧 CTR EUROPE으로 확대 개편됐다). 2019년 7월에는 미국과 아메리카 대륙의 애프터마켓을 공략할 'CTR AMERICA'가 오픈했다.

이처럼 센트랄은 2010년대 들어 본격적으로 세계 각지로

위부터 차례로 CTR CHINA, CTR MEXICO, CTR VINA

비즈니스 외연을 확대했다. 해외 생산 기지 세 곳중국, 베트남, 멕시코, 해외 법인 세 곳러시아, 독일, 미국 LA 그리고 사무소 다섯 곳미국 디트로이트, 독일 프랑크푸르트, 프랑스 파리, 카자흐스탄 알마티, 폴란드 바르샤바에 생산 및 판매와 연구개발을 위한 거점을 마련했다. 이 해외 거점들도 2011년의 진통을 겪으며 얻어 낸 산업 평화의 중요한 결실로 볼 수 있다.

새 비전

우리의 경영 철학과 비전에서 말하는 보다 안전한 세상을 만들기 위해서는 여러분의 안전(심리적 안정)이 무엇보다 중요합니다. 분명히 말씀드리지만 우리 회사가 직원들과 작별하는 순간은 직원들이 각자의 꿈을 찾아 나가거나 회사와 가치가 안 맞을 때입니다. 절대로 회사가 어려울 때가 아닙니다. 그러므로 인위적인 구조조정은 절대 없을 것임을 약속드립니다. 또한 여러분의 소중한 급여에도 변화가 없도록 끝까지 버텨 보겠습니다.

2020년 4월 13일 경영편지 'You Go, We Go, CTR Go!!' 중

이 글은 2020년 4월 코로나 사태로 전 세계가 봉쇄 조치에 들어갔을 때 강상우 그룹 총괄사장이 전체 직원에게 보낸 경영편지*의 일부분이다. 글로벌 고객사 상당수가 무기한 공장 폐쇄에 들어가면서 경영 실적이 곤두박질치던 시점이었다. 강 사장은 2주 뒤 경영편지 '비상 경영 체계'에서 본인과 강태룡

회장은 연봉의 50%를 조건 없이 반납하면서 비상 경영을 시작한다고 밝혔고, 임원들은 희망자에 한해 연봉2020년 4월~12월분의 10~20%를 적립하는 제도를 시행했다.** 회사 재무가 위기 상황에 버틸 수 있는 시간을 조금이라도 더 확보하기 위한 조치였다.

위기 상황에서 경영진이 솔선수범하면서 전열을 정비했고, 우려했던 것보다 빨리 위기에서 벗어났다. 코로나 이전 수준으로 100% 회복된 것은 아니지만, 센트랄은 전년 대비 준수한 실적을 올리며 코로나 이후를 대비하고 있다. 이처럼 센트랄은 경영진의 솔선수범과 임직원들이 능동적으로 협조하는 문화로 숱한 위기 상황들을 돌파해 왔다. 1979년 2차 오일쇼크 때도, 1997년 IMF 외환 위기 때도, 2008년 글로벌 금융 위기 때도 센트랄은 구조조정 같은 극단적인 방법을 선택하지 않고도 위기를 극복해 냈다.

하지만 2020년 코로나 사태에 대응하는 센트랄의 모습에

---

* 강상우 총괄사장은 그룹 경영에 본격적으로 참여한 2019년부터 매주 월요일 전체 직원에게 경영편지를 보내고 있다.

** 임원들의 연봉 적립제도는 ERP 시스템을 통해 진행됐고, 동참 여부는 본인 말고는 아무도 알지 못하게 보안이 유지됐다. 회사는 동참하는 임원에 대해 2021년 1분기 내에 적립금을 지급하기로 약속했고, 이때 1년 정기예금 금리에 준하는 1.5%의 이자를 사례금으로 적용키로 했다. 2020년 하반기 경영 상황이 호전되면서 센트랄 경영진은 예상보다 빠른 2020년 12월에 임원들의 연봉 적립금을 사례금과 함께 모두 지급했다.

서 예전과는 달라진 면도 발견할 수 있다. 커뮤니케이션 관점에서나 조직 문화 관점에서 더욱 그렇다. 이처럼 달라진, 혹은 진화된 모습을 이해하기 위해선 시계를 잠시 2012년으로 돌려 볼 필요가 있다. 센트랄 경영에 참여할 새로운 인물 한 사람이 등장하기 때문이다.

설득

길었던 분규의 시대를 끝내기 위해 전 직원이 '노사 한마음 선언'이란 타이틀로 함께 제주도를 다녀온 직후였던 2012년 5월 어느 날, 강태룡 회장은 서울에서 일하는 아들을 만나러 홀로 집을 나섰다. 그즈음 강 회장은 몸에서 심상찮은 이상 징후를 느끼고 있었다. 원래 갖고 있던 전립선 비대증이 갑자기 악화되는 듯했다. 여기저기에서 정보를 취합해 봤을 때, 아무래도 암인 것 같았다. 하지만 병원부터 찾을 용기가 선뜻 나지 않았다. 대신 아들이 보고 싶었다.

강 회장은 슬하에 3녀 1남을 두었는데, 그중 막내였던 강상우는 그때 현대자동차 신사업부에서 근무하고 있었다. 졸병 딱지를 갓 떼고 대리 직급으로 한창 일에 치여 살고 있을 때였다. 자신에게 떨어지는 일이 너무 많아 밥 먹듯 밤샘을 하고 있었다. 한번은 팀장을 찾아가 "일을 잘하기 위해 온 거지 많이 하러 온 건 아닙니다. 일을 잘하게 하려면 적당한 양을 주십시오"라고 항의해 봤지만 별무소득.

그 와중에 특별한 이유 없이 아버지가 찾아왔다. 아들에게 아버지는 언제나 자신감 넘치고 여유 만만한 존재였다. 그러나 그날은 사뭇 다른, 처음 보는 아버지였다. 한 번도 본 적 없는 심각하고 무거운 표정이었다.

"내가 좀 아프다. 아무래도 암인 거 같다."

"아버지 정말 그래요?"

"증상으로 봐선 그렇다. 진짜 암이면, 2년 아니면 몇 개월이겠지."

아들은 아버지 회사에 입사할 생각이 원래 없었다. 일부러 피했다기보다는 자기 미래와 아버지의 회사를 한 번도 연결지어 본 적이 없었던 거다. 아버지도 아들이 반드시 회사 경영을 물려받아야 한다고 생각하지 않았다. 본인이 부친에게서 받았던 암묵적인 부담감을 아들에게 지우고 싶지 않았기 때문이다.

"니가 꼭 안 와도 좋다. 하지만 니 경영과 졸업했잖아. 그러면 경영이란 걸 한번 해 봐야 할 거 아이가. 이렇게 좋은 실습장이 어딨노? 나도 당분간은 움직일 만하니까 도와줄 수 있고. 센트랄에서 경영 연습을 해 보면 안 좋겠나."

설득이었다. 우위에 선 쪽이 퇴로를 차단하고 압박하는 강요가 아니라 대문을 활짝 열어 놓고 같은 눈높이에서 던지는 진지한 제안이었다. 선택은 100% 아들 몫이었다. 다행히 효과가 있었다. 아버지의 상황과 처지에 깊이 공감한 아들은 바로 그 자리에서 '내가 도와드려야겠다'라는 생각이 들었다. 이튿날 회사에 출근한 아들은 연말까지만 근무하겠다고 통보했다 (다행히 강 회장의 걱정과 달리 암은 아니었던 것으로 판명됐다).

태어나서 단 한 번도 센트랄 입사를 생각해 본 적이 없었던 강상우는 2012년 가을부터 본격적으로 회사 경영을 고민하기 시작했다. 경영이란 과연 무엇일까? 회사는 어떻게 운영되는 조직일까? 센트랄은 어떤 회사일까? 강상우에게 센트랄 입사는 단순히 임직원 한 명이 되는 차원은 아니었다. 아버지의 제안처럼 '경영'을 해야 하는 사명을 안고 있었다. 그는 에버노트를 일기장 삼아 생각을 붙잡고 메모하기 시작했다. 제일 먼저 쓴 메모는 비전에 관한 것이었다.

> 비전이란 미래에 무엇을 달성하고자 하는 것을 그 조직에 고유한 방식으로 표현하는 것이다.(2012. 10. 26.)

경영과 관련한 생각과 아이디어 그리고 인용 문구 등을 하나하나 적어 나갔다. '리더십'에 관한 내용, '인사 관리'에 관한 내용, '조직 문화'에 관한 내용, '성과 관리'에 관한 내용 등 경영에 필요하다면 주제를 가리지 않고 정리하고 기록했다. 입사 직전인 12월에는 〈존중은 인간관계의 핵심〉이라는 제목의 메모를 기록한다. 다음은 그 내용 중 일부이다.

> 존중은 일의 성과와 관련 없이 인간이기 때문에 받아야 하는 무조건적인 것이다. 인정은 조직에 기여한 일을 기준으로 한다. 존중과 인정 둘 다 직원들을 성장시키는 비료와 같은 것이다.(2012. 12. 7.)

그리고 입사 직전 자신이 만들고 싶은 회사의 꿈을 네 가지로 정리해 종이에 꾹꾹 눌러 썼다.

첫째, 조직 문화

'센트랄 직원들이 매일 아침 즐거운 마음으로 일하러 나올 수 있는 직장.'

둘째, 성장과 배분

'센트랄 직원들이 중산층 이상의 가정을 이룰 수 있도록 이익을 나눌 수 있는 직장.'

셋째, 사회적 책임

'센트랄 직원들이 지역 사회에서 존경받을 수 있는 직장.'

넷째, 영속성

'그래서 모든 직원들의 자손이 꼭 센트랄에 오고 싶어 하는 직장으로 만들고 싶다.'

2012년 12월 31일 창원으로 거처를 옮긴 그는 2013년 1월 2일 과장 직책으로 센트랄에 첫 출근을 한다. 강 과장의 에버노트 카테고리는 입사 후 '인재경영'과 '미래기획' 등이 새로 만들어지면서 더욱 정교해졌다. 인재경영 파트에서 '공정하고 강력한 인사 관리', '적재적소의 권한 위임', '매년 진화하는 시스템'을 고민하고, 미래기획 파트에서는 거칠게나마 회사 전략의 기초를 수립한다(입사 1개월 만인 2월 4일의 메모). 여기에 기록된 센트랄의 비전은 바로 '안전 프로바이더provider'였다. 안전은 태곳적부터 변함없이 내려오는 인류의 기본 가치이기에, 그 가치를 사회에 제공하는 기업이라면 절대 망하지 않을 것이란

나는 이런 직장을 센트랄 직원들과
만들어 가고 싶다.

① 조직 문화
센트랄 직원들이 매일 아침 즐거운
마음으로 일하러 나올 수 있는 직장

② 성장과 배분
센트랄 직원들이 중산층 이상의 가정을
이룰 수 있도록 이익을 나눌 수 있는 직장

③ 사회적 책임
센트랄 직원들이 지역 사회에서 존경
받을 수 있는 직장

④ 영속성
그래서 모든 직원들의 자손이 꼭 센트랄에
오고 싶어하는 직장으로 만들고 싶다.

강상우의 네 가지 꿈을 적은 메모

확신이 있었다.

4월에는 조직 문화에 관한 메모를 남긴다. 강 과장이 생각하는 조직 문화의 핵심 과제는 '비효율적인 관행 제거하기'였다. 보고 문화와 회의 문화, 업무 지시 방법, 부문 간 업무 협조 문화, 친환경 관련 등에 관한 개선점을 구체적으로 나열했다. 그 중에서 회의 문화 관련 내용만 소개한다.

2. 회의 문화

- 회의 5분 전 참석

- 회의 내용 미리 숙지(회의 내용 미리 공유)

- 회의는 문제 해결을 위한 방안 도출을 중심으로

- 회의 완료 후 바로 회의록 작성 후 공유

- 회의 시간은 간결하게

6월에는 경영 철학과 비전을 보다 구체화했다. 경영 철학의 첫 번째 가치가 '직원의 행복'이라는 생각이 형성된 것도 이때부터였다. 경영의 핵심은 사람이고, 사람의 존재 이유는 행복에 있다는 답을 얻었다. 기업은 사람과 사람이 모여 시너지를 내는 곳이다. 시너지를 내려면 구성원들이 한 몸처럼 움직여야 한다. 구성원이 뭉치려면 신뢰가 있어야 한다. 서로 신뢰하려면 기본적인 욕구가 충족돼야 한다. 강 과장은 '인간은 행복을 추구하기 때문에 자신을 성장시키는 회사를 신뢰할 수밖에 없다'라는 결론에 도달했다. 경영이란 궁극적으로 '구성원들의 행복을 돕는 것'이라고 정의했다.

강상우 과장은 이처럼 입사 3개월 전부터 입사 후 6개월까지 모두 아홉 달 동안 자신의 경영 철학과 비전의 기본 얼개를 완성했다. 이후의 시간은 그 얼개를 보강하고, 빈틈을 채우며, 그 안에 담길 내용을 정교하게 다듬는 과정이었다. 2014년 2월 강 과장은 다음과 같이 '꿈의 직장론'을 정의했다.

> 꿈의 직장이란 개개인이 가진 차이점을 키워 주고, 정보를 억압하거나 조작하지 않으며, 단순히 직원의 노동력을 착취하는 차원에서 그치지 않고, 직원에게 가치를 부여하고, 의미 있는 무언가를 대변하고, 업무 자체가 본질적으로 보람되며, 쓸데없는 규칙이 없는 직장이다.(2014. 2. 21.)

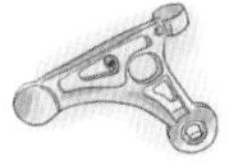

뉴비전 페스티벌 2030

강상우 과장은 2016년 4월 센트랄모텍 부사장에 선임된다. 이때부터 센트랄의 '미래기획 담당' 임원으로서 공식 활동을 시작했다. 그는 2017년 하반기부터 본격적으로 새로운 기업 비전을 만드는 작업에 돌입했다. 센트랄 입사 전후에 완성했던 얼개를 구체적인 모습으로 현실화할 시점이 다가온 것이다. 이른바 '뉴비전'은 2030년까지 센트랄 구성원들이 함께 바라보아야 할 등대 같은 가치로 설정됐다.

그 첫 번째 단계로 7월 3일 기업 문화 슬로건인 '크로스CROS'를 발표했다. 'C'는 Clear의 첫 글자로 '명확한 회의 문화'를 표현한다. 'R'은 Respect의 첫 글자로 '존중하는 마음'을 뜻한다. 'O'는 Open communication의 첫 글자로 '열린 마음'을, 'S'는 Speed의 첫 글자로 '신속한 업무 지시와 보고'를 의미한다.

특히 7, 8월 두 달간 폴 마르시아노의 《존중하라》라는 책을 선정해 센트랄 구성원들이 모두 읽고 팀별 독서간담회를 개최했다. 강 부사장은 거의 모든 간담회에 직접 참여하며 회사 비전과 새로운 조직 문화에 대한 생각을 나눴다. 더불어 설문 조사와 심층 인터뷰, 워크숍 등으로 새로운 비전과 미션 그리고 핵심 가치를 정립하는 활동을 병행했다.

2017년 11월 3일 오후 1시 센트랄 구성원들은 삼삼오오 KBS 창원홀로 모여들었다. 이날은 5개월여 동안 담금질했던 센트랄의 뉴비전이 드디어 발표되는 날이었다. 1시 50분 오프닝 무대로 고성오광대 팀의 힘찬 북 퍼포먼스가 펼쳐진 뒤 '센트랄 히스토리' 영상을 감상했다. 이어진 개회사에서 강태룡 회장은 "센트랄이 좋은 기업을 넘어 위대한 기업이 되고, 더 나아가 사회로부터 사랑받는 기업이 될 수 있도록 우리 모두 노력하자"라고 말했다.

오후 2시 20분, 이날의 하이라이트인 '비전 발표'가 시작됐다. 강상우 부사장은 검정 니트 차림에 무선 헤드셋을 착용하고 무대 위에 올랐다. 입사 3개월 전부터 시작된 고민과 얼개가 5년여의 숙성 기간을 거쳐 마침내 명쾌한 언어와 세련된 디자인 그리고 역동적인 음성과 몸짓으로 표현되는 순간이었다. 이날 발표된 뉴비전 'CENTRAL to your safe mobility(모든 이동에 안전함을 더하는 핵심기업)'는 센트랄 제3기의 시작을 알리는 팡파르이기도 했다. 그날 강 부사장이 발표한 내용 중 일부를 옮긴다.

"새로운 센트랄의 가치 체계는 세 가지로 나누어집니다. 먼저 경영 철학은 북극성을 의미합니다. 한가운데에서 변치 않는 길잡이를 의미합니다. 비전은 에베레스트 같은 산 정상과 같습니다. 우리가 이루어 내고자 하는 목표입니다. 그리고 그 목표는 우리를 가슴 뛰게 하는 꿈입니다. 핵심 가치는 목표를 향해 나아가면서 꼭 지켜야 할 생각이나 행동입니다. 센트랄인이라면 비전 달성을 위해 반드시 지켜야 하는 원칙입니다.

센트랄을 운영해 온 회장님께서 최근 몇 년간 느낀 것을 바탕으로 기존의 경영 철학을 손보게 되었습니다. 순서가 바뀌

2017년 뉴비전 페스티벌

었죠. 직원, 고객, 사회, 생명의 순으로. '직원의 행복, 고객의 신뢰, 사회의 발전을 위해 끊임없이 혁신하여 안전한 세상을 만듭니다.' 기존의 경영 철학과 다른 점은 최우선 가치를 직원의 행복에 두었다는 겁니다. 직원이 존중받고 행복해지면 진정으로 고객을 위해 최선을 다할 것입니다. 고객의 신뢰와 사회의 발전은 저절로 따라올 것입니다.

비전은 우리의 목표, 우리가 꾸는 구체적이면서 가슴 뛰는 꿈을 의미합니다. 여러분의 의견을 모아 함께 만든 비전은 'Central to your safe mobility!'입니다. 우리말로 '모든 이동에 안전함을 더하는 핵심기업, 센트랄'이라는 뜻입니다. 우리의 핵심 기술과 역량을 기반으로 다양한 이동 수단으로 사업 영역을 확장하여 안전한 제품과 서비스를 제공하는, 고객과 사회에 없어서는 안 될 핵심기업이 되겠다는 것입니다.

마지막 순서로 센트랄인이라면 반드시 실천해야 할 핵심 가치로 임직원들의 설문 조사와 인터뷰를 거쳐 네 가지를 도출했습니다. 바로 도전, 협력, 책임감 그리고 존중입니다. '도전'은 센트랄의 역사가 곧 도전의 역사였고, 앞으로도 성장을 위해 계속해서 도전을 추구해야 한다는 의미로 선정해 주신 것 같습니다. '협력'과 '책임감'은 구성원들이 반드시 강화해야 하는 가치로 이기심을 버리고 공동의 목표를 추구해야 한다고 생각하신 것으로 보입니다. '존중'은 존중을 기반으로 한 성숙

한 기업 문화를 만드는 것이 가장 기본이라는 점에 공감했음을 알 수 있습니다.

저는 인간이 살아가는 목적이 단순히 먹고 자는 데 있다고 생각하지 않습니다. 사업의 목적이 단순히 돈을 버는 데에만 있는 것이 아니듯 말이지요. 인간은 단순히 먹고 자는 것 이상의 고귀한 목표를 달성하기 위해 살아가고 있습니다. 우리 센트랄도 단순히 돈을 벌기 위해 존재하는 것이 아니라 직원들이 보다 행복해지기 위해, 세상이 보다 안전해지기 위해 존재해야 한다고 생각합니다."

2012년 날것의 아이디어로 시작해 5년간의 숙성 기간을 거쳐 발표된 뉴비전은 현재 핵심전략회의CSM, 비전 커미티Vision Committee, 비전 워크숍, 독서간담회 등의 다양한 프로그램을 통해 구성원 전체에게 전파되고, 학습되며, 내면화되고 있다. 물론 기준 연도인 2030년까지 제법 많은 시간이 남아 있는 시점에서 뉴비전이 센트랄 조직 문화에 얼마나 스며들었는지를 평가하기는 이르다. 하지만 "속도가 아니라 방향"이라는 말처럼 센트랄은 북극성 같은 경영 철학과 에베레스트산 정상 같은 비전을 바라보며 앞으로 나아가고 있다.

2020년대 세계 자동차 산업은 거대한 풍랑 한가운데 놓여 있다. 내연기관의 종말이 현실화되고, 모빌리티 혁명이 가시화

고용노동부 주관 ‘2019 대한민국 일자리 으뜸기업’ 선정

되면서 산업 생태계 전반에 천지개벽 수준의 격변이 예고되고 있다. 완성차 기업은 물론이고, 생태계의 하부 구조를 떠받치고 있는 부품 기업들도 생존을 건 사투를 벌일 수밖에 없다. 센트랄도 이 생태계 안에서 전에 보지 못한 새롭고 거대한 파도를 맞이해야 한다. 센트랄은 이러한 변화를 예상하고 기업의 뉴비전에 부품이 아닌 '모빌리티'를 선명하게 새겨 넣은 것이었다.

센트랄은 창업자 강이준 시대에 한국자동차공업협동조합에 참여하면서 산업화의 파도에 성공적으로 올라탄 경험이 있다. 한국 경제가 본격적으로 성장하던 1980년대에는 강태룡의 리더십으로 ㈜대우와 손잡고 세계 시장을 향한 대항해에서 눈부신 성과를 올렸다. 앞으로 펼쳐질 2020년대의 격변 상황은 센트랄의 새로운 리더십과 조직 문화를 평가하는 또 다른 시험대가 될 것이다.

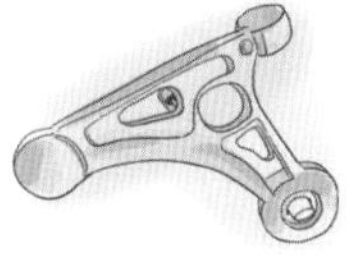

2019년 1월 하순 한 지인에게서 연락이 왔다. 창원에 있는 한 공장 로비에 나의 책 《우리가 사랑한 빵집 성심당》 이미지가 걸려 있다며 사진을 찍어 보낸 것이다. 50인치 모니터에는 책 이미지와 함께 다음과 같은 글이 적혀 있었다.

"생각 문제 #3, 성심당 건물에 불이 났을 때 직원들은 자발적으로 복구에 뛰어들었습니다. 우리에게도 위기가 닥쳤을 때 핵심 가치의 정신을 어떻게 발휘하여 극복해 나갈 수 있을까요?"

이른바 '독서 경영'이었다. 창원에 본사를 둔 센트랄그룹이 2019년도 1분기 도서로 《우리가 사랑한 빵집 성심당》을 선정하고 모든 직원이 함께 읽고 토론하고 있는 중이었다. 반가운 마음에 지인에게 저자의 메시지를 전해 달라고 부탁했다. 혹시 센트랄의 홍보 담당자를 만나게 되면 저자가 정말 고마워하더라고, 원한다면 직접 방문하고도 싶다고.

그로부터 한 달여 지난 3월 초 센트랄 홍보 담당자에게서 연락이 왔고, 그달 말 안양에서 강상우 사장과 만나게 됐다. 처음 만난 자리에서 강 사장은 프레젠테이션 화면을 띄우며 회사 개요를 설명했고, 2021년 회사 설립 50

주년을 앞두고 역사 프로젝트를 진행하고 있다는 소식도 들려주었다. 강 사장은 역사 프로젝트 중 책을 제작하는 과제도 들어 있는데, 그 부분을 내가 맡아 주면 좋겠다는 뜻을 전해 왔다.

당장은 반가웠다. 하지만 걱정도 크게 들었다. 책을 쓰려면 기업은 물론 업종 전체를 제대로 이해하고 있어야 하는데, 나에게 제조업 분야는 그야말로 깨끗한 백지상태였기 때문이다. 보통은 책을 쓸 때 인터뷰를 중심에 두고, 각종 문헌과 영상자료를 참고해서 책 내용을 구성한다. 그런데 이번 경우는 도저히 기존 방식으로 책을 완성할 자신이 없었다. 제조업에 대한 기초 지식이 워낙 박약하기도 했고, 센트랄의 기업 정보를 수집하기도 너무 어려웠기 때문이다.

곰곰이 생각하다가 역제안을 했다. "제조업을 너무 모른다. 인터뷰 몇 번으로 책이 나올 것 같지 않다. 일정 기간 입사해서 이 프로젝트를 진행하면 어떻겠냐"라는 내용이었다. 외국 문화를 배우려면 직접 가서 살아보는 게 최고이듯이, 센트랄과 제조업을 깊이 이해하려면 그 바다에 직접 빠지는 게 가장 빠르고 효과적인 방법이라고 생각했다. 하지만 기업 입장에선 '생산성이 전혀 없는' 직원을 일부러 고용해야 하니 여간 부담스럽지 않은 제안

이었을 것이다. 다행히 강 사장의 반응이 나쁘지 않았다. 회사에 돌아가서 내부 협의를 거친 뒤 프로젝트 진행 여부를 알려 주기로 하고 헤어졌다. 그리고 아카시아 꽃이 피기 시작하던 4월 말 센트랄에서 회신이 왔다. 7월 1일부터 출근하라고.

-

12년 만의 출근길이었다. 아무개 정부 기관을 나온 뒤 정말 오랜만에 경험하는 '조직 생활'이 시작됐다. 경남도청 버스 정류장에 내려 약 500m 떨어진 센트랄빌딩까지 걷는 동안 오만가지 생각과 감정들이 교차했다. 현관문을 통과해 엘리베이터를 타고 7층 사무실 현관 앞에 섰을 때는 마치 20대 때 첫 직장에 출근할 때처럼 바짝 긴장하고 있었다. 10년 넘게 자유로이 살아왔던 내가 과연 조직 생활에 적응할 수 있을까? 회사 사람들은 이질적인 나를 어떻게 바라볼까? 같은 동료로 받아들여 줄까?

복잡한 마음을 추스르며 오전 내내 오리엔테이션을 받은 뒤 자리를 찾아가야 할 시간이 됐다. 궁금했다. 사무실에서 내 책상은 과연 어디에 배치됐을까? 여러 책상들 사이에 있을까, 아니면 별도 공간이 마련됐을까? 설마

어디 끄트머리에 갖다 놓지는 않았겠지? 그런데 담당자의 대답이 예상 밖이었다.

“아무 데나 앉으세요.”

“네? 어, 어디요?”

“빈 곳 아무 데나 앉으시면 돼요.”

자율좌석제였다. 출근한 순서대로 원하는 자리에 앉는 방식이다. 대신 같은 자리를 사흘 이상 고집하면 안 된다(자율좌석제를 도입한 지 만 2년이 지난 2021년 현재 센트랄빌딩 사무실은 주간 단위로 좌석 재배치가 이뤄지고 있다). 부서나 직급도 상관없다. 책상에 서랍을 두지 않는 대신 개인 물품은 복도 쪽에 마련된 개인 사물함에 수납할 수 있게 했다. 각종 문구는 사무실 복판에 모두 모아 놓고 공용으로 쓴다. 사무실 공간 전체가 놀라울 정도로 깔끔했다.

회의실 풍경과 회의하는 문화도 낯설었다. 모든 회의실에는 40~50인치 TV 모니터가 설치됐고, 회의 참석자는 모두 노트북 컴퓨터를 지참하고 있었다. 발제자는 노트북과 모니터를 연결해서 회의 내용을 발표했고, 참석자들은 자기 노트북을 열고 메모할 내용을 타이핑했다. A4 용지도, 다이어리와 수첩도 모두 사라졌다. 말로만 듣던

'종이 없는 사무실'이 구현되고 있었다.

몇 년 전 실리콘밸리의 글로벌 IT 기업들이 '스마트 오피스'란 이름으로 사무실을 이렇게 운용한다는 기사를 본 적이 있다. 최근에는 국내 IT 기업이나 대기업 본사에서 새로운 오피스 문화로 자율좌석제 도입을 홍보하는 경우는 종종 봤다. 그런데 그런 초현대적인(?) 사무실을 경남 창원에 있는 전통 제조업체에서 발견하게 되다니.

더욱 놀라운 것은 사무실에서 상대방을 부를 때 쓰는 호칭이었다. 센트랄은 직책을 불문하고 모두 이름 뒤에 '님'을 붙인다. 신입사원도 CTR의 윤용호 사장을 '용호 님', 센트랄모텍의 이종철 사장을 '종철 님'이라 부른다. 호칭만이 아니다. 상급자와 함께하는 회의 석상에서 하급자가 그다지 불편해하지 않는 모습도 흥미로웠다. 일단 상석이나 말석 같은 공간적 위계가 없다. 이른바 '의전'이라 부를 만한 형식들도 찾아보기 어려웠다. 차는 각자 타 오고, 회의장 정리도 주관자가 하면 된다. 심지어 강태룡 회장이 참석하는 자리도 소박하기 그지없었다. 드라마에 나오는 '일동 기립' 같은 장면은 최소한 센트랄에선 기대할 수 없다.

물론 '호칭 파괴'를 비롯한 파격적인 조직 문화를 도입한 기업이 센트랄이 최초도 아니고 유일하지도 않다. 호칭

파괴는 CJ그룹이 2000년 1월에 처음 도입했다. 당시 CJ는 스필버그 감독의 드림웍스에 대규모 투자를 단행한 뒤 설탕 제조 기업에서 문화콘텐츠 기업으로 사운을 건 변신을 하고 있었다. 그 몸부림 중 하나가 수평적 조직 문화 촉진을 위한 호칭 파괴였다. 기업 이미지가 중요한 대기업들도 21세기 들어 유연한 조직 문화를 도입하려 애쓰고 있고, 이를 홍보 아이템으로 적극 활용하기도 한다. 반면 B2B* 기반의 전통 제조업은 오래전부터 효율성을 위해서는 일사불란한 위계 문화가 불가피하다고 믿어왔다. 특히 군인 출신 대통령이 산업화를 이끌면서 산업 현장은 대부분 '병영화'되어 있었다. 거수경례는 기본이고, 두발 단속과 얼차려도 심심찮게 일어났다. 민주화 이후 1990년대에 접어들면서 과거 같은 강압적인 분위기는 많이 약해졌지만 수직적인 조직 문화는 여전했다. 특히 직급을 부르는 호칭과 상급자에 대한 의전 등으로 그 흔적이 선명하게 남아 있었다. 그런데 2019년 창원에서 만난 전통 제조 기업 센트랄은 전혀 뜻밖의 모습을 하고 있던 것이다.

센트랄 입사 후 받은 첫인상 중에 투명성을 확보하기 위

* Business to Business: 소비자 대상이 아닌 기업 간 거래.

한 노력도 빼놓을 수 없다. 강상우 총괄사장은 2019년 1월부터 매주 월요일 전 직원에게 '경영편지'를 보내고 있다. 편지 내용은 소소한 일상에서부터 회사의 중요 정책에 대한 설명에 이르기까지 그 스펙트럼이 매우 넓다. 휴가 시즌에는 직원들과 가족들의 안부를 묻고, 경영 회의가 열렸을 때는 그 결과를 상세히 보고하기도 한다.

그중에서도 가장 인상 깊었던 내용은 회사의 투자 계획을 소상히 밝힌 것이었다. 회사 기밀로 분류해도 이상하지 않을 내용을 직원들과 거리낌 없이 공유하는 모습을 보면서 많은 생각을 하게 됐다. 회사가 신규 프로젝트에 투자할 때는 직원들에게도 문호를 열어 주기 위해 애쓰기도 했다.* 물론 100%는 아니겠지만, 매주 경영편지를 읽다 보면 회사가 어떤 방향으로 가고 있는지, 경영자의 비전과 의지가 얼마나 견고한지 충분히 가늠할 수 있었다.

경영의 투명성을 강화하기 위한 활동으로 경영편지 말고도 매달 1회 계열사별로 열리는 'CTR 라이브'란 프로그램이 있다. 이 자리에선 분기별 재무제표는 물론이고, 주문 상황, 투자사 현황 등의 세세한 정보까지 공개되고, 또 궁금증을 놓고 토론하는 자리도 마련된다. 그 밖에도

* 센트랄그룹이 투자하는 비상장 기업에 직원들도 참여할 수 있는 별도의 투자펀드를 조성하려는 시도가 있었지만, 현행 금융 제도가 뒷받침되지 않아 성사되지 못한 적이 있다.

이른바 세련되고 융통성 높은 조직 문화들이 상당 수준으로 뿌리내리고 있었다. 출퇴근 시간을 본인이 정하는 '유연근무제'부터 각종 근태 상황과 비용 처리 등을 본인이 전결하는 '자기 결재' 제도도 자연스러웠다.

-

근무하는 하루하루가 신기하고 흥미로웠다. 걱정과 달리 센트랄 구성원들은 작가라는 낯선 존재를 흔쾌히 동료로 받아들여 주었다. 제조업에 대한 나의 선입견도 하루가 멀다 하고 깨져 나갔다. 그만큼 궁금증도 커졌다. 어떻게 이런 회사가 가능하지? 우리나라 제조 기업 맞나? 이 모습이 되기까지 기업 안팎에서 무슨 일이 벌어졌던 걸까? 어떤 선택들이 쌓여 오늘의 모습을 빚어냈을까?

이 책은 어떤 면에서 그 질문들에 대한 해답을 찾아가는 과정을 기록한 것이다. 고맙게도 센트랄 관계자들은 지난 20개월 동안 내가 궁금해하는 모든 정보와 그것을 둘러싼 전후 사정들을 최대한 많이 밝혀주려고 애썼다. 잘한 것은 잘한 것대로, 잘못한 것은 잘못한 것대로 보여주고 또 설명했다. 특히 공개하기 쉽지 않은 민감한 사건들은 양쪽 당사자들의 기억을 모두 들을 수 있게 배려했

다. 덕분에 특정 사안을 둘러싼 상황을 입체적으로 이해할 수 있었다. 그 내용을 글로 표현하려고 애썼는데, 혹시 부족하거나 난해한 부분이 있다면 전적으로 글쓴이를 탓해 주길 바란다.

글을 쓰는 과정에서 플롯을 자주 생각했다. 이야기 속 등장인물들이 선택하고 행동하게 만든 상황과 조건들을 독자들도 최대한 공감해 주기를 바랐기 때문이다. 현재 눈앞에 보이는 모습은 과거의 선택들이 축적된 결과라고 나는 믿는다. 오늘날의 센트랄이 보여 주고 있는 모습도 마찬가지다. 창업자 강이준을 비롯해 센트랄을 거쳐 간 수천 명의 선택과 행동들이 어떤 형태로든 지금의 모습에 이어져 있을 것이다. 센트랄이 앞으로 만들어 갈 미래도 같은 이유로 상당 부분 예측 가능하지 않을까? 영국 시인 바이런은 "미래를 알려 주는 최고 예언자는 과거"라고 말했다.

센트랄의 이야기는 한국 사회에 중요한 시사점을 던져 줄 수 있다. 거대한 산업 생태계의 위계적 먹이사슬 한복판에 존재하면서도 자기만의 니치(Niche)*를 확보하는 데

* 니치(Niche)는 건축 용어로 장식을 목적으로 벽면을 파서 만든 움푹한 공간, 즉 벽감(壁龕)을 말한다. 생태학에서는 '생태적 지위'라는 개념으로 사용되는데, 복잡한 생태계 속에서 특정 종이 차지하고 있는 독자적인 지위를 가리킨다.

성공한 흔치 않은 사례이기 때문이다. 생태계에서 최상위 포식자에 해당하는 대기업이나 완전히 새롭게 형성되는 생태계(IT나 유통 같은)의 선두 주자들 이야기는 차고 넘친다. 그러나 이들 이야기의 문제점은 사회 구성원의 절대다수가 그런 압도적인 지위나 절호의 기회를 얻지 못하고 살아간다는 사실이다. 대부분 이미 짜인 생태계 내부에서 나름의 힘으로 분투하면서 생존해야 하는데, 이때 참고할 만한 이야기는 생각보다 많지 않다.

그래서 센트랄의 이야기는 소중하다. 생태계의 꼭대기에 굳이 올라서지 않아도, 동급자나 약자들과 피 튀기는 경쟁을 하지 않아도 얼마든지 생존은 물론 동반 성장까지 가능하다는 사실을 센트랄이 보여 준다. 전통 제조업의 생태계에서 가능했다면, 다른 생태계에서도 가능하지 않을까? 물론 센트랄 사례가 최고라든지 최선이라고 단정할 순 없다. 하지만 든든한 사례 하나가 있고 없고의 차이는 먼 길을 떠날 때 동행이 있고 없고의 차이만큼 크다. 누구나 저질렀을 법한 시행착오를 거쳐서 오늘의 자리에 이른 센트랄의 이야기는 비슷한 길을 걷고 있는, 앞으로도 걸어야 할 여러분에게 적지 않은 격려가 되리라 믿는다.

"노 대통령 이야기 좀 해 주세요~."

센트랄그룹의 강태룡 회장은 노무현 전 대통령과 부산상고 동기 동창이다. 노 대통령이 정치에 입문했을 때부터 기업인 친구로서 후원을 아끼지 않은 사이이다. 이 책과 관련해 강 회장을 10여 차례 인터뷰하면서 사적으로 묻고 싶었던 질문 1순위는 단연 '노 대통령 이야기'였다. 호시탐탐 기회를 노리다가 2019년 11월 베트남 출장길에 기회가 찾아왔다. 회사 임원들과의 술자리가 파한 뒤 우연찮게 강 회장과 둘만 남아 숙소에서 2차 자리를 갖게 됐다. 나는 이때를 놓치지 않았다.

김 회장님, 노 대통령 이야기 좀 해 주세요.

강 그래, 무슨 얘기를 해 주꼬? 뭐가 궁금한데?

김 친구가 대통령이면 기업 하는 입장에서 어떻습니까? 보는 눈이 많아서 편하진 않았을 거 같은데요.

강 대통령은 대통령 일하고 나는 내 일하는 거니까 불편하고 말고 할 것도 없지.

김 노 대통령 계실 때 딱히 덕 본 건 없겠네요?

강 무슨 특혜 같은 건 일절 없었어. 대통령 할 때 처음부터 '우리랑 선 긋자'고 약속했거든. 물론 편한 부분이 완전히 없었다고는 못해. 왜냐면 정부가 기업을 힘들게 하려고 들면 그 방법이 무궁무진하거든. 옛날 권위주의 정부 때는 그런 일이 많았잖아. 그런 눈치 안 보고 내 사업을 맘껏 펼칠 수 있었지. 대신에 대통령 친구라고 나한테 이런저런 청탁들이 많이 들어와서 좀 괴로웠어.

김 어떤 청탁들이 들어왔는데요?

강 대기업들은 정부 정책 하나하나에 되게 민감하거든. 예를 들어 자동차 배기가스 규제를 어떻게 하느냐, 그 시기를 언제로 하느냐에 따라 매출 규모가 몇십억씩 달라져. 그러니까 청와대에 그런 청탁을 넣어 달라고 하는 부탁이 제법 왔지. 어떤 땐 공정거래위원회가 조사 나와 있는데 그걸 좀 철수시켜 달라는 부탁도 있었어. 그런데 노 대통령이 그런 게 어디 통할 사람이가. '미안합니다, 제가 말해도 안 통합니다' 그렇게 거절을 했지.

김 그렇게 거절만 하다 보면 오히려 대기업한테 찍히지 않나요?

강 대기업 입장에서 보면 우리도 하청 기업이잖아. 일개 하청 기업이 자꾸 튕기니까 미운털이 박히긴 했어. 하지만 우짜겠노. '그래 당신이랑 거래 안 해도 좋다' 하고 수출 드라이브를 엄청나게 걸었지. 그때 센트랄 수출이 많이 늘었어.

노무현 대통령 퇴임 후 이명박 정부가 들어섰다. 미국 쇠고기 수입 관련 촛불집회가 거대하게 일어난 후 이명박 정부는 본격적으로 노 대통령 주변을 샅샅이 뒤지기 시작했다. 그 첫 번째 타깃이 박연차를 비롯한 기업인들이었다. 강 회장은 그 시기를 어떻게 보냈을까?

김 그런데 정권이 바뀌었잖아요. MB 때 괜찮으셨어요?

강 전방위적으로 조사가 나왔어. 가족부터 비서까지 탈탈 털었지. 금감원, 검찰 체크 다 하고 혐의가 있다 싶으면 와서 때리거든. 난 아무것도 없었어. 딸 집 사는 데 보태 준 거 정도인데, 증여세 내라면 내지 뭐. 누가 도와 달라면 같이 술 먹고 이야기하잖아. 오는 길에 선물도 사 오고. 그거 잡으려면 잡는 건데, 친구 집에 갈 때 사과 한 박스 안 사 가나? 엄청 많을 줄 알고 털었는데 아무것도 없거든. 그래서 날 못 건드렸지.

김 조사 나와서 주로 어떤 걸 보던가요?

강 일단 매출부터 보지. 노 대통령 기간 동안 뭐가 늘었나 보는 거야. 대기업 수주가 갑자기 늘었다든지 하면 의심해 볼 만하잖아. 그런데 국내 거래처 매출은 늘어난 게 거의 없었어. 거래처가 성장하면 매출도 딱 그만큼만 늘었거든. 특혜 시비를 하려면 새로운 아이템을 받아야 할 텐데 그런 것도 없었어. 오로지 수출만 늘었지. 그건 정부가 어떻게 해 줄 수 있는 게 아니잖아.

김 그래도 연구 개발 분야에서 정부 자금 받은 게 꽤 있지 않았나요?

강 우리 연구소가 기술 개발 자금을 받은 게 있었지. 경찰이 연구소를 덮쳤어. 압수수색을 한 거야. 연구소에 안기부도 오고 검찰도 왔어. 날짜별로 시간별로 다 조사했어. 심지어 볼펜 하나까지 조사하더라고. 나보다는 우리 직원들이 고생 많이 했지. 그때 담당자가 너무 스트레스를 받아서 쓰러지기까지 했어. 하지만 우리 회사는 정부 자금을 옛날부터 철저하게 관리했거든. 정부 자금은 경리를 별도로 두게 했어. 수백억 원짜리 거래도 수표나 어음으로 안 끊고 반드시 현금 결제를 하게 했지. 1원이라도 회사 자금이랑 섞이면 안 되거든. 그렇게 철저히 관리하니까 꼬투릴 잡을 수가 없었던 거야.

김 경찰도 깜짝 놀랐겠습니다.

강 그때 조사단장이 총경이었는데, 지금도 가끔 만나면 날 존경한다 그래. 아무리 털어도 안 나오니까. 여태껏 센트랄 경영하면서 자금 압박을 받은 적도 거의 없고, 사업 확장하려고 억지로 돈 빌리면서까지 욕심부리지 않았고, 자금이 생기면 투자하고 없으면 벌어서 하고 했지. '무리하지 않는다'가 자금 운용의 중요한 원칙이었어.

두 사람 사이가 실제로는 얼마나 가까웠을까?

김 대통령으로 계실 때 호칭은 어떻게 불렀습니까?

강 나야 편하게 했지. 대통령으로 있을 때도 사석에선 '야 무현아!' 하고 불렀어. 그럼 노 대통령이 '야 이 새끼야, 그래도 대통령이다' 하고 흰소리를 하면 '와, 대통령은 이름 부르면 안 되나?' 하고 받아쳤지. 그렇게 껄껄 웃고 마는 거지 뭐.

김 두 분은 고등학교 때부터 친했습니까?

강 학교 있을 땐 별로 안 친했다. 지는 취직반, 난 진학반. 1학년 때 같은 반이 안 되면 2학년부터 취직반이랑 진학반으로 갈려서 만날 일이 별로 없거든. 1학년 때 다른 반이었어. 2학년부터는 배우는 것도 달라지거든. 취직반은 주로 은행 업무를 배웠어. 당시엔 은행이 최고 직장이었으니까. 부기簿記도 은행부기를 했고. 진학반은 상업부기를 했어. 상업부기란 기업 부기를 말해.

김 그럼 학교 다닐 때는 서로를 잘 몰랐겠네요?

강 그래도 무현이는 꽤 유명했어. 운동회나 소풍 갈 때는 전 학년이 한자리에 모이잖아. 각 반에서 내로라하는 친구들이 나와서 장기 자랑하는 시간이 꼭 있거든. 그때 무현이가 자주 앞에 나왔어. 늘 주도하는 스타일이었지. 무현이가 잘한 게 선생님 흉내 내기야. 말투나 버릇 같은 걸 흉내 내면 친구들이 배를 잡고 넘어갈 정도로 즐거워했지. 요즘 식으로 말하면 풍자랄까? 일종의 카타르시스 같은 걸 느꼈어. 선생님들은 당황하고. 그래서 무현이가 나오면 이번엔 어느 선생님이 타깃이 됐나 하고 귀를 기울였지.

김 졸업하고는 어떻게 지내셨어요?

강 졸업하고도 친할 기회가 없었어. 한번은 무현이가 사시에 합격했다는 소식이 들리더라고. '그래?' 하고 말았지. 친구들이 만나고 와서 어떻더라 저떻더라 하고 이야기를 해 주대. 나는 대학 졸업하고 아버지 회사에서 일하고 있었기 때문에 만날 기회가 없었어. 나랑 다시 인연이 된 건, 판사 1년 정도 하다가 그만두고 변호사 사무실을 차린 뒤였지. 영화에도 나오지만 그땐 돈밖에 몰랐어. 동기니까 한 번씩 시내 나갈 일 있으면 무현이 사무실에 들렀지. 그때 나는 서면 살았고, 무현이 사무실은 부림동 법원 근처에 있었어. 혼자 간 적은 없고, 다른 친구들이랑 가서 차 한잔 마시고 오는 정도?

김 그럼 두 분은 어떻게 친해지신 겁니까?

강 우리 기수 동기회가 결성됐어. 동기회를 하면 원래 학생회장하던 친구가 초대회장을 해. 그다음부턴 직장 좋고 직급 높은 친구가 회장 하기 시작하지. 노무현이 동기회 회장이 됐어. 2대인가 3대인가 했을 거야. 그렇게 한 번씩 동기회 나가서 인사하면서 가까이 지냈지. 무현이가 회장 할 때 나보고 이사를 하라 그러대. 그 말은 돈 많이 내란 말이거든. 이사 응낙하고…. 그때 내가 회사에서 막 임원이 됐어. 상문가? 그 정도 됐을 거야. 그 나이 동급생 중에 그 정도 직급을 가진 사람은 별로 없어. 회사 크고 작은 거 상관없이. 그래서 이사에 준하는 회비도 내고, 동기회에 적극적으로 참여하게 됐지.

김 동기회 활동하면서 가까워진 거군요?

강 그렇지. 원래는 취직반 친구들끼리 모임이 따로 있고, 진학반 모임도 따로 있었어. 학교 다닐 땐 진학반이 취업반을 시골 출신으로 좀 낮춰 보는 시선이 있었거든. 그런데 사회에 나와 보면 양상이 달라지는 거라. 진학반은 돈을 부모한테 타서 쓰는데 취업반은 직접 벌잖아. 이젠 진학반이 취업반 친구들한테 얻어먹기 시작하는 거야. 그때 은행원 월급은 일반 직장인보다 굉장히 많았다. 중간에 이런저런 명목으로 돈도 많이 받았고. 그때는 이자율도 연간 20%, 24%씩 했으니까. 은행 이익도 많이 났고. 은행은 비용이나 감가상각이 없잖아. 직원 인건비가 다니까, 복지도 좋고, 각종 명목으로 수당도 주고…. 진학반 애들이 은행 다니는 친구들한테 많이 얻어먹었지. 취업반은 대부분 결혼하기 전이었고.

김 회장님도 동기회장 하셨습니까?

강 노무현 다음으로 대우증권(옛날엔 삼보증권이었지) 지점장 하던 친구가 그다음 회장이 되고, 그다음을 내가 했거든. 내가 되면서 홈커밍데이를 하게 됐어. 졸업 20주년 기념식을 내가 주관했지. 그거 하려면 돈이 꽤 필요하잖아. 그때까지 부산상고 홈커

밍데이가 없었거든. 우리가 처음이야. 어디서 보고 배울 데도 없고, 어떻게 해야 할지도 모르겠고. 그때 회장 밑에 기획, 섭외, 재무 등 네 개 파트를 만들었는데, 섭외를 무현이한테 맡겼어. 그 핑계로 더 자주 보게 되고.

김 섭외면 주로 누구를 섭외하는 건가요?

강 섭외는 주로 우리 때 은사님들 그리고 외부 손님들 초청하는 거야. 우리가 66년에 졸업했으니까 86년에 20주년 행사를 했네. 그런데 그즈음 무현이가 노동 관련 일을 많이 맡아 하대. 노조 쫓아다니면서. 난 기업 하는 입장이니까 썩 좋게는 안 보이대. 전두환 정권 때잖아. 악명이 높았으니까. 동기회 활동 끝나고 무현이가 나한테 자금 요청을 하러 자주 왔어. 지원해 달라고. 민주화운동이 한창일 때였지. '그라자' 하고 지원해 주고. 그땐 어마어마했잖아. 부산 사람들은, 가진 사람들은 다 지원했을걸?

김 이듬해 88년에 국회의원 선거에 나갔잖아요. 그때도 도와주셨어요?

강 그때 부산 동구에 출마해서 허삼수랑 붙었거든. 5공 실세 중의 실세 아이가. 그때 당시 각 동기회에서 십시일반 지원하자 해서 대거 동참했지. 다른 돈 많은 친구도 있었겠지만, 기업이라고 하고 있고, 사장은 아니어도 형편이 되는 위치니까 내보고 자꾸 지원하라 그러더라고. 나도 해 주고 싶고. 친구 위해서 선거운동도 제법 뛰었다. 선거하면서 더 가까워졌지.

김 회장님이 노 대통령 머리 올려 줬단 말이 있던데….

강 부산시장 선거에 나왔다가 떨어진 적 있지? 선거에서 고배를 마실 때마다 곁을 지켜 준 친구가 있어. 원창희라고. 그 친구와 굉장히 가까웠어. 창희가 날 자꾸 끌어들이는 거라. 끌려가다시피 하면서 자주 만나고 술도 같이하게 되고. 그러다가 친구들이랑 같이 캐나다 여행을 갔어. 캐나다로 이민을 간 친구가 있었는데, 친구 네댓 명이 그 친구 보러 간다는 핑계로 갔지. 노 대통령이 나중에 취임해서 한 말이, '내가 평생 외국에 두 번 갔다. 한 번은 요트 때문에 일본에 갔고, 다른 한 번은 친구들하고 캐나다 갔다 왔다'라고 했는데 그게 그 여행이야. 그런데 캐나다에서 사람들이 골프 치는 모습을 보고 부러워하더라고. 골프 해야겠다고. 국내에선 골프에 대한 인식이 별로 안 좋았잖아. 그런데 막상 해 보니 재밌거든. 시대가 바뀌었으니 할 건 해야 한다고 바람을 좀 잡았지. 혼자 연습했나 봐. 권 여사도 함께했고. 그러다가 창희 통해서 연락이 왔어. 머리 한번 얹어 달라대. 우리 부부랑 노무현 부부랑 네 사람이 울산 컨트리로 가서 머리를 올렸지. 권 여사는 또박또박 잘 치는데 노무현은 지 맘대로 가는 거라. '연습했다매?' 하고 핀잔을 주니까 '연습한 대로 안 되네' 하고 멋쩍어하더라고.

YS의 3당 합당에 반대해 합류를 거부하고 꼬마민주당 등에서 활동하던 노무현은 1992년 총선(부산 동구)과 1995년 부산시장 선거 그리고 1996년 총선(서울 종로구)에서 연거푸 고배를 마셨다. 1996년 일명 통추(국민통합추진회의) 소속으로 활동하던 그는 돌연 대선 출마를 선언해 화제를 모았다.

김 노 대통령이 처음 대선 출마를 선언한 것도 그즈음 아닙니까?

강 그때 이인제가 대세였거든. 무현이가 그러대. '저런 게 어찌 대통령을 하노? 저런 생각을 가지고 대통령 하면 안 된다. 차라리 내가 하는 게 낫지.' 처음 들었을 땐 장난처럼 하는 말인 줄 알았지. 그런데 김대중 정부가 들어서면서 다시 국회의원이 되잖아. 김 대통령 밑에서 해수부 장관도 하고. 대선 후보가 되려면 장관 경력도 필요하니까 그 자리를 선택했나 봐. 괜히 해본 말이 아니었던 거지. 그거 한 10개월 했나?

노무현은 1997년 새정치민주연합에 합류했고, 그해 대선에서 김대중이 승리하면서 최초로 여당 정치인이 됐다. 그는 이명박이 선거법 위반으로 의원직을 박탈당하면서 공석이 된 종로구 국회의원 보궐선거에서 1998년에 당선되면서 6년 만에 국회에 복귀했다. 2000년 총선에서 당선이 확실했던 서울 종로구를 버리고 부산 북강서을을 선택해 다시 고배를 마신 뒤 그해 8월 해수부 장관에 취임해 8개월간 업무를 수행했다.

김 생가 이야기는 어떻게 된 겁니까?

강 대통령 되고 나선데, 언젠가 신문에 생가 관련 기사가 났어. 초라하고 그렇다고. 그게 맘에 남아 그런지 그냥 사고 싶더라고. 그거 가지고 뭘 하겠다는 생각은 딱히 없었고. 그런데 땅값이 대통령 인기랑 같이 가더라고. 인기 좋으면 값이 올라가고 떨어지면 떨어지고. 한창 좋을 땐 45억까지 올라갔어. 500평 정도 되는데, 사려고 하니까 중간에 펌프질하는 사람 있잖아. '금싸라긴데 왜 파노' 그러니까. 처음엔 3억 5천 정도에 얘기했거든. 근데 계약하러 가면 올라가 있고, 다시 가면 또 올라가 있고, 자꾸 올라가는 거야. 내가 사려고 한다는 소식을 듣고 무현이가 물어보더라고.

"생가터는 와 살라고 그러노?"
"재수 좋은 땅 아이가. 근데 너무 비싸더라."
"얼마 하더노?"
"수십억 원."
"미쳤나?"

임기 말기에 인기가 안 좋았잖아. 땅값이 내려오더라고. 10억까지 내려오대. 난 10억에 못 산다 하고 버티니까 6억까지 내려왔어. 땅 주인이 자기 손에 6억을 쥐여 달라대. 세금 빼고 현찰로. 역산하니까 9억이 나오더라고. 그래서 9억에 계약했지. 그때가 퇴임하기 다섯 달인가 여섯 달 전일 거야.

김 대통령 인기가 안 좋을 때라 언론들 등쌀이 심했을 거 같은데요?

강 신문기자들 엄청나게 달라들더라고. 내 생각에 재미없는 인터뷰면 되겠다 싶어서 대답을 건성으로 했지. '왜 샀냐?'고 물으면 '그냥 샀다'고 대답하고, '뭐 할 거냐?' 물으면 '별생각 없다'고 대답했지. 어딘가는 '대통령이 사 달라더냐?' 하고 묻더라고. '사 달라 할 사람이냐' 하고 되받았고, '앞으로 뭐 할 거냐?'고 물으면 '계획 없다'고 대답했어. 그중에서도 〈월간조선〉이 가장 집요했어. 단독 인터뷰를 하자고 하더라고. '인터뷰하려면 공동으로 해라, 단독으로 하면 당신들 맘대로 쓸 거 아니냐' 그렇게 거절했어. 아무리 두드려도 대답이 재미가 없으니 기사는 조그맣게만 나오고 더는 화제가 되지 않더라고.

김 생가터 산 거 보고 노 대통령은 뭐라 하시던가요?

강 뒤에 내가 물어봤지. '니한테 넘가주까?' 그랬더니 '니 증여세 생각해 봤나?' 그카대.

"친구한테 줘도 증여세 내야 된대이."

"뭐 좋은 방법 없나?"

"고마(그만) 시에다 기부채납 해삐라."

그래서 기부채납 하기로 했어. 물론 조건부로. 김해시도 적극적이었어. 기부해 주면 이런저런 계획으로 공원화하고 관광자원화하겠다는 거야. 그래서 '어떻게 할 건지 계획을 내놓아라, 조건이 맞으면 기부할게' 했지. 대통령 비서 친구들이랑 의논 많이 했지. 형님한테 물어가면서 몇 발짝 앞에 외양간이 있었다는 둥, 그렇게 기억을 더듬으면 화가가 듣고 그림을 그려. 그거 보면서 다시 수정하고 하면서 생가터 계획을 세웠지. 방문자 센터랑 판매소도 세우고, 박물관까지 이어서 넣어 주기로 약속받고 기부했지.

노 대통령은 오히려 퇴임 후에 인기가 치솟았다. 수많은 사람이 봉하마을의 사저를 찾아 "노무현 씨, 나와 주세요"를 외쳤다. 이런 현상을 두고 칼럼니스트 김선주는 "이미지를 걷어 내고 나면 실체가 보인다"고 평가했다. 하지만 미국 쇠고기 수입 반대 집회로 치명상을 입은 이명박 정부는 그 배후로 노무현 대통령을 지목했다. 2008년 6월 사저로 가져간 대통령 기록물을 반환하라는 명령을 시작으로 압박이 시작됐다. 단골 식당까지 포함된 전방위적 세무조사에 이어 이듬해 측근 인사들이 하나둘 구속되기 시작했다. 언론사와 방송국이 봉화산 일대에 진을 치고 사저를 향해 24시간 카메라를 들이대고 있었다.

김 퇴임한 직후에는 두 분이 어떻게 지내셨어요?

강 퇴임하고 나서 부탁하더라고. 본인이 변호사 면허를 가지고 있잖아. 우리 회사 고문 변호사로 해 줬으면 좋겠다고. 대통령 연금이 나오기는 하지만 봉하에서 벌인 일이 있으니 좀 부족했을 거 아냐. 나도 좋다고 했지. 그래서 몇 달 동안 우리 회사 고문 변호사로 모셨지. 그런데 얼마 안 있어서 세상이 시끄러워졌잖아. 세무서에서 막 뒤지기 시작하니까 무현이가 먼저 나한테 그러대.

"이러다가 니도 다치겠다. 그만해야겠다. 그런데 여태까지 받은 고문료에 대해선 니가 해명할 수 있겠나?"
"그럼 할 수 있지. 고문료 지급하면서 세금 다 냈다. 문제 될 거 없다."

그렇게 고문 변호사를 그만두게 됐지.

김 그 문제 가지고도 조사가 나왔겠네요?

강 당연히 나왔지. 고문하면서 뭘 했냐, 그 핑계로 정치 자금 준 거 아니냐는 등 샅샅이 뒤졌어. 나하고 개인적인 친분은 많았지만 회사하고는 아무것도 연결시키지 않았거든. 어느 회사든 고문 변호사를 둘 수 있고, 또 근거에 따라 투명하게 급여를 지급했기 때문에 꼬투리 잡을 게 전혀 없었지.

김 언론사 방송사들이 봉화산에 진을 치기 시작하면서 상황이 너무 안 좋아졌잖아요. 그때 혹시 대통령과 소통해 보셨나요?

강 그때 다들 힘들었잖아. 들려오는 소문도 참 쓸쓸했어. 최측근이란 사람들도 피하기 시작했거든. 아무개도 피하고, 아무개도 피한다는 소리만 맨날 들리는 거야. 《운명》이란 책에도 나오지만, 노 대통령이 이명박 대통령한테 편지 썼잖아. 주변 사람들 제발 힘들게 하지 말라고, 부탁한다고…. 근데 수그러들 기미가 안 보였지. 그래서 어느 날 봉하마을로 전화를 했거든.

"많이 힘들제?"
"아이다, 나는 씩씩하다."
"놀러 가까?"
"니 여가 어디라고 온다 그러노? 밖에 카메라 수백 대가 디다보고 있는데. 드가고 나가는 사람 다 나온다. 내 위문 공연하러 올라고 그러나? 니만 생각하지 마라. 난 씩씩하다."

그렇게까지 말하는데 내가 뭐라 하겠노.

"알았다. 잘 극복해라."

그러고 한 열흘 지났을까? 아버지 제사 때문에 울산 간절곶 근처에 있는 집에 있었거든. 토요일 아침이라 채전밭을 조그맣게 가꾸고 있었다고. 저녁에 사촌들 제관들 올 거고, 애들도 올 거고 해서 회사 안 나가고 아침부터 집에 있었지. 밭에 나가서 벌레 잡고 물도 주고 하면서. 그런데 저만치서 집사람이 소쿠리를 든 채로 막 뛰어오는 거라.

"여보 여보, 노 대통령이 죽었대."

무슨 쓸데없는 소리냐고 말은 했는데 가슴이 덜컥 내려앉더라고. 급하게 집에 들어가서 텔레비전을 켜니까 문 변이 나와서 인터뷰하고 있대. 그날 제사라서 빈소에 찾아가 보지도 못하고 친구들한테 전화만 돌렸지. 저녁에 제사 지내고, 이튿날 오후에 갔어. 진짜 운명이더라고. 낌새가 있긴 했지. 전에 했던 '씩씩하다'는 말이 사실은 '힘들다'란 말이거든. 그래 봐야 엎질러진 물이고….

이 대목에서 강 회장과 나는 한동안 말없이 술잔만 기울였다. 그 일이 있고 10년이 더 지난 시점이지만 기억을 떠올리는 일

1988년 센트랄 창원 공장 준공식에서의 강태룡과 노무현

민주평화통일자문회의 임명장 수여식에서의 모습

은 여전히 힘겨워 보였다. 강 회장은 현재 농업회사법인 '㈜봉하마을'의 이사로 이름을 올리고 봉하마을 일을 음으로 양으로 돕고 있다. 법인 회의에 참여하기 위해, 혹은 친구들과 편안한 모임을 갖기 위해 강 회장은 두 달에 한 번 이상은 봉하마을을 찾고 있다.

2019년 9월 하순 강 회장의 봉하마을 방문길에 동행한 적이 있다. 회장님 '찬스'로 봉하마을과 사저를 보고 싶은 마음에 따라붙은 것이었다. 고등학교 친구들이 만나는 사적인 모임 자리였다. 강 회장은 봉하마을에 도착하자마자 권 여사가 머물고 있는 곳을 방문했다. 두 분은 가족과 지인들의 안부를 두루 물으며 그야말로 일상의 대화를 나눴다. 동네 주민이 만나서 나눌 법한 지극히 평범한 대화였다. 문득 노 대통령의 친구들이 특별한 목적도 없는 편안한 만남을 왜 봉하마을에서 반복해서 가지는지, 그 이유를 알 것도 같았다.

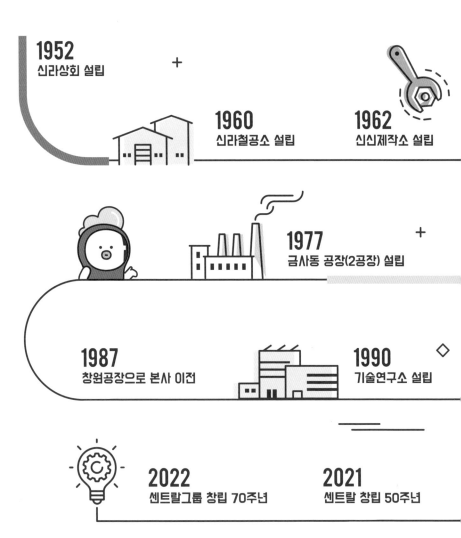

1952
신라상회 설립

1960
신라철공소 설립

1962
신신제작소 설립

1977
금사동 공장(2공장) 설립

1987
창원공장으로 본사 이전

1990
기술연구소 설립

2022
센트랄그룹 창립 70주년

2021
센트랄 창립 50주년

1966
신신기계공업사 설립

1970년대
최초의 OEM 납품

1971
한국센트랄자동차공업주식회사 설립

1994
최초로 OEM 해외수출

2003
한국 최초로 알루미늄 컨트롤암 개발

2011
첫 글로벌 법인 'CAC' 설립

2017
New Vision 선포

회사 설립

1952년

2022년 창립 70주년

네트워크

7개 법인
14개 생산공장
3개 판매법인
5개 연구소

매출

1조 1,647억 원

(2019년 기준)

인원

1,458명

고객

OEM 43개 사
(전기차 OEM 5개 사)

AM 315개 사
10여 개 국가
애프터마켓 시장 점유율 1위

센트랄은 한국 본사를 포함해
중국, 멕시코, 베트남, 미국, 독일, 러시아 등
세계 각지에서 연구와 생산을 하고 있습니다.

법인 10개

공장 14개

연구소 5개

CTR VINA

베트남 다낭공장

CENTRAL

- 창원공장 ● 기술연구소
- 마산공장
- 아산공장
- 영산공장

CENTRAL MOTEK

- 울산(효문)공장 ● 연구소
- 밀양공장
- 서산공장

CENTRAL CMS

- 대합공장
- 영산공장

SMART CAMPUS(안양)

- 기술영업센터
- 선행기술센터

CENTRAL DTS

- 대구공장 ●기술연구소

CTR CHINA

- 중국 장가항공장

CTR EUROPE

유럽 법인 (유럽기술연구소)
유럽 법인 폴란드 지점 (바르샤바)

CTR MEXICO

- 멕시코 몬테레이공장

CTR RUS

러시아 법인 (모스크바)

이동에 안전함을 더하는 기업, 센트랄은 탁월한 품질과 기술력을 바탕으로 고객에게 더욱 안전한 제품과 서비스를 제공하고 있습니다.

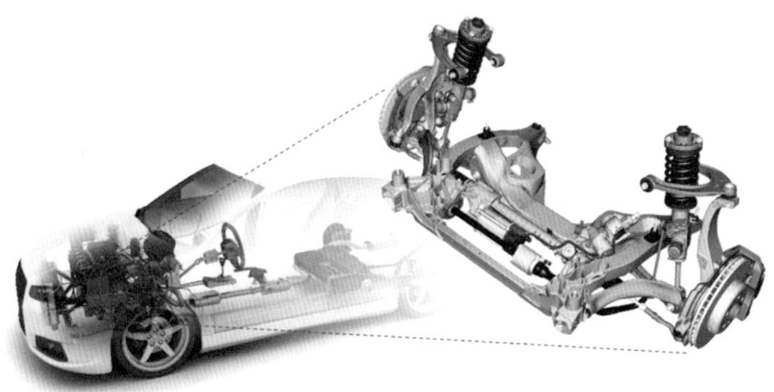

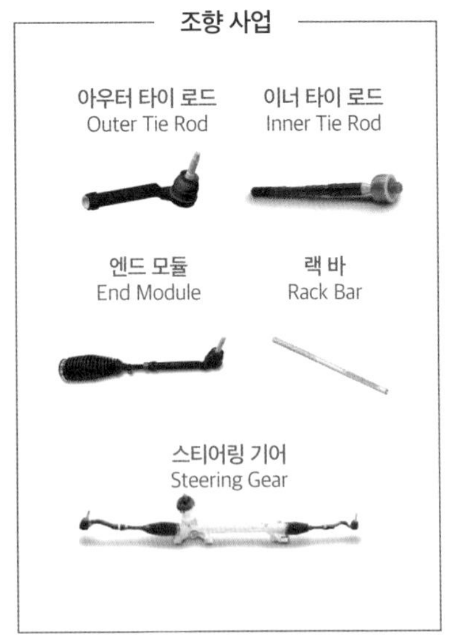

정밀가공 사업

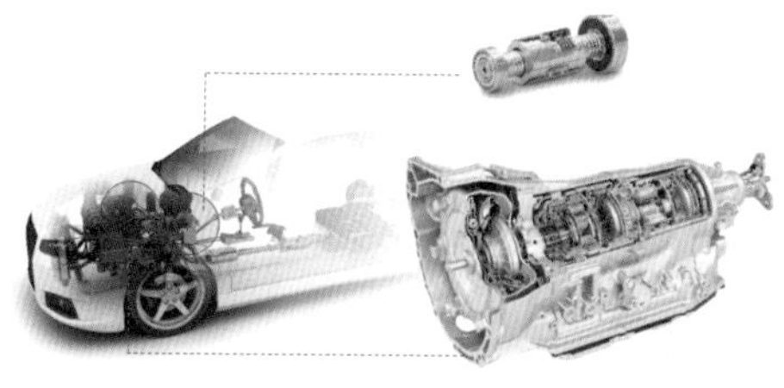

이너 레이스
Inner Race

클러치 보스
Clutch Boss

아웃풋 샤프트 아세이
Output Shaft Ass'y

볼 스크류 아세이
Ball Screw Ass'y

로터 샤프트
Rotor Shaft

구동 사업

프로펠러 샤프트
Propeller Shaft

드라이브 샤프트
Drive Shaft

1978년 한국 최초의 국산차 현대 포니에 부산경남 지역 1호로 OEM 납품을 시작하고, 1990년 이후 국내 완성차뿐만 아니라 해외 다국적 부품사 및 완성차까지 고객을 확대하였습니다.

1994년 미국 포드에 플랜지, 요크를 수출한 것을 시작으로 GM, 크라이슬러, 벤츠, BMW, 폭스바겐, 아우디 등 명차 제조사들을 고객으로 확보하게 되었습니다.

2010년 국내 최초로 글로벌 전기차 부품 개발을 시작하였으며 전기차 제조사 고객을 확대해 나가고 있습니다.

2017년도 우수협력사 선정(3년 연속)

NEXTEER Perfect Quality 수상

현대자동차그룹 자동차부품산업대상 수상

현대모비스 최우수협력사 선정

GM 우수 품질 공급업체 선정(총 7회)

RENAULT 품질 우수 협력사 선정

Ford사의 Q1 인증 획득

'월드클래스 300' 프로젝트 대상 기업 선정(중소기업청)

IR52 장영실 기술혁신상 수상

무역의 날 수출의 탑 수상(총 25회)

이 외에도 많은 상을 받았고
99개의 특허와 130대의 시험 장비도 보유하고 있답니다.
KOLAS 국제공인시험기관으로 인정받기도 했어요!

* 디자인 출처: 그라픽스테레오

1984년 센트랄 직원 합동 결혼식

1970년대 센트랄 직원 야유회

1979년 센트랄 축구 동아리

1992년 센트랄 운동회

| 2019년 센트랄 체육대회 |

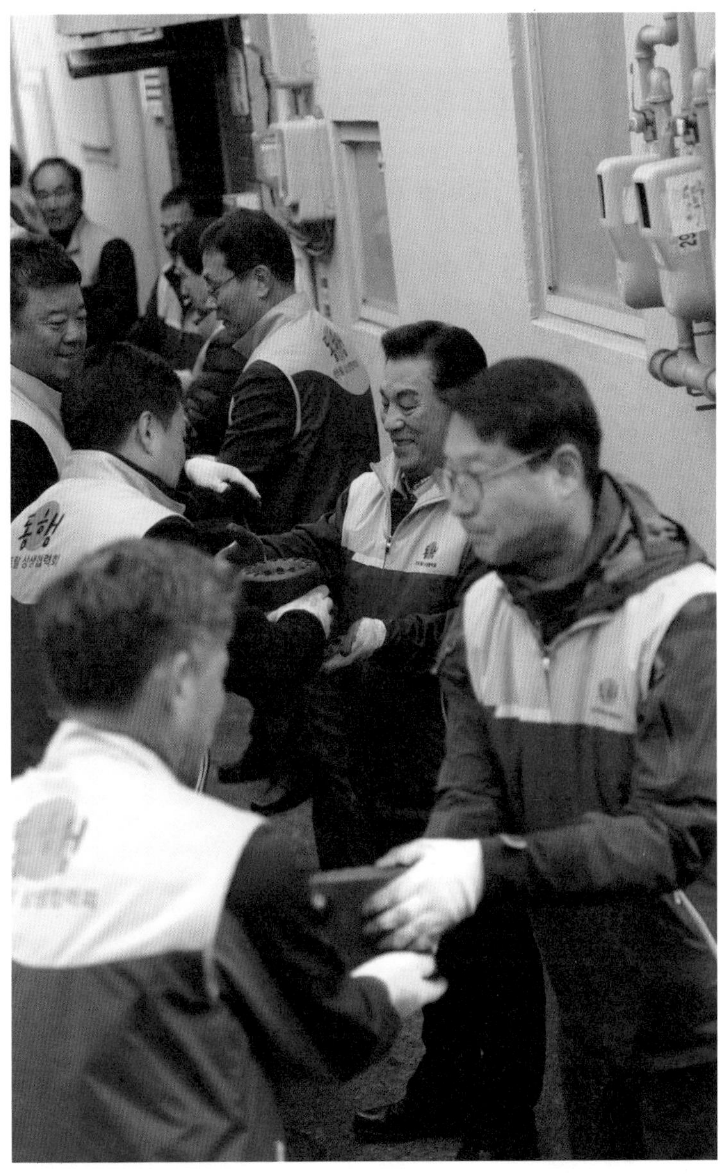

2018년 상생협력회 연탄 배달 봉사활동

2019년 중국 비전 워크숍

2019년 멕시코 비전 워크숍

서로를 칭찬하는 플랫폼 '고마워 고래야'

매월 단위 재무실적을 공유하는 'CTR 라이브'

CTR

CTR 베트남 법인

CTR 미국 법인

CTR 폴란드 지사

동네 철공소,
벤츠에 납품하다

초 판 1쇄 인쇄·2021. 8. 10.

초 판 1쇄 발행·2021. 8. 20.

—

지은이 김태훈

발행인 이상용

발행처 청아출판사

출판등록 1979. 11. 13. 제9-84호

주소 경기도 파주시 회동길 363-15

대표전화 031-955-6031 팩스 031-955-6036

전자우편 chungabook@naver.com

—

ISBN 978-89-368-1183-9 03320

—

값은 뒤표지에 있습니다.

잘못된 책은 구입한 서점에서 바꾸어 드립니다.

본 도서에 대한 문의사항은 이메일을 통해 주십시오.

* 표지, 내지 일러스트: 메이크디자인(곽병철)

* 별면 디자인: 그라픽스테레오